Colin McGinn · Das geistige Auge

Colin McGinn

Das geistige Auge

Von der Macht der Vorstellungskraft

Aus dem Englischen von Klaus Laermann

Die englische Originalausgabe erschien 2004 bei Harvard University Press
unter dem Titel „Mindsight – Image, Dream, Meaning"
© 2004 by the President and Fellows of Harvard College

Die Deutsche Nationalbibliothek verzeichnet diese Publikation
in der Deutschen Nationalbibliografie; detaillierte bibliografische
Daten sind im Internet über http://dnb.d-nb.de abrufbar.

© der deutschen Ausgabe 2007 by Primus Verlag, Darmstadt

Die Herausgabe des Werkes wurde durch die Vereinsmitglieder
der WBG ermöglicht.

Gedruckt auf säurefreiem und alterungsbeständigem Papier
Einbandgestaltung: Jutta Schneider, Frankfurt
Gestaltung und Satz: Johannes Steil
Printed in Germany

www.primusverlag.de

ISBN: 978-3-89678-293-9

Inhalt

Vorwort

Vor einigen Jahren saß ich ruhig und zufrieden auf der Veranda meines Hauses und genoss selig das Gefühl, dass mir die (Buch-)Ideen augenscheinlich ausgegangen waren. Keine verlockenden Großprojekte warteten auf mich und auch nicht der stets mit ihnen einhergehende Druck, sie mit entsprechend viel Arbeit zum Abschluss zu bringen. Ich konnte mich ganz einfach zurücklehnen, meine unterbrochene Lektüre wieder aufgreifen, mich meinen anderen Interessen widmen – und den Druck rauslassen; denn Bücher zu schreiben ist keineswegs so erholsam wie ein Picknick. Besonders gut gefiel mir die Idee, nur noch kurze Essays über Themen zu schreiben, über die ich bereits gearbeitet hatte und die also keine Einarbeitung in ein neues Gebiet erfordern würden. Vielleicht würde ich in irgendeiner fernen Zukunft mal wieder auf etwas stoßen, das größere Anstrengungen lohnte, doch gegenwärtig schien alles ruhig und entspannt.

Am folgenden Tag dachte ich ohne ersichtlichen Grund über Vorstellungsbilder nach. Ich machte mir ein oder zwei Notizen. Mir war aufgefallen, dass Vorstellungen, anders als ich relativ gedankenlos angenommen hatte, sich von Wahrnehmungen wirklich stark unterscheiden, und zwar auf eine Art und Weise, die es wert war, erforscht zu werden. *Interessant*, dachte ich (und das ist stets ein schicksalsschwangerer Augenblick). Ich nahm mir erneut meinen Notizzettel vor und hielt noch einige weitere Beobachtungen über den Unterschied von Vorstellungen und Wahrnehmungen fest. Dann glaubte ich, etwas darüber lesen zu müssen. Ich hatte mich mit der Literatur zum Vorstellungsvermögen nie beschäftigt und über dieses Thema vorher nicht nachgedacht. Innerhalb weniger Wochen wurde mir klar, dass mein Gefühl seliger Ruhe gegenstandslos war; denn schon war ich wieder an der Arbeit. Bald dachte ich sehr ernsthaft über Träume, Wahnsinn und Bedeutungen nach – und es erschien mir unabweisbar, ein Buch zu schreiben. Also stand ich wieder unter Druck. (Selbstverständlich war da auch das Vergnügen, sich in einem hypnopompen Zustand stundenlang zurückzulehnen und dies als Arbeit zu bezeichnen.)

Ich fand das Thema ganz einfach faszinierend, und es schien in der wissenschaftlichen Öffentlichkeit nur wenig Aufmerksamkeit zu bekommen (verglichen etwa mit dem des Bewusstseins). Ich fand einzelne Bemerkungen von Wittgenstein sowie Sartres *L'imaginaire* besonders anregend (und einander bemerkenswert ähnlich). Die Verbindung von Begriffsanalyse und Phänomenologie gefiel mir. Das Thema war nicht leicht zu fassen, teils weil es phänomenologisch kaum festzumachen ist und teils weil die Einbildungskraft eine so weit reichende geistige Fähigkeit ist. Es ist schwer, sich der Sache systematisch zu nähern und die unterschiedlichen Erscheinungsweisen der Einbildungskraft in eine Ordnung zu bringen. Genau das ist es, was ich im vorliegenden Buch versucht habe. Der rote Faden, dem ich dabei folge, ist der Gegensatz zwischen Vorstellen und Wahrnehmen und die Frage, worin genau er besteht.

Ich würde gern verschiedenen Stiftungen und anderen Gremien danken, die mir die Zeit für meine Forschungen zur Verfügung gestellt haben. Doch faktisch habe ich die Arbeit an diesem Buch in den Lücken und Zeiten zwischen meinen regulären und irregulären Verpflichtungen geleistet. Zwischen dem Abschluss des Manuskripts im Sommer 2002 und der Abfassung der Anmerkungen lag ein volles Jahr. Ich habe das Thema mehrfach unterrichtet und ihm dabei eine Gliederung gegeben. Dies gilt vor allem für ein Seminar mit Graduate Students, das ich 2001 gemeinsam mit Stephen Neale gehalten habe. Ich bin ihm für anregende Gespräche ebenso dankbar wie den Graduate Students von Rutgers, die an diesem Seminar teilgenommen haben. Jonathan Miller, Thomas Nagel und Oliver Sacks gaben nützliche Hinweise. Drei externe Fachleser der Harvard University Press schrieben weiterführende Kommentare zur ersten Fassung des Manuskripts. Dankbar bin ich auch meiner Frau, Cathy Mortenson, die meine vielen Fragen über ihre Vorstellungsbilder, die konturierter sind als meine, bereitwillig beantwortet hat.

Einleitung

Das Thema *Einbildungskraft* ist vielleicht nicht ganz so alt wie die Einbildungskraft selbst, aber es ist doch recht alt. Platon und Aristoteles hatten ihre Ansichten zur Einbildungskraft ebenso wie die Stoiker und Epikureer oder wie Thomas von Aquin und Augustinus.[1] Descartes, Locke, Berkeley, Hume, Kant, Fichte, Hegel und Kierkegaard haben sich zu diesem Thema geäußert. Im 20. Jahrhundert schenkten so unterschiedliche Philosophen wie Sartre, Wittgenstein und Collingwood der Einbildungskraft große Aufmerksamkeit. Und in allerneuester Zeit hat die Kognitionswissenschaft das Wesen von Vorstellungsbildern zu untersuchen begonnen. Ganz zu schweigen von allerlei Künstlern, Kunstkritikern und Psychologen, die dem Thema Gewicht verliehen haben. Und dennoch hat die zeitgenössische Philosophie des Geistes, soweit sie sich nicht mit Themen wie der Vorstellbarkeit von Dingen und Ereignissen sowie dem Problem von Geist und Körper beschäftigt, zur Erforschung der Einbildungskraft wenig beigetragen. Ganz eindeutig klafft hier eine Lücke.

Zudem ist die Einbildungskraft meist nur fragmentarisch dargestellt worden – ein bisschen hier, ein bisschen dort – oder als Teil irgendeines größeren Unternehmens. Oft stand ihre Behandlung unter ideologischen Vorzeichen. Es ging dann etwa darum, die Sache des Empirismus zu befördern, zu zeigen, dass der Behaviorismus auch diesen allerprivatesten geistigen Akt zu erklären vermag oder große Ansprüche in Bezug auf das Wesen der Kreativität des menschlichen Seelenlebens zu erheben. Selten wird das Thema umfassend und unvoreingenommen behandelt – ganz einfach als etwas, das schon von sich aus interessant ist und vielfältige Aspekte und Spielarten besitzt. Dies ist teils darauf zurückzuführen, dass die Einbildungskraft sich über ein weites Spektrum erstreckt und eine synoptische Zusammenschau erschwert. Thematisch umfasst sie ein enorm großes Gebiet, das von Vorstellungsbildern, Träumen und Tagträumen bis hin zum Wahnsinn, zum Glauben und zu Bedeutungen sowie darüber hinaus zu Künsten und Wissenschaften alles umfasst.

Im vorliegenden Buch ist es mein Ziel, die Einbildungskraft so umfassend wie möglich zu untersuchen. Ich prüfe sie unter vielerlei Gesichtspunkten und bediene mich vieler Methoden, ohne dabei bestimmten Vorgaben zu folgen. Sie ist eine Erscheinungsweise des menschlichen Geistes, die völlig eigenständig analysiert und verstanden werden muss. Sie ist zugleich ebenso schwer zu bestimmen wie verlockend und faszinierend. Über sie nachzudenken erfordert Strenge und Grübelei, Klarheit und eine Toleranz für das Dunkle. Sie zieht Konfusionen und Irrtümer regelrecht an. Die Untersuchung der Einbildungskraft erfordert vor allem – Einbildungskraft sowie eine geduldige Aufnahmefähigkeit. Denn es ist hier von vitaler Bedeutung, auf sein eigenes Innenleben Acht zu haben. Oft werde ich mich daher an meine Leser wenden und sie auffordern, ihre Einbildungskraft so zu prüfen, wie sie selbst sie erleben.

Wenn wir über unsere Vorstellungsbilder nachdenken, sollten uns zwei Dinge auffallen: 1) wie *ähnlich* sie unseren regulären Wahrnehmungen sind und 2) wie *verschieden* sie von eben diesen Wahrnehmungen sind. Schauen Sie sich das Buch, das vor Ihnen liegt, genau an. Schließen Sie dann die Augen und machen Sie sich eine Vorstellung von ihm. In beiden Vorgängen erscheint es Ihnen als im Wesentlichen ähnlich, und doch laufen Sie niemals Gefahr, beides zu verwechseln. Philosophisch besteht die (keineswegs leichte) Aufgabe hier darin, genau zu erklären, worin Vorstellungen und Wahrnehmungen einander ähnlich sind und worin sie sich unterscheiden. Denn was macht eine Vorstellung zu einer Vorstellung und eine Wahrnehmung zu einer Wahrnehmung? Dies ist das Thema meines ersten Kapitels, und es ist für den Rest des Buches von entscheidender Bedeutung. In diesem ersten Kapitel versuche ich, den Unterschied von Wahrnehmungen und Vorstellungen so umfassend und klar darzustellen, wie ich nur kann. Ich greife dabei auf Ressourcen zurück, die mir hilfreich erscheinen – von der Phänomenologie über die Begriffsanalyse bis zur *Ordinary Language Philosophy* (Philosophie der Alltagssprache). Es erweist sich, dass Vorstellungen und Wahrnehmungen trotz ihrer offenkundigen Affinitäten in einer Reihe grundlegender Hinsichten verschieden sind – so dass Humes Auffassung, derzufolge sie sich nur graduell unterscheiden, falsch ist. Sich etwas vorzustellen, ist kein Modus des Wahrnehmens. Das erste Kapitel legt insofern die Grundlagen für den Rest des Buches, als ich mich der Unterscheidung von Vorstellungen und Wahrnehmungen während all meiner späteren Erörterungen bediene. Vorstellungen und Wahrnehmungen sind kategorial unterschieden.

Kapitel 2 unternimmt es dann, das Gleichgewicht wiederherzustellen: Etwas zu visualisieren oder es sich vorzustellen, ist nicht dasselbe, wie es mit eigenen Augen zu sehen. Doch es wird zu Recht als ein *Sehen* beschrieben – aber als ein Sehen mit dem geistigen Auge. Ich verteidige hier also die Auffassung, die das Sehen als eine Gattung mit zwei Arten betrachtet – als ein Sehen mit den Augen des Leibes sowie als ein Sehen mit dem Auge des Geistes. Beide Arten sind grundverschieden, doch sind sie genuine Beispiele für einen umfassenderen Begriff des Sehens. Daher der Titel *Das geistige Auge* (im englischen Original *Mindsight*).

Nachdem ich die Verschiedenartigkeit von Vorstellungen und Wahrnehmungen betont habe, wende ich mich in Kapitel 3 einem Phänomen zu, in dem sie zusammenkommen: dem Sehen-als oder dem vorstellungsdurchsetzten Sehen. Ich mache klar, wie bemerkenswert gerade dieses Phänomen ist, wenn man sich den Unterschied von Vorstellungen und Wahrnehmungen erst einmal zu Herzen genommen hat. Ich versuche das Sehen-als zu klären, indem ich mich auf den in Kapitel 1 entwickelten Begriffsapparat beziehe und auf den hybriden Charakter des Sehens-als verweise.

Kapitel 4 greift das enervierende Thema des „Raums" der bildlichen Vorstellungen auf. Wenn ich mir eine Vorstellung von etwas bilde, lokalisiere ich das Vorgestellte nicht mental im wahrgenommenen Raum; das vorgestellte Objekt präsentiert sich vielmehr in seinem eigenen Raum. Auch hier wieder unterscheiden sich Vorstellungen und Wahrnehmungen, wenn auch auf eine etwas mysteriöse Weise. Aufgabe der Philosophie ist es zu erklären, wozu der Begriff des Vorstellungsraums gut ist und in welchem Verhältnis er zum Wahrnehmungsraum steht. Vorstellungen sind in dieser Hinsicht zutiefst obskur.

In Kapitel 5 wende ich mich der Frage zu, ob Vorstellungen angemessen als innere Bilder aufzufassen sind, die mit dem Auge des Geistes gesehen werden. Wenn wir annehmen, dass Wahrnehmungen nicht ihrerseits Bilder sind, die wir innerlich sehen, so würde dies einen weiteren Unterschied zwischen Vorstellungen und Wahrnehmungen festlegen. Ich lehne jedoch die Theorie, dass Vorstellungen Abbilder sind, aus meist allseits bekannten Gründen ab. Ich interpretiere darüber hinaus neuere empirische Arbeiten, die angeblich die Abbildtheorie stützen, dahingehend, dass sie diese Theorie gerade nicht stützen. Ich bin der Auffassung, dass hier vermeintlich ablaufende geistige Vorgänge wie das Scannen und prüfende Betrachten von Vorstellungen jeweils nicht eine als inneres Abbild konstruierte Vorstellung selbst zu ihrem Gegenstand haben, sondern das Ding, das in ihr *erscheint*, also meist ein konkretes Objekt (das existiert oder auch nicht). Vorstellungen und Wahrnehmungen sind mithin ähnlich insofern, als beide sich auf äußere Objekte richten („naiver Realismus"). Wir sehen also dieselbe Art von Entitäten mit dem Auge unseres Geistes wie mit denen unseres Leibes.

Danach schalte ich in einen anderen Gang und beschäftige mich mit Träumen. In den Kapiteln 6 und 7 vertrete ich die Auffassung, dass Träume aus Vorstellungen und nicht aus Wahrnehmungen bestehen und dass es möglich ist, den Glauben an Träume von dieser Hypothese aus zu erklären. Sind erst einmal Vorstellungen und Wahrnehmungen voneinander unterschieden, gewinnt die Frage an Gewicht (und ist keineswegs leicht zu beantworten), aus welcher Art Erleben Träume gebildet werden. Zu erklären, wie wir denn glauben können, was wir uns in unseren Träumen nur vorstellen, setzt einige weit reichende Annahmen in Bezug auf das Fiktionale, die Suggestibilität und das Unbewusste voraus.

Sobald wir die Träume in der Tasche haben, können wir uns auf das Gebiet des Wahnsinns wagen. In Kapitel 8 geht es mir darum, wie sich die Unterscheidung von Vorstellungen und Wahrnehmungen auf das Verständnis des psychotischen Wahns auswirkt. Mein Deutungsvorschlag ist wenig überraschend; ihm zufolge werden die Wahnvorstellungen der Geisteskranken (wie die Wahnvorstellungen der Träumer) von der Einbildungskraft und nicht von Perzeptionen getrieben. Streng genommen *halluzinieren* Schizophrene nicht.

Kapitel 9 fragt spekulativ nach dem Ursprung der Einbildungskraft bei Kindern, vor allem im Hinblick auf die Art und Weise, in der sich bei ihnen Überzeugungen herausbilden. Meiner Meinung nach spielt die Empfänglichkeit von Vorstellungen für eine Kontrolle durch den Willen die entscheidende Rolle bei der Reifung des Kindes im Blick auf seine Vorstellungen.

Mit Kapitel 10 beginnt ein neuer Abschnitt des Buches. Am Übergang vom sinnlichen zum kognitiven Vorstellen fallen mir zwischen beiden trotz tief gehender Unterschiede verschiedene Analogien auf. Ich erörtere sodann, in welchem Verhältnis zueinander Einbildungskraft und Glaube stehen. Ich gehe dabei von der These aus, dass der Glaube Einbildungskraft voraussetzt. Glaubensüberzeugungen werden gebildet vor dem Hintergrund mentaler Vorstellungsakte. Einbildungskraft ist nicht an sich schon eine Form von Glauben, sondern eine propositionale Einstellung *sui generis* (wie die sinnliche Vorstellung keine Form von Wahrnehmung ist, sondern eine Art des Erlebens *sui generis*). Ein Sich-Vorstellen-dass erhebt in der Tat einigen Anspruch darauf, die *grundlegende* Einstellung gegenüber Propositionen zu sein.

Negationen sind das Thema von Kapitel 11, einer kurzen Darstellung der Relevanz der Einbildungskraft für die Logik. Das zu negieren, was der Fall ist, bedeutet, sich vorstellungsbezogen und phantasievoll in den Bereich der Modalität zu begeben. In der Logik geht es insgesamt darum, Möglichkeiten in Erwägung zu ziehen.

Zu Kapitel 12 haben die beiden vorhergehenden Kapitel geführt. Ich vertrete dort die These, dass Einbildungskraft für das sprachliche Verstehen von zentraler Bedeutung ist. Einen Satz verstehen heißt, in der Phantasie die Möglichkeit zu erfassen, die er vergegenwärtigt. Ich erkläre, warum ich dies für einen guten Weg halte, über Bedeutungen nachzudenken, und gehe dabei auf einige Einwände ein. Vor dem Hintergrund von Theorien des frühen Russell und von Wittgenstein erkläre ich, warum wir zur Darstellung von Bedeutungen die Einbildungskraft nötig haben. Der extreme Mentalismus von Theorien der Einbildungskraft erscheint dabei als Vorteil und nicht als Nachteil.

Schließlich vermesse ich in Kapitel 13 das Terrain, das wir bis dahin abgeschritten sind, indem ich jede der wichtigen Erscheinungsweisen der Einbildungskraft auf die jeweils anderen beziehe. Mir geht es dabei um den Nachweis, dass die eher rudimentären Arten der Einbildungskraft Stufen auf dem Weg zu den entwickelteren darstellen.

Insgesamt gesehen besteht mein Ziel darin, nachzuweisen, dass die Einbildungskraft ein Vermögen ist, das in den allerunterschiedlichsten geistigen Phänomenen als Thema mit vielfältigen Variationen in Erscheinung tritt. Wir brauchen die Einbildungskraft, um Vorstellungsbilder, Träume, Glauben, Möglichkeiten und Bedeutungen zu entwickeln oder zu entwerfen. Unsere Vorstellungsfähigkeit hat vielerlei

Ausdrucksweisen und Anwendungsmöglichkeiten. Obwohl sie allgegenwärtig ist, ist unser Geist nicht ganz und gar von Einbildungskraft durchsetzt. Vor allem einfache Wahrnehmungen sind (anders als ein Sehen-als) von sich aus nicht vorstellungsbezogen. Wir verfügen über eine vorstellungsbezogene und eine nicht-vorstellungsbezogene Seite – und in diesem Gegensatz tritt der wahre Charakter der Einbildungskraft zutage. Doch die Einbildungskraft, so behaupte ich, ist eine sehr viel umfassendere Gegebenheit des menschlichen Geistes, als die neuere Philosophie nahe legt. Wenn die Empiristen den Geist im Wesentlichen als ein Sinnesorgan auffassten, die Rationalisten als *res cogitans* und neuere Denker als etwas, das die jeweilige Präferenz für Glauben vs. Begehren befriedigt, dann würde ich vorschlagen, den Geist in erster Linie als eine Vorrichtung für das Vorstellen zu betrachten. Der Mensch ist ein *homo imaginans*.[2] Vorstellungsbilder und ihre unterschiedlichen Ausarbeitungen sind die Summe dessen, was für den menschlichen Geist besonders charakteristisch ist. (Selbstverständlich ist der menschliche Geist in allen seinen Erscheinungsweisen durch Bewusstsein charakterisiert.) Auf jeden Fall ist die Einbildungskraft ein Vermögen, dem in jeder Darstellung des geistigen Wesens der Menschen der höchste Ehrenplatz zugewiesen werden muss.

Eine letzte Bemerkung noch: Die Einbildungskraft ist ein Thema von beträchtlichem Interesse für Menschen außerhalb der analytischen Philosophie des Geistes. Ich bin im Kern ein Vertreter dieser analytischen Philosophie des Geistes. Ich habe mich jedoch bemüht, so zu schreiben, dass Nicht-Philosophen in der Lage sein werden, das meiste von dem nachzuvollziehen, was ich sage. Ich habe die eher technischen und fachspezifischen Bemerkungen sowie Verweise auf die (nicht allzu umfangreiche) Sekundärliteratur in die Anmerkungen im Anhang verbannt. Das Thema selbst ist nicht technischer Natur, obwohl es gewiss schwierig sein kann. Daher sollte das Buch auch Nicht-Philosophen zugänglich sein. Insbesondere das Material zu den Träumen ist bewusst so konzipiert, dass es für jeden lesbar ist, der sich für dieses Thema interessiert.

KAPITEL I   Vorstellungen und Wahrnehmungen

Wir alle kennen den Unterschied zwischen dem, was wir sehen, und dem, was wir uns nur vorstellen. Wenn ich jetzt in Paris wäre, könnte ich den Eiffelturm sehen. Da ich aber hier in New York sitze, kann ich ihn nur visualisieren (mir also bildlich vorstellen). Das Sehen erfordert die Präsenz eines Objekts, das Visualisieren dagegen nicht. Wir neigen nicht dazu, unsere Vorstellungen mit unseren Wahrnehmungen zu verwechseln. Dennoch scheint es richtig, beide insofern als *visuelle* Verfahren zu bestimmen, als ein visuelles Erleben in ihnen vorkommt, und in beiden Fällen ist derselbe Gegenstand – der Eiffelturm – das intentionale Objekt meines Erlebens. Mit meinen Augen kann ich dieses Objekt sehen: dass es eine bestimmte Form und Farbe hat und einen bestimmten Hintergrund. Meine Vorstellung kann dasselbe Objekt visualisieren: mit genau dieser Form und Farbe sowie vor demselben Hintergrund. Es gibt mithin eine klare Ähnlichkeit zwischen beiden Arten des Erlebens bzw. Erfahrens – zwischen ihrer Phänomenologie, ihrer Intentionalität und ihrer sinnesbezogenen Modalität – ebenso wie einen klaren Unterschied.

Aber was genau macht den Unterschied zwischen ihnen aus? Wie unterscheidet sich der mentale Akt, etwas zu sehen, von dem, etwas zu visualisieren? Wie gesagt sind wir im Blick auf diese Unterscheidung normalerweise nicht verwirrt. Wir können in unserem Fall den Unterschied leicht feststellen. Worauf beruht also unsere Fähigkeit, zwischen Sehen und Visualisieren zu unterscheiden? Mit anderen Worten, wie unterscheiden sich Wahrnehmungen und Vorstellungen?

Die klassische Antwort auf diese Frage hat David Hume gleich zu Beginn seines *Treatise of Human Nature* (Traktat über die menschliche Natur) gegeben: „Die Perzeptionen des menschlichen Geistes zerfallen in zwei Arten, die ich als *Eindrücke* und *Vorstellungen* bezeichne. Der Unterschied zwischen ihnen besteht in dem Grade der Stärke und Lebhaftigkeit, mit welcher sie dem Geist sich aufdrängen und in unser Denken und Bewusstsein eingehen. Diejenigen Perzeptionen, welche mit größter Stärke und Heftigkeit auftreten, nennen wir Eindrücke. Unter diesem Namen fasse ich alle unsere Sinnesempfindungen, Affekte und Gefühlserregungen, so wie sie bei ihrem erstmaligen Auftreten in der Seele sich darstellen. Unter Vorstellungen dagegen verstehe ich die schwachen Abbilder derselben, wie sie in unser Denken und Urteilen eingehen [...] Ich glaube, es wird nicht nötig sein, viele Worte zur Verdeutlichung dieses Unterschieds zu machen."[1]

Etwas später betont Hume „die große Ähnlichkeit, die zwischen unseren Eindrücken und unseren Vorstellungen in jedem Punkte, außer hinsichtlich des Grades ihrer Stärke und Lebhaftigkeit besteht. Die einen erscheinen in gewisser Art als ein Widerschein der anderen, so dass alle Perzeptionen des menschlichen Geistes doppelt vorhanden sind, d. h. sowohl als Eindrücke wie als Vorstellungen auftreten. Wenn ich meine Augen schließe und an mein Zimmer denke, so sind die Vorstellungen, die ich mir mache, genaue Nachbildungen der Eindrücke, welche ich vorher empfand; die ersteren haben keine Eigenschaft, die ich nicht auch bei den letzteren fände."[2] Und weiter unten heißt es: „Die Vorstellung von rot, die wir uns im Dunkeln machen, und der entsprechende Eindruck, den unser Auge im Sonnenlicht erhält, unterscheiden sich nur hinsichtlich ihres Grades, nicht hinsichtlich ihrer Beschaffenheit."[3] Unter dieser Voraussetzung überrascht es nicht, wenn Hume feststellt, dass sich Wahrnehmen und Vorstellen „in besonderen Fällen sehr nahe kommen können. So können sich im Schlaf, im Fieber, im Wahnsinn oder anderen sehr heftigen Erregungszuständen unserer Seele unsere Vorstellungen den Eindrücken nähern, wie es andererseits bisweilen vorkommt, dass unsere Eindrücke so matt und schwach sind, dass wir sie nicht von unsern Vorstellungen zu unterscheiden vermögen."[4]

Nach Hume unterscheiden sich Wahrnehmungen also von Vorstellungen bloß *quantitativ*, nicht qualitativ. Es gibt eine Skala, auf der sich sowohl Vorstellungen wie Wahrnehmungen anordnen lassen, und zwar nach dem Grad ihrer „Stärke und Lebhaftigkeit", so dass Wahrnehmungen auf dieser Skala ganz einfach höher anzusiedeln sind als Vorstellungen. Daher Humes Behauptung, dass Vorstellungen und Wahrnehmungen *nur* graduell verschieden sind. Wir könnten hier (obwohl Hume dies nicht tut) einen Vergleich ziehen zu den verschiedenen Abstufungen von Schmerz, die man empfinden kann; denn von denen sind ja auch manche intensiver als andere. Eine Vorstellung ist demnach nur eine blasse Wahrnehmung, wie umgekehrt eine Wahrnehmung eine besonders lebhafte Vorstellung ist. Beide zusammen gehören zu den „Perzeptionen", die in unterschiedlicher Stärke und Intensität auftreten.[5]

Nun möchte ich vorab noch zwei Bemerkungen über Humes Konzeption des Unterschieds zwischen Vorstellungen und Wahrnehmungen machen, bevor ich diese Konzeption einer eingehenden Kritik unterziehe. Erstens ist aus Humes Text nicht eindeutig zu ersehen, was genau er unter „Stärke", „Lebhaftigkeit" und ähnlichen Redewendungen versteht. Die natürlichste Interpretation (oder zumindest die am besten bestimmte) geht aus vom intentionalen Objekt eines mentalen Aktes, beispielsweise vom Grad der Helligkeit des vergegenwärtigten Objekts – so, wenn ich die Sonne sehe oder sie nur visualisiere. Doch nach kurzem Nachdenken wird bereits die Unangemessenheit dieser Vorgabe deutlich, da ich offenkundig zwar eine helle Sonne visualisieren und aber eben auch eine eher düstere sehen kann. Der Grad der Helligkeit eines intentionalen Objekts zeigt nicht an, ob es wahrgenommen oder visualisiert wird. Wir müssen wohl den mentalen Akt selbst betrachten, nicht sein intentionales Objekt. Aber was genau bedeutet dann der Begriff der „Lebhaftigkeit"? Ich kann gewiss eine anregende Vorstellung haben und doch auch eine langweilige oder leidenschaftslose Wahrnehmung über mich ergehen lassen. Vielleicht denkt Hume an irgendeinen Bewusstseins*betrag*, der jeweils mal weniger, mal mehr durch Vorstellungen oder Wahrnehmungen in Anspruch genommen wird. Das allerdings ist eine obskure Idee, die wohl kaum zum richtigen Ergebnis führt; denn ich kann mich sehr auf eine Vorstellung konzentrieren und einer Wahrnehmung gegenüber recht zerstreut sein. Mithin ist die Skala, auf der wir, Humes Einladung folgend, Vorstellungen und Wahrnehmungen anordnen sollen (trotz der Leichtigkeit, mit der wir diese Einladung zu akzeptieren scheinen, und obwohl wir merkwürdig geneigt sind, uns durch sie mitreißen zu lassen), keineswegs eindeutig definiert. Während wir *innerhalb* der Klasse von Wahrnehmungen – etwa nach den Eigenschaften intentionaler Objekte – zwischen lebhafteren und weniger lebhaften unterscheiden können, können wir diese Unterscheidung nicht *zwischen* der Klasse von Wahrnehmungen und der von Vorstellungen geltend machen. Und Ähnliches gilt im Hinblick auf die Unterscheidungen innerhalb der Klasse der Vorstellungen. Die Verfügbarkeit einer gut definierten und verlässlichen Skala in jeder der beiden Klassen gibt uns nichts an die Hand, das Humes Versuch stützen würde, einen Unterschied zwischen den Klassen festzulegen. Etwas Obskures steckt mithin im Zentrum von Humes Unterscheidung, selbst wenn man deren Notwendigkeit und Hinlänglichkeit außer Acht lässt. Vielleicht kann man mit dieser Obskurität fertig werden; doch ich möchte schon vorab darauf hinweisen, dass dieses Problem keineswegs trivial ist.[6]

Zweitens räumt Hume stillschweigend und ohne mit der Wimper zu zucken die Unangemessenheit seiner Unterscheidung ein. Denn er konzediert, dass Vorstellungen im Schlaf, im Fieber und im Wahnsinn ebenso mächtig auftreten können wie Wahrnehmungen. Und weiter konzediert er, dass Wahrnehmungen gelegentlich so schwach sein können wie Vorstellungen. Dies bedeutet selbstverständlich, dass der „Grad der Lebhaftigkeit" (was immer das genau sein mag) weder notwendig noch hinlänglich ist, um Vorstellungen von Wahrnehmungen zu unterscheiden. Schwäche ist keine notwendige Bedingung einer Vorstellung, weil es Träume, Fieber und Wahnsinn gibt, und sie ist auch keine hinlängliche Bedingung, weil es sehr schwache Wahrnehmungen gibt. Davon unbeeindruckt besteht Hume indes auf seiner Überzeugung, dass seine quantitative Unterscheidung in der Mehrzahl der Fälle gut genug greift. Ihm ist nicht bewusst, dass er offenbar, selbst bei der Formulierung seiner eigenen Gegenbeispiele, stillschweigend mit einer *anderen* Unterscheidung arbeitet. Er muss einen angebbaren Grund für seine Erklärung haben, dass Träume aus Vorstellungen und nicht aus Wahrnehmungen bestehen, und einen anderen Grund für seine Erklärung, dass schwache Wahrnehmungen nicht als Vorstellungen zählen. Vielmehr ist dies nicht einfach der Umstand, dass den Wahrnehmungen existente Objekte zugrunde liegen, während dies bei Vorstellungen nicht der Fall ist, weil das kaum notwendig wahr ist. Eindeutig gibt es so etwas wie Wahrnehmungshalluzinationen, und wir können uns Vorstellungen von wirklichen Objekten bilden. Der Unterschied muss *intrinsisch* sein und kann sich nicht daraus herleiten, ob ein entsprechendes Objekt existiert. Hume hat also hier ein ernsthaftes Problem. Er setzt an mit der Behauptung, seine Unterscheidung sei so offensichtlich, dass sie nicht sonderlich kommentiert werden müsse, und räumt dann eine Seite später ein, dass sie falsch ist.[7]

Zweifellos wird Hume hier durch das Phänomen der Erinnerungsbilder beeinflusst. Solche Bilder können wie abgeschwächte Versionen früherer Wahrnehmungen erscheinen, von denen sie sich herleiten. Ich werde die Erinnerungsbilder später ausführlich erörtern und will einstweilen nur bemerken, dass dieses zugestandene Ableitungsverhältnis nicht die Konzeption impliziert, derzufolge Vorstellungen schwache Wahrnehmungen sind. Wir können dahingehend übereinstimmen, dass ein Erinnerungsbild eine Art Überbleibsel oder Echo oder Re-Präsentation einer ursprünglichen Wahrnehmung (und kausal von ihr unabhängig) ist, ohne deshalb zu akzeptieren, dass eine Vorstellung bloß eine schwächere Version einer Wahrnehmung ist. Vorstellung und Wahrnehmung könnten sich auf andere Weise (vielleicht qualitativ oder ihrer „Natur" nach) unterscheiden, und dennoch könnte es stimmen, dass die Vorstellung sich von einer vorausgegangenen Wahrnehmung herleitet. Tatsächlich gibt es keinen logischen Grund, warum ein Erinnerungsbild nicht von einer Wahrnehmung hergeleitet sein und *lebhafter* sein kann als diese Wahrnehmung. (Wobei erneut zu fragen wäre, was genau der hier wieder favorisierte Begriff der Lebhaftigkeit bedeuten soll.)

Im Kern geht es in Humes Konzeption der Vorstellung darum, dass Vorstellungen eine Art Wahrnehmung sind – bloß eine abgeschwächte oder heruntergestufte Wahrnehmung ohne ihre sonst übliche Schärfe, also eine kraftlos gewordene und verkümmerte Wahrnehmung, aber doch immerhin eine Wahrnehmung. Eine Vorstellung, so sagt er, ist in jeder Hinsicht wie eine Wahrnehmung außer in Bezug auf ihre „Lebhaftigkeit". Ich werde im Folgenden die These vertreten, dass dies ein grundlegender Irrtum ist; denn es gibt eine Reihe wichtiger Hinsichten, in denen sich Vorstellungen ganz entschieden von Wahrnehmungen unterscheiden. Wie wir sehen werden, gehören Wahrnehmungen, ganz gleich, ob sie nun wirklichkeitsgetreu oder halluzinatorisch sind und unabhängig vom Grad ihrer „Lebhaftigkeit" (zusammen mit den Nachbildern) auf die eine Seite einer Linie, während mentale Vorstellungen im eigentlichen Sinn auf die andere Seite gehören. Obwohl Humes Theorie zunächst äußerst anziehend wirkt, könnte sie kaum falscher sein (wobei er allerdings durchaus Recht hatte, mit Nachdruck auf der tief gehenden *Ähnlichkeit* von Wahrnehmungen und Vorstellungen zu bestehen). Da wir dazu neigen, uns beim ersten Kontakt mit Hume seinen Formulierungen so leicht anzuschließen, glaube ich, dass es sich hier um einen jener Fälle handelt, in denen wir von Natur aus dazu disponiert sind, unsere eigenen Konzepte misszuverstehen und über Gebühr zu simplifizieren – also um ein Schulbeispiel von Wittgensteins allgemeiner Darstellung philosophischer Irrtümer. Wenn es um Vorstellungen geht, sind wir offenbar nur zu sehr darauf aus, falsche begriffliche Angleichungen vorzunehmen.[8]

Es kann daher kaum überraschen, wenn Wittgenstein ein scharfsinniges (wenn auch verkürztes) Interesse für das Thema der bildlichen Vorstellungen entwickelt. In einer dichten, aber äußerst anregenden Passage schreibt er:

„Gehörsvorstellung, Gesichtsvorstellung, wie unterscheiden sie sich von den Empfindungen? Nicht durch ‚Lebhaftigkeit'.

Vorstellungen belehren uns nicht über die Außenwelt, weder richtig noch falsch. (Vorstellungen sind nicht Halluzinationen, auch nicht Einbildungen.)

Während ich einen Gegenstand sehe, kann ich ihn mir nicht vorstellen.

Verschiedenheit der Sprachspiele: ‚Schau die Figur an!' und ‚Stell dir die Figur vor!'

Vorstellung dem Willen unterworfen.

Vorstellung nicht Bild. Welchen Gegenstand ich mir vorstelle, ersehe ich nicht aus der Ähnlichkeit des Vorstellungsbildes mit ihm.

Auf die Frage ‚Was stellst du dir vor', kann man mit einem Bild antworten."[9]

Ich lege diesen Text zugrunde, wenn ich im Folgenden die Merkmale skizziere, die Vorstellungen von Wahrnehmungen unterscheiden.

Der Wille

Der vielleicht offenkundigste Unterschied zwischen Vorstellungen und Wahrnehmungen besteht darin, dass Vorstellungen gewollt werden können, aber Wahrnehmungen nicht. Ich kann mir eine Vorstellung vom Eiffelturm machen wollen und meine Absicht sofort umsetzen, doch ich kann nicht einfach beschließen, den Eiffelturm zu *sehen*. Diese Asymmetrie bezieht sich sowohl auf schwache wie auf lebhafte Wahrnehmungen. Wahrnehmungen werden nicht einfach mit abnehmender Lebhaftigkeit willkürlich. Und ihre Willkürlichkeit ist keine Frage der

Abstufung – derzufolge lebhafte Wahrnehmungen weniger dem Willen unterworfen wären als schwache. Also hat Hume Unrecht darin, dass der Unterschied zwischen Vorstellungen und Wahrnehmungen *nur* graduell sei. Wittgenstein schreibt: „Wir ‚verscheuchen' nicht Gesichtseindrücke, aber Vorstellungen. Und wir sagen von jenen auch nicht, wir könnten sie *nicht* verscheuchen."[10] Und weiter: „Der Begriff des Vorstellens ist eher wie der eines Tuns, als eines Empfangens. Das Vorstellen könnte man einen schöpferischen Akt nennen. (Und nennt es ja auch so.)"[11] Wir könnten dies auch so formulieren, dass „visualisieren" ein Verb des Handelns ist, während „sehen" dies nicht ist. Darum macht es Sinn, jemanden aufzufordern, etwas zu visualisieren, nicht aber, etwas zu sehen. Eine Vorstellung im Bewusstsein zu halten, kann zudem geistige *Anstrengung* erfordern, während an einer Wahrnehmung festzuhalten keine Anstrengung erfordert. Denn *den* Job hat man sozusagen nicht in der Hand. Sich eine Vorstellung zu bilden ist etwas, das man *tut*, während zu sehen etwas ist, das mit einem geschieht. Kurz gesagt, sich etwas vorzustellen ist ein mentaler Akt.

Diese simple Formulierung scheint mir zwar im Wesentlichen korrekt zu sein; doch müssen wir einige weitere Bestimmungen vornehmen, damit sie nicht für Gegenbeispiele offen ist. Erstens muss ganz offenkundig der Anspruch erhoben werden, dass sich etwas vorzustellen ein *grundlegender* Akt ist, was für das Sehen in dem Sinn nicht gilt, weil es bewerkstelligt werden kann, ohne dass man etwas anderes tut. Selbstverständlich kann ich beschließen, etwas zu sehen, wenn das heißen soll, dass ich einige Handlungen ausführe, als deren Resultat ich ein Wahrnehmungserlebnis habe. Ich kann nach Paris reisen und den Eiffelturm betrachten, ihn also sehen. Doch was ich nicht tun kann, ist einfach nur wollen, dass ich ein solches Erlebnis habe, ohne irgendwelche Mittel und Wege dazu zu finden – in diesem Fall: nach Paris zu kommen. Ich kann auch beschließen, eine Überzeugung zu haben, wenn das bedeutet, eine Handlungsfolge in Gang zu setzen, die zu dem Resultat führt, dass ich von etwas überzeugt bin; doch impliziert dies nicht, dass ich *direkt* entscheiden kann, von etwas überzeugt zu sein.[12] Im Falle des Sich-Vorstellens jedoch kann ich einfach entscheiden, mir eine Vorstellung von etwas zu bilden. Das Sich-Vorstellen ist in dieser Hinsicht wie das *Schauen* und anders als das Sehen.[13]

Zweitens sollte man nicht davon ausgehen, dass die Bildung von Vorstellungen in jedem Fall ganz und gar willkürlich ist. Uns sind Erlebnisse vertraut, bei denen wir uns zwanghaft bestimmte Dinge vorstellen, bei denen Vorstellungen ungebeten auftreten oder bei denen Vorstellungen allen Anstrengungen widerstehen, sie loszuwerden. Das Argument kann also nicht sein, dass jedes Auftreten einer Vorstellung eine freie Handlung ist, bei der man die Chance hätte, sie zu unterlassen. Vielmehr geht es darum, dass es *Sinn* macht, den Versuch zu unternehmen, die eigenen Vorstellungen selbst dann unter Kontrolle zu bringen, wenn man dazu nicht in der Lage ist. Doch diese Unwillkürlichkeit gibt genau wieder, was sich bei zwanghaftem Handeln generell beobachten lässt – also beispielsweise bei zwanghaftem Händewaschen. Dass ein Handeln zwanghaft ist, beweist noch nicht, dass es kein Handeln ist, und schon gar nicht, dass es nicht intentional ist. Es ist durchaus noch etwas, das man *tut*. Wesentlich ist, dass Zwangshandlungen noch immer (in Wittgensteins Worten) „dem Willen unterworfen" sind, und zwar insofern, als es Sinn macht, den Willen auf sie zu lenken, und als der Wille ihren Verlauf und ihren Charakter zu beeinflussen vermag.

Es ist nützlich, drei Punkte zu unterscheiden, an denen Vorstellungen dem Willen unterworfen sind: ihren Beginn, ihren Verlauf und ihre Beendigung. In den meisten Fällen ist eine Vorstellung an allen drei Punkten dem Willen unterworfen: Wir können entscheiden, wann wir sie haben, wir können entscheiden, wie sie sich mit der Zeit verändert, und wir können entscheiden, wann sie endet. Doch in manchen Fällen „schnellt" eine Vorstellung plötzlich in unserem Geist empor und ist also anfänglich nicht gewollt; doch sie unterliegt dann im weiteren Verlauf sowie an ihrem Ende dem Willen. (Sexuelle Phantasien sind ein offensichtliches Beispiel.) Und selbst wenn eine Vorstellung in allen drei Phasen dem Willen gegenüber resistent ist, bleibt sie prinzipiell noch dem Willen unterworfen – obwohl dies vielleicht größerer Anstrengung, erhöhter Selbstdisziplin oder gar besonderer Übung (bzw. einer Therapie) bedarf. Bildliche Vorstellungen sind ebenso der Willensschwäche ausgesetzt und weisen ebenso viele Arten der *Abnutzung* auf wie körperliches Handeln. Tatsächlich sind dieselben Distinktionen und näheren Bestimmungen, die in der allgemeinen Philosophie des Handelns vorgenommen werden müssen, auch auf mentales Handeln anwendbar.[14]

Drittens gibt es Vorstellungen, die weder zwanghaft sind noch aus

Willensschwäche resultieren, sondern das Bewusstsein ganz einfach zufällig, unzusammenhängend und ungeplant bevölkern – die man kaum bemerkt, die aber eine Art Hintergrundsummen jedes Vorstellungshandelns bilden. Ich möchte sie mit den kleinen Körperbewegungen vergleichen, auf die wir uns ungeplant oder gar unbeabsichtigt einlassen: das Trommeln mit den Fingern, das Wippen mit den Füßen oder das Rollen der Zunge, die so oft etwa den Akt des Lesens begleiten. Es sind dies Bewegungen, die Brian O'Shaughnessy als „subintentional" bezeichnet hat und die eine bedeutsame Unterklasse menschlicher Handlungen darstellen.[15] Ich meine, dass diese subintentionalen Körperhandlungen in der Sphäre des Geistes ihre Entsprechung in mentalen Handlungen finden – wenn einem im beiläufigen Spiel mentalen Handelns Vorstellungen durch den Kopf schießen. Dem Willen unterworfen sind sie insofern, als ich mich auf sie konzentrieren und ihr Kommen und Gehen beeinflussen *kann*, obwohl ich sie normalerweise kaum beachte. Genauso kann ich beschließen, nicht mehr mit den Fingern zu trommeln.

In den genannten Hinsichten gibt es eine Entsprechung zwischen Vorstellungen und Denken. Auch das Denken unterliegt in all der von mir geschilderten Komplexität dem Willen. Doch diese Komplexität sollte uns nicht an dem ersten intuitiven Gedanken zweifeln lassen, dass das Denken – im Gegensatz zum Wahrnehmen, das außerhalb der Reichweite des Willens stattfindet – ein mentales Handeln ist. Wie das Denken sich vom Wahrnehmen durch seine Willkürlichkeit unterscheidet, so auch das Vorstellen. Es ist in der Tat nur natürlich zu vermuten, dass es (wie wir später noch sehen werden) hier eine enge Verbindung gibt – dass Denken und Sich-Etwas-Vorstellen aus einem Guss sind.

Die Unterwerfung unter den Willen bringt eine Differenz in der *Verursachung* von Vorstellungen und Wahrnehmungen mit sich. Wahrnehmungen sind durch ihren kausalen Ursprung in äußeren Reizen bestimmt. Und selbst in Fällen von vollständiger Halluzination setzt diese Verursachung keinen Entscheidungsmechanismus auf Seiten des Subjekts in Gang (sondern vielleicht einfach nur implantierte Elektroden oder etwas in der Art). Doch im Fall von Vorstellungen kommt die Verursachung von „innen"; sie ist endogen, nicht exogen. Man ist versucht, hier auf das Idiom einer personalen Verursachung zurückzugreifen. Ihr zufolge bin *Ich* es, der die mentalen Vorstellungen verursacht, die von meinem Bewusstsein Besitz ergreifen. Selbstverständlich ist eine schwache Wahrnehmung nicht eher durch mich verursacht als eine starke – darum schätzt Humes Theorie die strukturelle Differenz der Verursachung falsch ein. Wenn die zutreffende Theorie des Handelns jedoch feststellt, dass das Begehren (neben anderen mentalen Gegebenheiten wie Überzeugungen und Intentionen) Handlungen verursacht, dann können wir dasselbe für die handelnd herbeigeführte Bildung von Vorstellungen sagen. Doch auch hier wäre es wieder ganz falsch zu sagen, Wahrnehmungen würden durch das Begehren oder Ähnliches verursacht. Der Wille hat keine kausale Kontrolle über das, was man sieht und hört.[16]

Nun könnte über Vorstellungen und die Philosophie des Handelns sehr viel mehr gesagt werden – und ich glaube, es wäre eine sehr lohnenswerte Aufgabe, dieses Thema vollständiger zu erschließen –, doch hier geht es mir nur darum, die *differentia* zu markieren, die Vorstellungen von Wahrnehmungen trennen. Also werde ich das Thema einer Philosophie des mentalen (und insbesondere vorstellungsbezogenen) Handelns nicht weiter verfolgen. Ich glaube, hinreichend deutlich gemacht zu haben, dass Vorstellungen und Wahrnehmungen asymmetrisch auf den Willen bezogen sind und dass darin ein wesentlicher Unterschied zwischen beiden besteht.[17] Sich etwas vorzustellen gehört zum aktiven Teil unserer Natur, etwas wahrzunehmen gehört zu deren passivem Teil. Ersteres ist (um Kants Terminologie zu gebrauchen) das Ergebnis unseres Vermögens zur Spontaneität, Letzteres ist das Ergebnis unseres Vermögens zur Rezeptivität. Dies ist etwas, für das die Konzeption Humes keinen Ort findet. Denn Hume geht davon aus, dass eine Vorstellung eine passiv rezipierte Version einer früheren Wahrnehmung ist, nicht etwas, das zur Kategorie von Handlungen gehört.

Auf drei weitere Punkte ist in diesem Zusammenhang hinzuweisen. Der erste betrifft die Epistemologie der Unterscheidung von Vorstellungen und Wahrnehmungen – also die Frage, wie wir Vorstellungen und Wahrnehmungen bei uns selbst unterscheiden können. Nach Hume entdecken wir introspektiv Abstufungen der Lebhaftigkeit, die unsere „Wahrnehmungen" aufweisen und urteilen entsprechend. Wir bemerken, wie schwach sie sind, und kategorisieren ein Erleben dementsprechend als vorstellungsbezogen. Doch wenn uns erst einmal klar geworden ist, dass Vorstellungen aktiv und Wahrnehmungen passiv sind, verfügen wir über ein weiteres Kriterium, nach dem wir beide auseinander halten können. Uns wird dann bewusst, dass im einen Fall der Wille beteiligt ist und im anderen nicht. Wir werden uns unserer eigenen Willenshandlungen und ihrer Hervorbringungen bewusst und wir können unsere geistigen Zustände nach dieser Vorgabe unterscheiden. Mit anderen Worten, der Wille ist beteiligt an der Erste-Person-Perspektive von Vorstellungsurteilen.[18]

Zweitens ist das Verhältnis zwischen dem Gewolltsein von Vorstellungen und ihrem inneren Erlebnischarakter eine heikle Frage. Sagt man, Vorstellungen würden vom Willen *hervorgebracht*, so sagt man damit noch nicht, dass sie sich ihrer inneren Phänomenologie nach von Wahrnehmungen unterscheiden. Und könnten nicht geistige Gegebenheiten existieren, die phänomenologisch genau wie Wahrnehmungen wären und ebenso dem Willen unterlägen wie unsere geistigen Vorstellungen? Konzeptionell scheint dies nicht ausgeschlossen, und doch scheint in irgendeinem Sinn die Phänomenologie von Vorstellungen von ihrer Willensbestimmtheit betroffen zu sein. Wie es ist, wenn man sie hat, scheint durch den Umstand betroffen zu sein, dass sie vom Willen hervorgebracht sind. Ihre Verursachung prägt irgendwie ihre Phänomenologie.[19] Dennoch ist, streng genommen, ihre Entstehungsgeschichte den Vorstellungen äußerlich; denn sie bezieht sich auf deren Verursachung. Anders als einige andere charakteristische Merkmale von Vorstellungen, auf die ich später eingehen werde, ist ihre Willensbezogenheit ihrer Intentionalität nicht innerlich eigen – hängt also nicht zuinnerst damit zusammen, wie sie ihre intentionalen Objekte vergegenwärtigen. Wie es also ist, Vorstellungen zu haben, lässt sich nicht davon lösen, dass Vorstellungen dem Willen unterworfen sind; doch dieses Merkmal ihrer Bewusstheit drängt sich nicht als intentionale Eigenschaft von Vorstellungen auf.

Drittens gibt es eine große und wichtige Klasse von Ausnahmen zur Bedingung der Willensbezogenheit, die nicht einfach in der Weise abgetan werden können, wie ich einige andere angebliche Gegenbeispiele abgetan habe: nämlich die Traumerlebnisse. Wenn Traumerlebnisse vorstellungsbezogen sind, wie kann dann Unterworfenheit unter den Willen eine notwendige Bedingung einer Vorstellung sein, da doch Träume, zumindest oberflächlich gesehen, nicht willkürlich gewählt werden und wir ihren Angriffen passiv ausgesetzt zu sein scheinen? Das ist eine schwierige Frage, auf die ich später detaillierter eingehen werde. Einstweilen möchte ich den Leser nur auf einen potentiellen Einwand gegen das aufmerksam machen, was ich bisher gesagt habe. Wenn Träume *nicht* vorstellungsbezogen sind, sondern aus Wahrnehmungen bestehen, dann gibt es selbstverständlich nicht einmal dem ersten Anschein nach ein Problem. Doch wie wir sehen werden, gibt es gute Gründe, diese Annahme zurückzuweisen.

Beobachtung

Wittgenstein sagt: „Vorstellungen belehren uns nicht über die Außenwelt, weder richtig noch falsch."[20] Später fügt er hinzu:

„Weil das Vorstellen eine Willenshandlung ist, unterrichtet es uns eben nicht über die Außenwelt."[21] Im selben Ton entfaltet er folgenden Gedanken: „Wenn wir uns etwas vorstellen, beobachten wir nicht. Dass die Bilder kommen und vergehen, *geschieht* uns nicht. Wir sind nicht überrascht von diesen Bildern und sagen ‚Sieh da! ...' (Gegensatz z. B. zu den Nachbildern.)"[22] Einen überraschend ähnlichen Ausdruck derselben Idee finden wir in Sartres Buch über *Das Imaginäre. Phänomenologische Psychologie der Einbildungskraft*: „Eine Vorstellung wird nicht gelernt: sie ist exakt organisiert wie die Objekte, die gelernt werden, aber sie gibt sich tatsächlich ganz für das aus, was sie ist, gleich mit ihrem Erscheinen. Wenn man sich damit unterhält, in Gedanken eine Würfel-Vorstellung zu drehen, wenn man fingiert, dass sie ihre verschiedenen Flächen zeigt, wird man zum Schluss des Unternehmens nicht weitergekommen sein: Man hat nichts dazugelernt."[23] Und etwas später heißt es: „Nun kann ich eine Vorstellung, solange ich will, im Blick halten: ich werde immer nur das, was ich hineingelegt habe, bemerken. Diese Feststellung ist von wesentlicher Bedeutung für die Unterscheidung zwischen Vorstellung und Wahrnehmung."[24] Schließlich: „Im übrigen aber teilt die Vorstellung nichts mit, gibt nie den Eindruck von Neuem, enthüllt nie eine Seite des Objektes. Sie liefert es en bloc. Kein Risiko, kein Warten: eine Gewissheit. Meine Wahrnehmung kann mich täuschen, nicht aber meine Vorstellung. Unsere Einstellung zum Vorstellungs-Objekt könnte ‚*Quasi-Beobachtung*' heißen."[25]

Wir können diese Bemerkungen zusammenfassen, indem wir einfach feststellen, dass Vorstellungen nicht *informativ* sind, während Wahrnehmungen sehr wohl *informativ* sind. Und der Grund dafür liegt darin, dass eine Vorstellung nur enthält, was ich selbst in sie hineingelegt habe. So kann ich beispielsweise beschließen, mir einen roten Würfel vorzustellen, und dies dann tun. Die Vorstellung enthält dann genau das, womit ich sie auszustatten beabsichtigt habe.[26] Ich lerne von Vorstellungen nicht mehr als von den Sätzen, die ich niederschreibe; denn in beiden Fällen bringe ich nur meine vorausgehende Intention zum Ausdruck. Doch wenn ich äußere Objekte sehe, werde ich von Informationen überflutet, deren kausaler Ursprung nicht in mir und meinen Intentionen liegt, sondern in einer eigenständigen objektiven Welt, deren Eigenschaften mir eröffnet werden. Dementsprechend nehme ich eine ganz und gar andere Einstellung zu den Objekten meiner Vorstellungen als zu den Objekten meiner Wahrnehmungen ein. Letzteren gegenüber übernehme ich die Einstellung eines Beobachters, Ersteren gegenüber nicht. Ich strenge meine Augen an, konzentriere meine Aufmerksamkeit auf einen besonderen Ausschnitt meines Gesichtsfelds und prüfe sorgsam die fraglichen Objekte. Ich öffne mich also dem, was die Objekte mir mitteilen. In diesem dynamischen Prozess ändere ich kontinuierlich meine Meinungen über die Objekte, füge ihnen neue hinzu und ändere vielleicht frühere Meinungen. Perzeption ist ein Informationskanal, und Wahrnehmungen sind seine Vehikel.

Bilde ich mir aber eine Vorstellung, so strenge ich meine Augen nicht an und konzentriere mich nicht auf einen Ausschnitt meines Gesichtsfeldes. Ich kann sogar meine Augen schließen und meine Aufmerksamkeit von der Welt um mich her abschweifen lassen. Die Objekte meines Vorstellens bringen mir, während ich sie mir vorstelle, keine neuen Informationen, und es kommt nicht zu einer Neueinstellung meiner Meinungen hinsichtlich ihrer Eigenschaften. Ich übernehme nicht die Einstellung einer kognitiven Offenheit dem gegenüber, was das Objekt mir über sich eröffnen wird. Es gibt keinen dynamischen Informationsfluss von ihm zu mir – nur eine statische Setzung des Objekts, das von meiner gegenwärtigen mentalen Tätigkeit kausal entfernt ist. Es gibt keinen beobachtungsbezogenen *Input* von Seiten des Objekts. Daher das Fehlen von Überraschungen, die durch Vorstellungen ausgelöst werden. Wir haben nicht die Einstellung unwissender Erwartung hinsichtlich des zukünftigen Verhaltens der Objekte, die wir uns vorstellen – denn sie sind von uns geschaffene Geschöpfe. Sie sagen uns nichts, was wir nicht schon wissen.

Nichts von all dem passt zur Konzeption von Hume: Denn auch eine schwache Wahrnehmung ist etwas, das eine Beobachtereinstellung vermittelt. Hätte Hume Recht, dann würden wir uns darauf konzentrieren, während unserer Vorstellungsakte Informationen aus der Außenwelt zu empfangen. Das aber tun wir selbstverständlich nicht. Unsere kognitive Beziehung zu unseren Vorstellungen unterscheidet sich durch und durch von unserer kognitiven Beziehung zu unseren Wahrnehmungen. Wir wissen, dass der kausale Ursprung von Vorstellungen keine Wirkung der Außenwelt, sondern unserer eigenen Willensakte ist. Also sind wir nicht bestrebt, über einen äußeren Reiz mehr Informationen zu sammeln. Doch allein die Schwäche einer Wahrnehmung könnte unmöglich diese Haltung der Indifferenz in uns hervorrufen. Sie könnte uns veranlassen, mit noch größerem Nachdruck Signale von außen aufzunehmen.

Nun meine ich, dass zwar all dies im Grunde richtig ist, dass aber die Formulierungen von Sartre und Wittgenstein Einwänden offen stehen. Also müssen wir sie wohl etwas enger fassen und bei beiden einige Übertreibungen eliminieren. Beide Autoren behaupten unverblümt, von Vorstellungen könne man nichts lernen – sie würden vorgängiges Wissen widerspiegeln statt neues Wissen hervorzubringen. Doch scheinen neuere Arbeiten der Kognitionswissenschaft die unqualifizierte Behauptung Sartres von der „Armut der Vorstellung" zu widerlegen.[27] Nehmen wir an, Sie fragen andere, ob der Nabel oberhalb der Gürtellinie liegt oder ob Frösche Lippen haben. Viele Menschen berichten, dass sie sich zuerst eine Vorstellung machen und dann die Antwort von dieser Vorstellung ablesen. Ohne sich zuvor eine Vorstellung gemacht zu haben, könnten sie um eine Antwort verlegen sein, aber mit ihr können sie die Antwort finden. Folglich scheinen Vorstellungen das Wissen zu erhöhen. Was geht dabei vor sich? Eindeutig zaubern sie ein Erinnerungsbild hervor, das aus früheren Perzeptionen abgeleitet ist, und extrahieren aus ihm ihre Informationen. Folglich wird ihre Wissensbasis durch die Verwendung von Vorstellungen bereichert. Informationen sind in irgendeiner (oft als bildhaft beschriebenen) Form in einer Vorstellung verschlüsselt und werden dann in eine andere Form der Informationsverschlüsselung transformiert – in die Art, die artikulierten Überzeugungen entspricht. Es gibt also eine Art kognitiver Verstärkung, die durch Vorstellungen ausgelöst wird. Etwas wird durch sie eben doch gelernt.

Setzt dies den Gegensatz außer Kraft, den Wittgenstein und Sartre herauszuarbeiten suchen? Nein, denn ihnen geht es um die besondere *Weise*, in der Wahrnehmungen informieren und Vorstellungen nicht. Sie sprechen vom Informations*fluss* zwischen den Objekten und dem System von Überzeugungen sowie von der damit zusammenhängenden Einstellung eines Beobachters – und dieser Gegensatz bleibt bestehen, auch wenn wir einräumen, dass Vorstellungen uns in einer bestimmten Weise informieren *können*. Zum Vergleich sei auf die Art und Weise verwiesen, in der wir kognitive Fortschritte dadurch erzielen können, dass wir explizit machen, was zuvor implizit war, so beispielsweise, wenn wir die logischen Folgen unserer Überzeugungen herausfinden. Eindeutig können Argumentationen dieser Art zu neuem Wissen führen, doch ebenso eindeutig erfordern sie keine Beobachtung oder irgendeinen Informationsfluss von Seiten des Objekts. Ebenso erfordert nach meiner Meinung die Umwandlung von Informationen, die in Vorstellungsform im Gedächtnis gespeichert sind, in Informationen, die in Form expliziten Wissens gespeichert sind, keinerlei Beobachtung und Informationsfluss. Es ist durchaus wahr, dass der Inhalt solcher Vorstellungen sich nicht in dem erschöpft, was das Subjekt aus seinem Wissensvorrat intentional in eine Vorstellung injiziert. Also übertreiben Wittgenstein und Sartre, wenn sie andeuten, dass dies anders sei. Aber ihr wichtigstes Argument bleibt bestehen, weil in diesen Fällen keine neue Information vom Objekt in unser Informationssystem gelangt. Die Information ist bereits im Gedächtnis gespeichert; sie wird lediglich in eine andere Form überführt. Der Inhalt des Erinnerungsbildes kam ursprünglich vom Objekt, aber seine kognitive Umformung erfordert keine *weitere* Information vom Objekt, sondern bleibt beschränkt auf das, was schon im Gedächtnis enthalten ist. Und in dieser Hinsicht gibt es noch immer einen starken Gegensatz zur Perzeption. Der Punkt ist einfach der, dass Vorstellungen nicht vom Objekt kontinuierlich auf den neuesten Stand gebracht werden, wie der dynamische Fluss der Perzeption die eigenen Wahrnehmungen kontinuierlich auf den neuesten Stand bringt. Letztlich ist das vorgestellte Objekt in aller Regel woanders und steht mit uns überhaupt nicht in Kontakt. Es ist nicht in der Position, neue Informationen in unser Kognitionssystem einzuspeisen.[28]

Ich möchte noch ein weiteres Argument vorbringen. Wahrnehmungen *rufen* eindeutig Überzeugungen selbst dann *hervor*, wenn man ihnen aufgrund besseren Wissens widersteht. So beispielsweise, wenn man allen Grund hat anzunehmen, dass man halluziniert. Wahrnehmungen stellen (annullierbare) Gründe für Überzeugungen bereit; sie bestehen auf ihrer Wahrhaftigkeit. Aber Vorstellungen rufen in dieser Weise keine Überzeugungen hervor; sie *behaupten* nicht, uns zu sagen, wie die Welt ist. Sie verhalten sich der Realität gegenüber neutral. Wenn sie irgendeine die Realität bekräftigende Macht haben sollen, müssen wir sie als wahrhaftig *ansehen*. Doch im Normalfall haben wir nicht die Tendenz, von dem überzeugt zu sein, was unsere Vorstellungen uns vergegenwärtigen. Wenn ich mir vorstelle, in meinem Zimmer sei ein Tiger, dann unterliege ich nicht plötzlich der Überzeugung, dass der Tiger tatsächlich in meinem Zimmer ist. Im Gegenteil, da er nur eine *Vorstellung* in meinem Bewusstsein ist, weiß ich sehr wohl, dass dies kein Grund ist, von der Anwesenheit des Tigers überzeugt zu sein.[29] Nicht nur sagt uns eine Vorstellung nicht in gleicher Weise etwas über die Außenwelt wie die Wahrnehmung, sie versucht es nicht einmal. Sie ist nicht in dieser Branche tätig.

Eine Vorstellung bietet keine Evidenz dafür, dass die Dinge so und so in der Außenwelt gegenwärtig sind, da wir sie nach Belieben heraufbeschwören können. Wenn ich Sie bitte, sich eine Vorstellung zu machen, fordere ich Sie nicht dazu auf, davon überzeugt zu sein, dass die Dinge so sind, wie Sie sie sich (bloß) vorstellen. Es ist in der Tat irrational, von dem überzeugt zu sein, was man sich nur vorstellt, während von dem überzeugt zu sein, was man wahrnimmt, den Geist der Rationalität darstellt. Wahrnehmungen geben Ihnen das Recht auf entsprechende Überzeugungen, aber Vorstellungen geben Ihnen dieses Recht nicht. Und auch dieser Punkt ist unvereinbar mit der Auffassung von Hume, dass Vorstellungen nur herabgeminderte Wahrnehmungen sind, die ihrer Natur nach evident sind.

Abschließend muss ich ein mögliches Gegenbeispiel zu den Thesen dieses Abschnitts erwähnen: die Träume. In Träumen scheinen wir, aufgefordert durch unser Erleben, neue Überzeugungen zu bilden. Träume scheinen also dem Fluss der Perzeptionen im Zeitverlauf zu gleichen. Wenn Träume folglich aus Vorstellungen bestehen, dann rufen offenbar einige Vorstellungen Überzeugungen hervor. Gewiss gibt es Überraschungen, die durch den Inhalt von Träumen ausgelöst werden. Auch hierauf werde ich antworten, wenn ich die Träume gesondert behandle.

Das Gesichtsfeld

Das menschliche Gesichtsfeld hat bestimmte, allgemein bekannte Merkmale, die ich hier nur auflliste. Es hat eine Begrenzung oder einen Rand, ein Zentrum und eine Peripherie sowie einen blinden Fleck. Es präsentiert Objekte in einem genau umrissenen räumlichen Verhältnis zum Wahrnehmenden. Dank der Binokularität weist es stets eine gewisse Tiefe auf. Es gestattet eine Konzentration auf bestimmte seiner Teile („Grübchenbildung"). Es präsentiert Objekte in einer Konfiguration aus Vordergrund/ Hintergrund. Es kann durch Schließen des Augenlids zum Verschwinden gebracht werden. Diese Merkmale sind festgelegt durch die Anatomie und Physiologie des Auges, insbesondere der Retina. Sie interagieren mit den Gesetzen der Optik. Was in das menschliche Gesichtsfeld tritt, wird offenbar dadurch erzwungen, dass der betreffende Gegenstand Lichtstrahlen aussenden kann, die auf die Zellen der Retina treffen. Wenn wir davon sprechen, wie viel des Gesichtsfeldes von einem besonderen Objekt eingenommen wird, dann geht es darum, wie viel von der Retina dafür in Anspruch genommen wird, Licht von diesem Objekt zu verarbeiten. Das Auge ist ein psychophysikalisches System par excellence. Ganz gleich, wie herabgemindert und „schwach" eine Wahrnehmung sein mag, sie tritt bemerkenswerterweise doch immer mit einem voll eingerichteten Gesichtsfeld auf.

Doch nichts davon gilt für Vorstellungen. Ihnen sind durch die Zwänge der Optik und der retinalen Anatomie keinerlei Begrenzungen auferlegt. Folglich machen wir nicht die Erfahrung, neue Vorstellungsobjekte aufzunehmen, wenn wir die Orientierung unseres inneren Auges ändern. Wir *weisen* dem inneren Auge keine neue Richtung, wenn wir eine neue Vorstellung bilden und es in einer Art intrazerebraler Augenhöhle oder Fassung drehen. Keine innere Retina wird durch das Licht von einem neuen Vorstellungsobjekt beleuchtet. Es gibt auch keine Unterscheidung zwischen dem Zentrum einer Vorstellung und ihrer Peripherie, wobei sich die Aufmerksamkeit auf das Zentrum konzentriert. Die gesamte Vorstellung ist gleichmäßig zentral. (Ich werde hierzu später mehr sagen, wenn ich die Rolle der Aufmerksamkeit erörtere.) Offensichtlich gibt es auch keinen blinden Fleck, der durch den Ursprung des Sehnervs verursacht wird, der von der Retina ins Gehirn führt. Das vorgestellte Objekt wird nicht in einem festgelegten räumlichen Verhältnis zum Wahrnehmenden vergegenwärtigt – also in aller

Regel vor ihm.[30] Der Vorstellungsinhalt informiert uns nicht darüber, wo sich ein Objekt im wahrnehmerzentrierten Raum befindet. Wenn Vorstellungen Tiefe besitzen, ist sie nicht auf die Wirkung der binokularen Disparität zurückzuführen. (Ich gehe noch auf die Frage ein, wie *viele* innere Augen wir wohl haben.) Wenn Vorstellungen nach Vordergrund und Hintergrund konfiguriert sind, so ist diese Konfiguration nicht von der tatsächlichen räumlichen Anordnung der Objekte im Verhältnis zum Körper des Wahrnehmenden abhängig. Das innere Auge hat kein Lid, welches das Licht abblockt und mithin Vorstellungen unterbricht.

Ich kann all dies in der Aussage zusammenfassen, dass das Gesichtsfeld des Auges des Körpers aufs engste an die Gegebenheiten der sensorischen Anatomie und Physik gebunden ist, aber dass Vorstellungen solchen Zwängen nicht unterliegen. Darum können wir uns etwas vorstellen, das nicht in einer privilegierten räumlichen Beziehung zum eigenen Körper steht. Intuitiv manifestiert sich dies daran, dass wahrgenommene Objekte als in einer genau bestimmten Beziehung zu den Augen des Körpers stehend empfunden werden – sie sind in räumlicher Mannigfaltigkeit vor ihnen angeordnet – , doch für das innere Auge stehen die Objekte, die es vergegenwärtigt, nicht in einer derartigen Beziehung zum Körper. Man ist versucht zu sagen, das visuell Wahrgenommene trete an der psychischen Peripherie auf, an der der Geist mit der Außenwelt Kontakt aufnimmt, während Vorstellungen „weiter hinten", in den inneren Nischen des Geistes (vielleicht näher am Denken) in Erscheinung treten und uns nicht direkt mit der Außenwelt verbinden. Doch diese Formulierung, wie intuitiv (oder gar poetisch) sie auch sein mag, sollte, so meine ich, nur als eine farbenfreudige Aussage über das Gesichtsfeld genommen werden, um das es mir hier geht.

Es bedarf noch einer weiteren Bemerkung über den Raum und das Gesichtsfeld. Das Gesichtsfeld vergegenwärtigt die Objekte nicht nur in einer räumlichen Beziehung zum Wahrnehmenden, sondern auch in einer räumlichen Beziehung zueinander. Es gibt nicht so etwas wie einen isolierten Gegenstand der Wahrnehmung. Das Gesichtsfeld verlangt, gefüllt zu werden – und sei es nur durch leeren Raum. Visuelle Intentionalität ist notwendig vielfältig oder umfassend; sie nimmt auf, was an Umweltreizen vorhanden ist. Aber Vorstellungen können ein Objekt aus seiner Umgebung lösen und für sich allein setzen. Wenn ich mir den Eiffelturm vorstelle, dann muss ich nicht die Gebäude hinter ihm oder das Flugzeug, das über ihn hinwegfliegt, berücksichtigen. Die Vorstellung ist selektiv, abstrahierend und punktförmig. Gewiss kann ich mir nur eine Vorstellung von etwas bilden, indem ich mir wenigstens auch einige seiner Teile vorstelle, aber ich muss mir nicht darüber hinaus irgendein anderes Objekt vorstellen. Das Gesichtsfeld zwingt mich zu sehen, was in ihm vorhanden ist, doch bei einer Vorstellung kann ich auswählen, was in sie aufgenommen werden soll. Auch dieses Merkmal kann die Theorie Humes nicht anerkennen; denn selbst schwache Wahrnehmungen haben ein Gesichtsfeld aus vielfältig vergegenwärtigten Objekten (sogar wenn sie nur in schwarzer Nacht auftreten).[31]

Abschließend möchte ich noch auf einen letzten Punkt eingehen: Auge und Ohr können von Energie überflutet werden, was zu Unannehmlichkeiten (oder schlimmerem) sowie zu einem funktionalen Zusammenbruch führen kann. Wir können von zu hellem Licht geblendet oder von zu großer Lautstärke betäubt werden. Die Einwirkung übermächtiger Energien auf die Rezeptoren zieht vorübergehende oder dauerhafte Schädigungen nach sich. Doch im Bereich der Vorstellungen gibt es hierzu keine Entsprechung. Das innere Auge kann nicht vom Licht geblendet und das innere Ohr nicht von lauten Tönen betäubt werden. Ganz gleich, wie hell die Sonne ist, die man sich vorstellt, oder wie laut die Töne sind, die man „im Kopf" hört, man nimmt durch sie keinen Schaden und erleidet keine Unannehmlichkeit. Damit immerhin vermag Humes Theorie fertig zu werden, da eine schwache Wahrnehmung nicht blenden oder betäuben kann. Allerdings halte ich dies für einen theoretischen Zufallserfolg. Man sagt wohl besser, dass eine Vorstellung nichts ist, was in derselben Weise überbeansprucht werden kann wie die Sinne. Vorstellungen unterliegen ganz einfach nicht so sehr wie Wahrnehmungen dem physikalischen Zugriff der Objekte. Ihre Psychologie ist nicht durch die körperliche Ausstattung in derselben Weise festgelegt wie die Psychologie der Wahrnehmungen. (Das soll selbstverständlich nicht heißen, dass Vorstellungen nicht nach körperlichen Vorgaben vonstatten gehen. Eindeutig sind sie vom Funktionieren der ihnen entsprechenden Mechanismen des Gehirns abhängig.)

Sagt man, dass visuelle Vorstellungen kein Gesichtsfeld haben, so bedeutet das natürlich nicht, dass der Begriff der *Ausdehnung* nicht auf

Vorstellungen anzuwenden wäre. Denn meiner Meinung nach ist er auf sie anwendbar. Dieser Begriff stellt allerdings keine Verdopplung dessen für das innere Auge dar, was das Gesichtsfeld für das äußere Auge und seine distinktiven Merkmale darstellt. Visuelle Vorstellungen verfügen in der Tat über einen räumlichen Modus, aber sie betten die Räumlichkeit ihrer Objekte nicht in jene Art von Gesichtsfeld ein, die für visuelle Wahrnehmungen konstitutiv ist. (Ich werde später mehr darüber zu sagen haben, worin die phänomenale Ähnlichkeit von Vorstellungen und Wahrnehmungen besteht.)

Unbestimmtheit und Sättigung

Es ist sehr häufig bemerkt worden, dass Vorstellungen unbestimmt sein können und es vielleicht notwendig sind.[32] So mag beispielsweise meine Vorstellung von einer Henne sie nicht mit einer bestimmten Anzahl von Flecken ausgestattet vergegenwärtigen, oder meine Vorstellung von J. F. Kennedy sagt nichts über dessen Augenfarbe. Die Vorstellung lässt bestimmte ihr Objekt betreffende Fakten offen, und wenn es sich nicht um ein reales Objekt handelt, dann gibt es eben auch keine eindeutigen Fakten oder besonderen Merkmale dieses Objekts. Eine Vorstellung ist in dieser Hinsicht wie eine Geschichte; sie ist konstitutionell unvollständig. Ich meine, dieser allseits bekannte Gesichtspunkt ist durchaus korrekt, doch es ist weniger offensichtlich, dass er in eindeutigem Gegensatz zu Wahrnehmungen steht, zumindest wenn man ihn als radikalen Unterschied in der Natur der Sache begreift. Auch meine Wahrnehmung kann im Blick auf bestimmte Eigenschaften ihres Objekts unvollständig sein, so beispielsweise wenn ich von einer Person zu weit entfernt bin, um ihre Augenfarbe zu erkennen. Oder nehmen wir an, ich halluziniere eine Henne – ist es dann wirklich so, dass meine Wahrnehmung dieser nicht-existenten Henne eine bestimmte Anzahl von Flecken attribuiert?

Selbstverständlich sind konkrete Objekte ihrerseits bestimmt, aber sie können auch vorgestellt werden. Die Frage ist, ob ihr Vergegenwärtigungszustand in bestimmten Hinsichten vollständig ist. Löst er alle Fragen über das, was er vergegenwärtigt? Weder im Blick auf Vorstellungen noch auf Wahrnehmungen scheint es hier eine zustimmende Antwort geben zu können. Vielleicht sind Vorstellungen in aller Regel *unbestimmter* als Wahrnehmungen, doch beide scheinen eine gewisse

Unbestimmtheit zuzulassen. Wenn dem so ist, dann ergibt sich hier keine Grundlage für eine scharfe Unterscheidung zwischen beiden.

Es gibt jedoch, wie ich meine, eine eng mit der Unbestimmtheit zusammenhängende Eigenschaft, die eine scharfe Unterscheidung zwischen Vorstellungen und Wahrnehmungen markiert. (Und vielleicht haben manche Autoren die Unbestimmtheit mit dieser Eigenschaft verschmolzen.) Ich werde sie als *Sättigung* bezeichnen. Es geht dabei um Folgendes: Jeder Punkt des Gesichtsfeldes ist so beschaffen, dass sich in ihm irgendeine Qualität manifestiert, wogegen dies für die Vorstellung nicht gilt. Die Wahrnehmung vergegenwärtigt die Welt als dicht, angefüllt und zusammenhängend; aber die Vorstellung ist lückenhaft, ungenau und unzusammenhängend. Ich rede hier phänomenologisch: In jedem Punkt des phänomenalen Gesichtsfelds kann man eine manifestierte Qualität entdecken (selbst wenn sie auf der Grenze zwischen zwei anderen Qualitäten steht), doch in einer Vorstellung gibt es Punkte, an denen sich nichts manifestiert – nicht einmal eine unbestimmte Qualität. Ich mache mir eine Vorstellung vom Gesicht meiner Mutter, doch an vielen Punkten ist meine Vorstellung ganz und gar nichts sagend. Denn ich wähle einfach bestimmte Züge aus, die ich als ausreichend erachte, um daraus eine Vorstellung vom Gesicht meiner Mutter zu bilden, und den Rest lasse ich leer und unbeachtet. Doch wenn ich das Gesicht meiner Mutter sehe, ist da nirgendwo eine leere Stelle – sondern vielmehr eine phänomenale Fülle. Die physikalischen Reize übernehmen die Arbeit, in der Interaktion mit meinem sensorischen System alles in ihm auszufüllen. Doch bei einer Vorstellung muss der Inhalt aus meinen eigenen Ressourcen kommen – und die mögen nicht ausreichen, jede Lücke zu füllen. In diesem Sinn sind Wahrnehmungen gesättigt und Vorstellungen ungesättigt. Insofern gibt es eine besondere „Armut" von Vorstellungen, um Sartres Ausdruck zu verwenden. Dieser Begriff lässt sich nur schwer streng und präzise fassen (doch gilt das nicht für fast alles auf diesem Gebiet?),[33] aber ich denke, er hat genug intuitive Kraft, um in unsere Liste der *differentia* aufgenommen zu werden.

Aufmerksamkeit
Wahrnehmungen und Vorstellungen haben ein jeweils sehr verschiedenes Verhältnis zur Aufmerksamkeit. Ich kann dem, was ich sehe, meine

Aufmerksamkeit schenken oder auch nicht. Aber bei Vorstellungen fehlt mir diese Wahl. Bei ihnen muss ich aufmerksam sein, um mir überhaupt etwas vorzustellen. Betrachten wir den bekannten Fall des LKW-Fahrers, der mit seinen Gedanken nicht mehr bei der Sache ist. Er achtet nicht mehr auf das, was er sieht, weil er seine Aufmerksamkeit bereits auf das Abendessen konzentriert, das er zu sich nehmen wird, sobald er nach Hause kommt. Und doch hat er weiterhin ein visuelles Erleben.[34] Die Existenz einer Wahrnehmung ist nicht davon abhängig, dass das Wahrgenommene beachtet wird. Und ähnlich gilt, dass der Rest des Gesichtsfeldes nicht verschwindet, wenn man die Aufmerksamkeit auf einen seiner Teile fokussiert. Er wird vielmehr unbeachtet in der Schwebe gehalten. Und man kann die Aufmerksamkeit zurück auf diesen unbeachteten Teil richten, ohne ihn dadurch neu hervorbringen zu müssen. Eindeutig kann man Sinneserfahrungen in jeder Modalität der Sinne simultan genießen und sie nicht alle zusammen beachten. Wahrnehmungen verfügen, wenn man so sagen kann, über eine „der Aufmerksamkeit vorausgehende Intentionalität", d. h., sie können vorhanden sein, etwas vergegenwärtigen und bewusst sein, ohne die intentionale Gerichtetheit zu besitzen, die der Aufmerksamkeit eigen ist. Bezieht man sich auf etwas mit Worten, so scheint dies notwendig ein Fall von aufmerksamer Intentionalität zu sein (wie auch die Intentionalität von Gedanken, die einem in den Sinn kommen), aber die Intentionalität von Wahrnehmungen ist im Wesentlichen nicht aufmerksam (obwohl sie eindeutig bewusst ist). Man kann eine Wahrnehmung von etwas haben, dem man gerade keine Aufmerksamkeit schenkt.[35]

Ich möchte nun die These aufstellen, dass Vorstellungen notwendig aufmerksame Intentionalität erfordern, sie sind mit anderen Worten „aufmerksamkeitsabhängig". Mit dieser These soll nicht behauptet werden, dass man einer Vorstellung Aufmerksamkeit schenken muss, damit sie existiert (analog zu der Aufmerksamkeit, die man den Worten schenken muss, die man ausspricht, wenn man sich auf Objekte bezieht). Behauptet werden soll vielmehr, dass man dem *Objekt* einer Vorstellung Aufmerksamkeit schenken muss, damit diese Vorstellung existiert. Um mir eine Vorstellung von meiner Mutter zu bilden und sie aufrechtzuerhalten, muss ich meiner Mutter Aufmerksamkeit schenken – d. h., ich muss aufmerksam an sie denken. (Aber ich muss meine Aufmerksamkeit nicht in dieser Weise steuern, um sie nur zu *sehen*, statt sie innerlich *anzuschauen*.) Meiner *Vorstellung* von ihr Aufmerksamkeit zu schenken, wäre ein ganz anderer Akt der Aufmerksamkeit und keiner, den ich unbedingt ausführen muss, um mir eine angemessene Vorstellung zu machen.

Wir könnten nun weiter fragen, ob es Entsprechungen zu den eben angeführten Vorstellungen gibt, die beweisen, dass Wahrnehmungen nicht aufmerksamkeitsabhängig sind. Nehmen wir mal an, unser LKW-Fahrer wendet seine Aufmerksamkeit wieder der Landstraße zu und weg von dem zuvor imaginierten Abendessen. Überleben seine Vorstellungen vom Abendessen diesen Wechsel? Ich meine, die Antwort ist offensichtlich nein. Sie überleben diesen Wechsel ebenso wenig wie seine Gedanken an das Abendessen. Nichts als seine Aufmerksamkeit hält seine Vorstellungen aufrecht, während die wahrgenommene Landstraße nach wie vor auf sein visuelles System einwirkt. Betrachtet man etwas, das vor einem liegt, und bildet sich dann eine Vorstellung seiner Mutter, so bleibt die Wahrnehmung, auch wenn sie unbeachtet ist, erhalten. Lenkt man dann seine Aufmerksamkeit zurück auf das gesehene Objekt und versucht, die Vorstellung von der eigenen Mutter beizubehalten, so gelingt dies nicht. Oder versucht man, einen Teil einer Vorstellung zu fokussieren, während man den Rest intakt erhält, so kann man bestenfalls die erste Vorstellung durch die Vorstellung des fraglichen Teils ersetzen. Oder man versucht schließlich, sich gleichzeitig eine visuelle und eine akustische Vorstellung zu machen. Man wird dies, so meine ich, als unmöglich empfinden oder herausfinden, dass man seine Aufmerksamkeit teilen muss, um es zu tun. Dies aber geschieht nicht, wenn man gleichzeitig visuelle und akustische Wahrnehmungen hat. Das erfordert keinerlei Anstrengung, keine erzwungene Teilung der Aufmerksamkeit. Vorstellungen aber sind gierig nach Aufmerksamkeit. Von ihr leben sie. Auch das wiederum passt nicht zur Theorie von Hume, da schwache Wahrnehmungen ebenso aufmerksamkeits*un*abhängig sind wie starke.

Und eben dies ist für den Umstand verantwortlich, dass es unbemerkte Aspekte dessen geben kann, was wahrgenommen, nicht aber dessen, was vorgestellt wird. Da ich in meinem Gesichtsfeld nicht allem Aufmerksamkeit schenke (schenken könnte?), gibt es Aspekte meiner Art, die Dinge zu sehen, die ich nicht bemerke: Ich sehe sehr viel mehr, als ich zu berichten oder meinem Gedächtnis anzuvertrauen vermag.[36]

So bemerke ich beispielsweise die Farbe einer Blume nicht, die jemand im Knopfloch trägt, obwohl ich diese Farbe gesehen und sie in meinem Gesichtsfeld registriert habe.[37] Aber nichts von dem gilt für Vorstellungen; es gibt an ihnen keine Aspekte, die ich nicht bemerke. Da sie aufmerksamkeitsabhängig sind, sind ihre Züge dem Vermögen der Aufmerksamkeit zugänglich und können mithin ihrer Entdeckung nicht entgehen. Doch weil Aufmerksamkeit selektiv ist, werden Vorstellungen nicht jene Art von Details haben, die sich bei Wahrnehmungen findet – daher ihre mangelnde Sättigung. Es wird viele Details einer Wahrnehmung geben, die unbemerkt bleiben, doch eine Vorstellung kann nur solche Details besitzen, die bemerkt werden. Mit anderen Worten, da Aufmerksamkeit restringierter ist als Wahrnehmungen, werden Vorstellungen einen vergleichsweise „verarmten" Inhalt haben. Es ist, als könnte eine Vorstellung nur so viel vom Inhalt einer Wahrnehmung besitzen, wie sich aufmerksam beachten lässt, und das ist ein relativ kleiner Teil des Gesamtinhalts einer Wahrnehmung. Entscheidend für den Unterschied von Vorstellung und Wahrnehmung ist jedoch nicht der *Umfang* an Details, sondern entscheidend ist die Tatsache, dass Details aufmerksamkeitsabhängig sind. Man könnte sagen, eine Vorstellung werde durch den Akt der Aufmerksamkeit *geschaffen*, während eine Wahrnehmung durch einen Reiz von außen erzeugt wird.

Die Aufmerksamkeitsabhängigkeit steht in Verbindung mit dem Unterworfensein unter den Willen. Denn Aufmerksamkeit ist selbst ein aktives Vermögen, eine besondere Art der Willensentfaltung. Man entscheidet, wem man seine Aufmerksamkeit schenkt – oder das ist zumindest jederzeit prinzipiell möglich. Etwas anzuschauen ist ein aktiver Vorgang, auch wenn das Sehen dies nicht ist. Und Schauen ist ein Akt der Aufmerksamkeit. Wenn ich mir willentlich eine Vorstellung bilde, dann lenke ich willentlich meine Aufmerksamkeit in eine bestimmte Richtung. Doch etwas bloß zu sehen, erfordert an sich keine Lenkung der Aufmerksamkeit. *Weil* Vorstellungen aufmerksamkeitsabhängig sind, so könnten wir sagen, sind sie dem Willen unterworfen. Eine Vorstellung zu verbannen heißt, ihrem Objekt im vorstellungsbezogenen Modus keine weitere Aufmerksamkeit zu schenken. Und ein Objekt kann nicht zum Gegenstand einer Vorstellung werden, wenn ihm nicht (im Modus des Vorstellens) Aufmerksamkeit geschenkt wird. Sich eine Vorstellung zu machen ist also ein Akt der vorstellenden Aufmerksamkeit. In dieser Hinsicht ist das Vorstellen wie das Denken; denn man kann ja auch nicht über etwas nachdenken, dem man keine Aufmerksamkeit schenkt. Und die Willensbezogenheit des Denkens hängt zugleich unauflöslich mit seinem Aufmerksamkeitscharakter zusammen. Daher liegt vielleicht die Aufmerksamkeitsabhängigkeit von Vorstellungen ihrem Unterworfensein unter den Willen zugrunde und erklärt darüber hinaus dieses Unterworfensein. Auf jeden Fall sind die zwei unentwirrbar ineinander verflochten.

Abwesenheit
Dieses Merkmal ist bereits in dem impliziert, was ich zum Gesichtsfeld ausgeführt habe; es lohnt sich aber doch, es gesondert aufzuführen. Sartre schreibt: „Meine Vorstellung von ihm [i. e. einem Manne namens Peter, AdÜ.] ist eine bestimmte Art, ihn nicht zu berühren, nicht zu sehen, eine Art, die er hat, *nicht* in diesem Abstand, in dieser Stellung *zu sein*. Die Meinung in der Vorstellung setzt die Intuition, setzt aber nicht Peter. Das Charakteristische an Peter ist nicht, nicht-anschaulich zu sein, wie man glauben möchte, sondern ‚anschaulich-abwesend‘ zu sein. Der Intuition als abwesend gegeben." Und daher gilt: „Das intentionale Objekt des vorstellenden Bewusstseins hat die Besonderheit, dass es nicht da ist und dass es als solches gesetzt ist, oder auch, dass es nicht existiert und dass es als nichtexistent gesetzt ist, oder, dass es gar nicht gesetzt ist." [38] Sartres Gedanke ist hier, dass die Wahrnehmung ihr Objekt als existent und gegenwärtig „setzt" (selbst wenn es sich bei ihr um eine Halluzination handelt), dass aber die Vorstellung ihr Objekt als abwesend oder nichtexistent „setzt". Dieser Unterschied zeigt, dass eine Vorstellung keine Art der Wahrnehmung sein kann, wie schwach sie auch immer sein mag, da alle Wahrnehmungen die Anwesenheit des Wahrgenommenen voraussetzen.

Nun meine ich, dass dies zwar eine vernünftige Beobachtung ist, aber ich möchte sie noch ein wenig verfeinern. Es ist offensichtlich, dass sich nicht alle visuell wahrgenommenen Objekte in der *Nähe* des Wahrnehmenden befinden; einige sind, wie die Sterne, Millionen von Meilen entfernt. Und diese räumliche Entferntheit kann Teil der Art und Weise sein, wie die Wahrnehmung die Welt vergegenwärtigt. In dieser einen Hinsicht kann die Wahrnehmung also ein Objekt vergegenwärtigen, das für den Wahrnehmenden abwesend ist. Doch ich halte dies nicht für einen ernsthaften Einwand gegen Sartres These. Die behauptet, dass die Wahrnehmung eine räumliche Beziehung zwischen dem Wahrnehmenden und seinem Objekt selbst dann spezifiziert, wenn das Objekt sehr weit entfernt ist. Die Vorstellung hingegen ist in Bezug auf diese räumliche Beziehung *neutral*; sie spezifiziert keine besondere räumliche Beziehung zum Körper des Wahrnehmenden. Wenn ich mir eine Vorstellung von Peter bilde, habe ich vielleicht gar keine räumliche Information darüber, wo er sich aufhält. Ich benötige zudem keinerlei Information über seine räumliche Beziehung zu anderen Dingen – wie ich sie benötige, wenn ich Peter sehe. Wir können dies so formulieren, dass ein Wahrnehmungsbewusstsein eine doppelte Referenz enthält – auf das Objekt und auf den Körper des Wahrnehmenden –, während ein Vorstellungsbewusstsein keine derartige Referenz vornimmt. Es setzt einfach sein Objekt in einer Art und Weise, die in Bezug auf den Körper dessen, der sich dieses Objekt vorstellt, neutral ist. Daher setzt die Wahrnehmung ein körperbezogenes Bewusstsein voraus, wie dies die Einbildungskraft nicht tut. Die „Abwesenheit" des vorgestellten Objekts ist ein Hinweis darauf, dass in der Einbildungskraft der Körper „transzendiert" worden ist. Anders gesagt: keine bestimmte Beziehung zwischen Objekt und Körper ist in der Intentionalität des Vorstellungsbewusstseins impliziert. Körperbezogenheit und Subjektlokalisierung sind bei Perzeptionen wesentlich, doch sind sie keine Bestandteile des intrinsischen Charakters von Vorstellungsakten; sie sind für deren intentionale Inhalte nicht konstitutiv. (Das soll nicht heißen, dass sie für diese Akte nicht auf andere Weise wesentlich sein können.) Die „Abwesenheit", von der Sartre spricht, ließe sich ebenso gut als Abwesenheit des Körpers bei der Vorstellungsintentionalität, im Gegensatz zur Anwesenheit des Körpers bei aller Perzeption beschreiben.[39]

Wiedererkennen

Es ist weithin anerkannt, dass die Identität eines Vorstellungsobjekts epistemische Privilegien genießt. Sartre formuliert unumwunden: „Wenn ich sage, das Objekt, das ich wahrnehme, ist ein Würfel, dann stelle ich eine Hypothese auf, die der weitere Verlauf meiner Wahrnehmungen mich aufzugeben zwingen kann. Wenn ich sage, das Objekt, dessen Vorstellung ich augenblicklich habe, ist ein Würfel, dann spreche ich ein Evidenz-Urteil aus: es ist absolut gewiss, dass das Objekt meiner

Vorstellung ein Würfel ist."[40] Das heißt, ich kann das Objekt meiner Vorstellung nicht fehlidentifizieren. Ich beabsichtige nicht, auf diese allgemein anerkannte These ausführlich einzugehen, aber ich möchte sie doch etwas anders formulieren, um die ihr zugrunde liegende Asymmetrie herauszuarbeiten. Der Grund für diese Asymmetrie liegt eindeutig darin, dass die Identität meines Vorstellungsobjekts durch meine Vorstellungsintentionen fixiert wird, die mir in besonderer Weise zugänglich sind, während die Identität eines Wahrnehmungsobjekts fixiert wird durch das, was sich da draußen in der Außenwelt befindet und mir nicht in besonderer Weise zugänglich ist. Im einen Fall steht das intentionale Objekt *außer Frage*, im anderen nicht.

Darum ist bei einer Vorstellung kein Akt des *Wiedererkennens* erforderlich, während er bei einer Perzeption erforderlich ist. Abstrakt gesehen enthält der Mechanismus des Wiedererkennens bei einem perzeptionalen Wiedererkennen zwei Momente oder Phasen: Zuerst wird eine Sinnesinformation empfangen, sobald das Auftauchen eines Objekts registriert wird; dann wird ein Identitätsurteil der folgenden Form herangezogen: „Das Objekt, das eine so und so geartete äußere Erscheinung aufweist, ist mit A identisch." Danach urteilt das Subjekt, dass das gesehene Objekt, das eine so und so geartete Erscheinung aufweist, A ist – d. h., es fällt ein angemessenes Urteil des Wiedererkennens. Aber im Fall der Vorstellung findet kein derartiger Prozess statt. Bei ihr wird keine äußere Erscheinung registriert und dann nach den im Gedächtnis gespeicherten Informationen ein angemessenes Identitätsurteil gefällt. Es *gibt* bei ihr keinen Schluss von der äußeren Erscheinung auf die Identität des Objekts. Die Objektidentität geht epistemisch ihrer äußeren Erscheinung in der Vorstellung voraus. Wer sich etwas vorstellt, beginnt mit dem Objekt und entwirft dann eine Vorstellung von ihm. Er muss nicht erst die Identität des Objekts dadurch herauskriegen, *wie* seine Vorstellung es vergegenwärtigt. Das Objekt ist hier *gegeben*, nicht erschlossen. Ich weiß, dass meine Vorstellung mir meine Mutter vergegenwärtigt, weil ich *intendierte*, dass dies so sein soll. Ich muss nicht die äußere Erscheinung der Person, die in meiner Vorstellung auftritt, zu Rate ziehen und dann daraus schließen, dass ich mir eine Vorstellung von meiner Mutter gebildet haben muss.[41] Daher ist unser Wissen um die Identität unserer Vorstellungsobjekte kein aufs Wiedererkennen gegründetes Wissen mit all den Fallen und Irrtümern, die solchem Wissen verbunden sind. Und auch dieser Umstand passt schlecht zu Humes Konzeption von Vorstellungen. Denn eine schwache Wahrnehmung würde in der Tat besonders anfällig für Identifizierungsfehler sein. Wenn ich eine schwache Wahrnehmung von jemandem mit einigen Zügen des Erscheinungsbilds meiner Mutter habe, kann ich leicht verkennen, wen ich da sehe. Es mag sich ebenso gut um die ähnlich aussehende Dame handeln, die neben dem Haus meiner Mutter wohnt. Bei Vorstellungen dagegen kommt es überhaupt zu keinem Akt des Wiedererkennens – genau so wenig wie wenn ich einfach beschließe, über meine Mutter *nachzudenken*. Und wo es kein Wiedererkennen gibt, da sind auch dessen Fehler und Irrtümer nicht möglich.

Denken

X zu sehen bedeutet nicht, dass Sie aufhören müssen, an Y zu denken. Sie können den blauen Ozean anstaunen und zugleich an Ihre Liebsten denken. Das hat seinen Grund darin, dass ein Akt der Wahrnehmung nicht Ihre volle Aufmerksamkeit erfordert (oder auch nur einen Teil von ihr). Ihrem Geist steht es mithin frei, von dem abzuschweifen, was Sie gerade sehen, ohne dass Sie deshalb sofort erblinden. Sehen und Denken konkurrieren nicht miteinander um die Ressourcen der Aufmerksamkeit (anders als etwa *Schauen* und Denken). Doch ganz anders liegen die Dinge beim Vorstellen und Denken. Hier wage ich die Behauptung, dass Sie sich nicht gleichzeitig eine Vorstellung von X machen und an Y denken können. Schweifen Ihre Gedanken von X ab zu Y, verschwindet Ihre Vorstellung von X. Wenn eine Vorstellung bloß eine schwache Wahrnehmung wäre, dann gäbe es selbstverständlich keinen Grund, dass dem so sein muss. Die Schwäche würde es Ihren Gedanken *erleichtern*, sich anderswohin zu bewegen. Der Grund für diese Bindung zwischen Denken und Vorstellen sollte nach dem, was ich zuvor ausgeführt habe, offensichtlich sein. Da Vorstellungen aufmerksamkeitsabhängig sind, bringt die Freisetzung der Aufmerksamkeit, sich auf anderes zu richten, die Vorstellung zum Verschwinden. Es ist, als hätte man zwei Gedanken zur selben Zeit. (Dies könnte die Idee aufkommen lassen, dass eine Vorstellung ein Gedanke *ist*. Ich gehe darauf später ein.) Sich X vorzustellen und an Y zu denken, setzt mithin einen Wettbewerb um Ressourcen in Gang. Damit ist ein weiterer Gesichtspunkt gegeben, hinsichtlich dessen sich Vorstellungen und Wahrnehmungen ihrer Natur nach grundlegend un-

terscheiden: Wahrnehmungen erlauben es dem Denken, frei umherzu-
schweifen. Aber Vorstellungen halten das Denken fest.[42]

Okklusion

Allgemein bekannt ist die Tatsache, dass man Vorstellungen und zugleich Wahrnehmungen haben kann (zumindest wenn Vorstellung und
Wahrnehmung sich auf unterschiedliche Dinge richten). So kann ich
einen Stuhl sehen und mir einen Apfel vorstellen. In einem solchen Fall
wäre es ganz falsch zu sagen, dass meine Vorstellung meine Wahrnehmung *beeinträchtigt* – obwohl sie Aufmerksamkeit von dem abzieht, was
ich sehe. Ich werde nicht in irgendeinem Sinn von meiner Vorstellung
„geblendet". Man kann vielleicht sagen, dass die Vorstellung „nicht-ok-
klusiv" ist. Denn weder blockiert die Vorstellung mein sensorisches System, noch verursacht sie Funktionsstörungen oder verzerrt gar den
phänomenalen Charakter meiner Wahrnehmung. Vorstellung und
Wahrnehmung existieren glücklich nebeneinander. Vergleichen wir dies
dagegen mit der Art und Weise, in der Nachbilder meinen Wahrneh-
mungszustand beeinflussen: Hier werde ich partiell von dem „geblendet", was vor mir ist. Das Nachbild okkupiert einen Teil meines Gesichtsfeldes. Es verändert den phänomenalen Charakter meiner Wahrnehmung. Es ist okklusiv. Das Nachbild gehört zum selben System wie
die Wahrnehmung und konkurriert mit ihm um seine Ressourcen,
während die eigentliche Vorstellung diesem System gegenüber fremd
ist. Und was für die Nachbilder gilt, gilt erst recht für die Wahrnehmungen selbst: Sie sind okklusiv. Wenn ich X halluziniere, so stört dies zwei-
felsfrei meine Wahrnehmung von Y ganz oder teilweise. Drogenindu-
zierte Halluzinationen, wie sie beispielsweise durch LSD verursacht
werden, nehmen mein Gesichtsfeld ganz entschieden in Beschlag; sie
konkurrieren mit der normalen visuellen Perzeption. Man kann nicht
etwas als rot und zugleich als grün sehen (jedenfalls nicht ganz und
gar), doch man kann etwas als rot sehen und sich als grün *vorstellen*.
Eines der wichtigsten Merkmale der Einbildungskraft besteht genau
darin, dass sie uns in die Lage versetzt, uns die Welt anders auszumalen,
als sie uns in unseren Wahrnehmungen vergegenwärtigt wird.

Auch dieses Argument straft Humes Konzeption Lügen, da schwache
Wahrnehmungen okklusiv sind, genau wie schwache Nachbilder. Sie
okkupieren das visuelle System und halten andere mögliche Wahrneh-

mungen draußen. Vorstellungen aber funktionieren so nicht; sie sind in einem separaten System angesiedelt, stehen zwar in Konkurrenz mit anderen Vorstellungen, aber nicht mit Wahrnehmungen. Dementsprechend besteht ein Weg zu prüfen, ob ein gegebenes Erlebnis wahrnehmungs- oder vorstellungsbezogen ist, in der Frage, ob es die simultane Bildung mehrerer Vorstellungen gestattet. Trifft dies zu, so ist es wahrnehmungsbezogen, trifft dies nicht zu, ist es vorstellungsbezogen. (Diese These wird bei der Behandlung von Träumen eine Rolle spielen.) Das normale menschliche Wachbewusstsein verfügt also über zwei Dimensionen oder Strömungen, die simultan nebeneinander herlaufen – die Strömung des Wahrnehmungserlebens und die Strömung des Vorstellungserlebens – und keine von beiden schließt die andere aus.[43] Dies ist ein bedeutendes Faktum in Bezug auf Vorstellungen und Wahrnehmungen, dem jede Darstellung ihrer Unterschiede Rechnung tragen muss.

Nachdem ich diese Unterschiede aufgelistet habe, möchte ich mich nun einigen Fragen zuwenden, die sich hier ergeben: a) Wie lassen sich wahrnehmungsbasierte Erinnerungsbilder beschreiben? b) Sind Vorstellungen besser als eine Art Denken oder als Begriffe aufzufassen? c) Gehören die aufgelisteten Merkmale notwendig zusammen? d) Was bedeutet es angesichts der benannten Unterschiede, sowohl Wahrnehmungen wie Vorstellungen als *visuell* zu beschreiben?

Erinnerungsbilder
Hume war eindeutig durch den Gedanken motiviert, dass Vorstellungen sehr oft von vorausgegangenen Eindrücken abgeleitet sind und ihr Wesen irgendwie ihren Erzeugern zu verdanken haben. Daher seine Ansicht, eine Vorstellung sei eine „Kopie" eines Eindrucks, wenn auch eine verschlechterte (wie etwa eine schlechte Fotokopie). Die Idee von einem nur graduellen Unterschied soll dieser Abhängigkeit Rechnung tragen. Was aber sollen wir von dieser Abhängigkeit halten, wenn wir uns der Auffassung anschließen, dass Vorstellung und Wahrnehmung sich hinsichtlich ihrer Natur unterscheiden? Noch pointierter: Wie *kann* es jene enge Beziehung zwischen Wahrnehmung und Vorstellung geben, die das Vermögen des Gedächtnisses nahe legt, während doch Vorstellungen sich so grundlegend von Wahrnehmungen unterscheiden? Wie kann eine Vorstellung in bestimmter Hinsicht eine „wiederbelebte"

Wahrnehmung sein? Sartre empfand dieses Problem als so groß, dass er bestritt, dass Erinnerungsbilder in Wirklichkeit Vorstellungen sind. Er konnte seine radikale Unterscheidung zwischen Vorstellung und Wahrnehmung nicht mit der Idee vereinbaren, dass ein Erinnerungsbild nur eine „wiedergeborene Wahrnehmung" ist (wie er es formulierte). Ich glaube, das ist eine zu radikale Wendung, und ich meine nicht, dass wir gezwungen sind, sie zu unterstützen. Aber das Problem ist konkret vorhanden, und seine Lösung zeigt etwas Wichtiges über unser Gedächtnis.

Man sollte sofort einräumen, dass ein Erinnerungsbild keine bloß verfallene oder herabgeminderte Form einer ursprünglichen Wahrnehmung sein kann. Das würde darauf hinauslaufen, alles zu vergessen, was wir gerade über die Unterschiede zwischen Vorstellungen und Wahrnehmungen herausgefunden haben. Wir müssen kein derart quantitatives Modell der Speicherung von Wahrnehmungen im Gedächtnis annehmen, als wäre das Gedächtnis nur wie eine Inschrift, die durch die Einwirkungen der Zeit und des Wetters erodierte – als würden gespeicherte Wahrnehmungen einfach nach und nach an Genauigkeit verlieren. Das Gedächtnis ist vielmehr verarbeitend, selektiv und kreativ. Der Metapher von einer „wiedergeborenen" oder „erneut zum Leben erweckten" Wahrnehmung sollten wir die Metapher von einer „reinkarnierten" Wahrnehmung vorziehen. Die Wahrnehmung liegt nicht schlafend im Gedächtnis, bis sie erneut aufgerufen wird, sondern sie ist Gegenstand tief reichender Veränderungen ihrer Natur und ihrer Beziehung zu anderen psychischen Systemen. Ich habe nicht die Absicht, diese Veränderungen und die Art ihrer Umsetzung zu beschreiben; das ist weithin eine Frage empirischer Forschungen. Mir kommt es eher darauf an, dass prinzipiell nichts der Erkenntnis entgegensteht, dass es solche Veränderungen gibt. Wenn Wahrnehmungen der Input dieses Prozesses und Erinnerungsbilder ihr Output sind, dann können wir anerkennen, dass der Output sich radikal vom Input unterscheiden kann, während wir gleichzeitig zugestehen, dass hier definitiv ein Ableitungsverhältnis vorliegt. Vorstellungen sind nicht vollständig losgelöst von Wahrnehmungen und können mit ihnen nicht mehr in Verbindung gebracht werden. Reize der Netzhaut und visuelle Wahrnehmungen sind auch ihrer Natur nach sehr verschieden, und doch sind Letztere klar von Ersteren abgeleitet. Ähnlich können Wahrnehmungen und ihre Nachkommenschaft in den Vorstellungen klar aufeinander bezogen sein, ohne bloß graduell voneinander verschiedene Versionen des Selben sein zu müssen. Um nur zwei Beispiele für die Art der Veränderungen zu geben, die ich im Sinn habe: Eine Wahrnehmung wird einer „Entsättigung" unterzogen, welche die Lücken einführt, von denen ich oben gesprochen habe, und sie wird in ein System versetzt, das durch den Willen zu aktivieren ist.[44] Beide Operationen stimmen darin überein, dass die schließlich auftretende Vorstellung auf eine *sie ursprünglich auslösende* Wahrnehmung *gegründet* ist.

Hier ist ein kleines Experiment: Starren Sie lange auf irgendeinen Gegenstand, beispielsweise auf eine Kaffeetasse. Schließen Sie dann die Augen. Die Wahrnehmung verschwindet selbstverständlich, und an ihre Stelle tritt eine ikonische Spur, ein Rest jener Reizung der Retina, die soeben unterbrochen wurde. Er ist phänomenologisch im Gesichtsfeld, eine Art Kopie der ursprünglichen Wahrnehmung, und er vergeht äußerst rasch. Versuchen Sie, sobald Sie können, nach dem Schließen der Augen eine Vorstellung von der zuvor gesehenen Kaffeetasse aufzurufen. Ich glaube, Sie werden bemerken, dass dies ungefähr eine Sekunde dauert und nicht zu beschleunigen ist (dies ist schließlich kein hoch technisiertes Experiment). Was Ihnen geistig vor Augen tritt, ist etwas anderes als die ikonische Spur, die zuvor verschwand, und es trägt alle Kennzeichen der Vorstellungen, die ich vorher aufgelistet hatte. Während dieser Sekunde der Anspannung, so vermute ich, haben die Systeme des Gedächtnisses die notwendigen Veränderungen vorgenommen, um eine Wahrnehmung in eine Vorstellung umzuformen, und diese Veränderungen sind nicht trivial, wie die (geringe) zeitliche Verzögerung vielleicht nahe legt. Die Wahrnehmung wurde abgebrochen, analysiert, rekonstruiert, anderswohin verlagert und dann für einen vorstellungsbezogenen Rückruf aus der Erinnerung bereit gemacht. Sie hat nicht einfach bloß untätig ,herumgelegen', während die Lebhaftigkeit aus ihr ausblutete. Das Erinnerungsbild ist für die Wahrnehmung, was der Schmetterling für die Raupe ist – das Endprodukt einer Metamorphose. Beide müssen einander nicht angeglichen sein, um in ihrer engen Beziehung zueinander erkannt zu werden: Ableitung ist nicht dasselbe wie Reduktion.

Sind Vorstellungen Gedanken?
Bei der Unterscheidung von Vorstellungen und Wahrnehmungen habe ich Vorstellungen, im Gegensatz zu Wahrnehmungen, häufig mit Ge-

danken verglichen. Das könnte dem Leser eine ganz andere Annäherung an Hume nahe gelegt haben, dass nämlich Vorstellungen als Akte des Denkens zu bestimmen wären – als Gebrauch von Begriffen.[45] Gewiss sind, wenn man meine Liste der *differentia* durchsieht, Vorstellungen und Gedanken einander in ihren Eigenschaften überraschend ähnlich: Sie sind dem Willen unterworfen, sind nicht auf Beobachtungen aus, besitzen kein Gesichtsfeld (oder sonstiges Feld), sind nicht gesättigt und aufmerksamkeitsabhängig, haben es oft mit abwesenden Objekten zu tun, laufen nicht auf ein Wiedererkennen hinaus und sind nicht okklusiv. Kombiniert man diese Punkte mit dem Umstand, dass Vorstellungen durch intentionale Zustände (Begehren und Intentionen) verursacht und offenkundig gedankenbeladen sind, dann erscheint ihre Reduktion auf Gedanken als attraktive Idee. So ist die Vorstellung von meiner Mutter wirklich eine Anhäufung von Gedanken, etwa folgender Art: Meine Mutter hat blondes Haar, blaue Augen, einige Flecken auf ihrer linken Wange etc. Ich füge eine Reihe von deskriptiven Gedanken zusammen, und ihre Gesamtheit *ist* eine Vorstellung von meiner Mutter. Damit hätten wir eine „propositionale" Theorie der Vorstellung: Die Vorstellung wäre ihr zufolge eine Vereinigung von gleichzeitig in Betracht genommenen Propositionen. Die alte empiristische Theorie lautete, dass Begriffe mit sinnlichen Vorstellungen gleichgesetzt werden können; die gegenwärtige Theorie würde lauten, dass Vorstellungen auf Begriffe reduziert werden können – auf Episoden des Denkens.

Doch ich würde eine derartige Reduktion aus zwei Gründen zurückweisen – von denen der eine offenkundig ist, der andere weniger. Zum einen kann die Begriffstheorie dem sinnlichen Moment von Vorstellungen nicht gerecht werden. Etwas an einer visuellen Vorstellung ist in wichtiger Hinsicht einer visuellen Wahrnehmung ähnlich; denn beide werden zutreffend als *visuell* beschrieben. Beide erfordern die simultane Vergegenwärtigung einer Reihe visuell feststellbarer Merkmale – Farbe, Form etc. Der geistige Zustand, in dem ich mich befinde, wenn ich mir eine visuelle Vorstellung von meiner Mutter mache, ist grundverschieden von dem Zustand, in dem ich wäre, wenn ich nur eine Reihe deskriptiver Gedanken über sie in Betracht zöge. Letzteres könnte ich in der Tat tun, ohne überhaupt in der Lage zu sein, sie mir in einer Vorstellung zu vergegenwärtigen. Eine Vorstellung ist ebenso wenig auf Akte des Denkens *reduzierbar* wie eine Wahrnehmung. Dieser Gedanke ist wohl hinreichend geläufig, um keiner weiteren Vertiefung zu bedürfen.

Zum anderen geht der weniger offenkundige Grund auf Wittgensteins Bemerkung zurück, nach der wir uns ein Objekt nicht vorstellen können, während wir es anschauen. Das möchte ich näher ausführen. Hier wird nicht der Anspruch erhoben, dass ich mir nicht *irgendetwas* vorstellen kann, während ich ein Objekt anschaue oder besser noch: sehe. X zu sehen und sich X vorzustellen schließen einander aus. Doch auch das ist noch nicht präzise genug: Denn ich kann gewiss Jones von hinten sehen, mir nicht einmal klarmachen, dass ich ihn sehe, und ihn mir von vorn vorstellen. Ein Sehen *de re* verhindert kein Vorstellen *de dicto*. Worum es geht, ist Folgendes: Ich kann mir X nicht in eben derselben *Weise* vorstellen, in der ich X gerade eben sehe. Ich kann mir keine Vorstellung von X machen, die die Art nachahmt, in der X mir gegenwärtig erscheint. Mit anderen Worten: Ich kann nicht gleichzeitig eine Wahrnehmung und eine Vorstellung haben, deren *Inhalt* derselbe ist. Ich kann beispielsweise nicht einen roten Würfel sehen und mir zur selben Zeit einen solchen Würfel vorstellen.

Nun glaube ich, dass Wittgenstein hierin Recht hat. Vielleicht können wir verstehen, warum, indem wir unsere Liste von Merkmalen konsultieren: denn es ist nicht möglich, im Blick auf denselben geistigen Inhalt sowohl aktiv wie passiv zu sein, nicht möglich, sowohl zu beobachten wie nicht zu beobachten, nicht möglich, dasselbe als abwesend und anwesend zu vergegenwärtigen.[46] Doch was immer der Grund für dieses besondere Ausschließungsverhältnis von Vorstellung und Wahrnehmung sein mag – es erscheint intuitiv zutreffend. Und ich glaube, es hat signifikante Auswirkungen auf jede Angleichung von Vorstellungen und Begriffen. Nehmen wir an, wir setzen die Vorstellung V mit dem (möglicherweise komplexen) Begriff B gleich. Erwägen wir nun, etwas wie X zu betrachten, das unter B fällt, wobei B als X erscheint: B könnte etwa ein roter Würfel sein. Gewiss könnte ich, wenn ich X betrachte und seine Erscheinung in mich aufnehme, auch *urteilen*, X sei B, dass also das Objekt, das ich sehe, ein roter Würfel ist. Der Witz bei solchen Begriffen besteht darin, dass sie auf Objekte anwendbar sind, die durch Wahrnehmung vergegenwärtigt werden. Doch wenn Wittgenstein Recht hat, kann ich mir keine Vorstellung von etwas, das B ist, bilden, weil dies dadurch ausgeschlossen wird, dass ich etwas, das B ist, sehe. Darum kann

V nicht mit B identisch sein. Ich kann mir keine Vorstellung von einem roten Würfel machen, während ich einen sehe, aber ich kann den Begriff *roter Würfel* auf einen roten Würfel anwenden, den ich sehe. Mithin können Vorstellung und Begriff nicht identisch sein. Der Begriff kann mit der Wahrnehmung in Verbindung treten, die Vorstellung aber nicht. Festzuhalten ist, dass dies Reduktionen in beide Richtungen widerlegt. Es widerlegt die empiristische Lehre, dass Begriffe auf Vorstellungen reduzierbar sind, weil es den paradigmatischen Fall der Anwendung eines Begriffs auf ein gesehenes Objekt ausschließt. Und es widerlegt die kognitivistische Reduktion von Vorstellungen auf Begriffe (und folglich Gedanken), weil die eine Bildung von Vorstellungen in der Wahrnehmungsgegenwart eines gesehenen Objekts gestatten würde. Wittgensteins These erweist sich also als eine mächtige und scharfe Waffe gegen die Angleichung von Vorstellungen und Begriffen. Er hat sie allerdings in dieser Richtung nicht eingesetzt. Und das ist eigenartig bei seinem Interesse an einer auf das Vorstellungsvermögen bezogenen Theorie der Begriffe.[47] Für mich liefert die gerade skizzierte Argumentation einen weiteren Grund, eine Reduktion von Vorstellungen auf deskriptive Gedanken zurückzuweisen: Man kann eindeutig über ein Objekt nachdenken, während man es sieht, aber man kann sich dabei von ihm keine Vorstellung bilden.

Vorstellungen sind daher weder Wahrnehmungen noch Gedanken. Die eine Tradition – die empiristische – sucht Gedanken auf Wahrnehmungen zu reduzieren; die andere – die ich (in Ermangelung eines besseren Ausdrucks) die kognitivistische nenne – sucht Wahrnehmungen auf Gedanken zu reduzieren. Beide Reduktionen haben gegenwärtig nur wenige Anhänger. Wahrnehmungen und Gedanken sind unterschiedliche *Arten* geistiger Gegebenheiten mit unterschiedlichen Arten von Intentionalität. Oft wird auch behauptet, Vorstellungen seien auf andere geistige Phänomene zu reduzieren – entweder auf Wahrnehmungen oder auf Gedanken. Ich habe gute Gründe dafür gefunden, diese beiden Arten der Reduktion abzulehnen. Meine Schlussfolgerung ist mithin, dass Vorstellungen geistige Gebilde *sui generis* sind; sie sollten als dritte große Kategorie der Intentionalität neben die Zwillingssäulen von Wahrnehmung und Kognition gestellt werden. Es gibt also *drei* unterschiedliche und nicht weiter reduzierbare Modi der Intentionalität, mit denen wir es zu tun haben. Es wäre auch nicht korrekt, Vorstellungen als eine Art *Amalgam* von Wahrnehmungen und Begriffen aufzufassen – wenn man so will: als Wahrnehmungen mit Begleitgedanken. Denn wie wir gesehen haben, sind Vorstellungen überhaupt keine Wahrnehmungen, also sind sie auch nicht *teilweise* Wahrnehmungen. Das sinnliche Material einer Vorstellung tritt nicht in Form einer Wahrnehmung auf. Ebenso wenig ist es auch nur irgendwie offenkundig, dass Vorstellungen notwendig eine gedankliche Komponente mit sich führen. Könnte es nicht sein, dass Tiere und Säuglinge zwar Vorstellungsbilder haben, aber doch nicht zu begrifflichem Denken in der Lange sind?[48] Vorstellungen sind keine *Konstrukte* aus Wahrnehmungen und Gedanken; sie sind keine Verbindungen aus den beiden anderen Modi der Intentionalität. Sie bilden eine eigene Kategorie des Geistigen, die in ihrem eigenen Recht anerkannt werden muss. Vorstellungen sind nicht einfach geringere und unbedeutendere Variationen über Wahrnehmung und Denken von nebensächlichem theoretischem Interesse; sie sind vielmehr eine widerständige Kategorie des Geistigen, die gesonderter Untersuchung bedarf.

Sind die Merkmale voneinander zu trennen?
Ich möchte hier einfach nur eine schwierige Frage aufwerfen, keine definitive Antwort geben. Ich habe zwar eine Reihe von Merkmalen aufgelistet, die Vorstellungen von Wahrnehmungen unterscheiden, aber gehören diese Merkmale *notwendig* zusammen? Können wir uns einen Geist denken, in dem es ein Erleben gibt, das – sagen wir mal – sowohl dem Willen unterworfen wie nicht aufmerksamkeitsabhängig ist? Kann es ein Erleben geben, das über ein Gesichtsfeld verfügt, aber nicht von einer Haltung des Beobachtens begleitet wird? Geht Nicht-Okklusion notwendig mit einem Nicht-Wiedererkennen einher? Diese Fragen hängen mit der Frage nach der logischen Abhängigkeit der angeführten Merkmale zusammen. Können insbesondere einige Merkmale von anderen abgeleitet werden (so beispielsweise das Unterworfensein unter den Willen von der Aufmerksamkeitsabhängigkeit)? Keine dieser Fragen ist leicht zu beantworten, und ich habe nichts sehr Schlüssiges über sie zu sagen. Ich meine, es wäre eine Überraschung, wenn die Merkmale leicht voneinander zu trennen wären. Denn sie treten ja nicht gesondert auf wie Dinge. Zudem gibt es klare Verbindungen zwischen manchen von ihnen – so etwa zwischen dem Unterworfensein unter den Willen

und dem Wissen, dass das Objekt einer Vorstellung nicht wiedererkannt wird. Wollte man sich belastbare modale Verbindungen zwischen allen Merkmalen ausdenken, so wäre das eine große und schwere Aufgabe.

Doch diese Frage ist auch nicht ganz und gar theoretischer Natur. Denn Träume könnten sich sehr wohl als ein Fall erweisen, in dem einige Besonderheiten von Vorstellungen präsent sind, aber nicht alle. Träume scheinen nicht dem Willen des Träumenden unterworfen zu sein, doch sie erfordern auch kein Wiedererkennen der Identität der Objekte, die in ihnen vorkommen. Man *weiß* ganz einfach, wovon man träumt. Ich werde dieses Problem später ausführlich erörtern, doch ich erwähne es hier, damit wir die Relevanz einer apart klingenden Frage nachvollziehen können. Insbesondere müssen wir fragen, ob Vorstellungen und Wahrnehmungen, soweit sie bisher charakterisiert wurden, die *einzigen* Arten sinnlicher mentaler Vergegenwärtigung sind, die es geben könnte. Könnte es ein Erleben geben, das es verdiente, als *visuell* bezeichnet zu werden und das doch weder eine visuelle Wahrnehmung noch eine visuelle Vorstellung wäre? Wären Traumerlebnisse genau dies? Wenn wir einige Merkmale von Vorstellungen entfernen und andere beibehalten, erzeugen wir dann eine neue Kategorie sensorischen Erlebens – oder haben wir dann nur den alten Vorstellungen eine zufällige Besonderheit genommen? Sind solche Fragen überhaupt zu beantworten? Sind sie gar sinnvoll?

Geben wir uns also einstweilen damit zufrieden, die *tatsächlichen* distinktiven Merkmale von Vorstellungen aufgelistet zu haben, und lassen wir die Frage nach Vorstellungen in anderen möglichen Welten beiseite, um sie bei anderer Gelegenheit (wenn überhaupt in diesem Leben) zu beantworten.

In welchem Sinn sind Vorstellungen visuell?
Bei all ihren Mängeln hat Humes Konzeption *einen* signifikanten Vorteil: Sie vermag zu erklären, warum Vorstellungen als visuell, auditiv usw. klassifiziert werden. Dies ist möglich, weil sie ganz einfach abgeschwächte Wahrnehmungen *sind*. Und vielleicht wurde Humes übervereinfachte Theorie zum Teil durch diese Frage ausgelöst und angespornt. Denn es scheint eine nicht weiter debattierbare Tatsache zu sein, dass Vorstellungen eine phänomenologische Ähnlichkeit mit Wahrnehmungen aufweisen. Die einfachste Art, dies zu erklären, besteht in der Aus-

sage, sie seien irgendeine Art von Wahrnehmungen. Doch wie können wir mit dieser phänomenologischen Ähnlichkeit umgehen, wenn wir die von mir vertretene Auffassung von Vorstellungen akzeptieren? Wie *können* etwa Vorstellungen visuell sein, wenn sie sich so dramatisch von visuellen Wahrnehmungen unterscheiden? Es scheint, als würden Vorstellungen gerade die Merkmale fehlen, die ein Erleben *visuell* machen. Gewiss, wenn wir visuelle Wahrnehmungen als Prototyp und Paradigma betrachten, dann bemerken wir, dass Vorstellungen (wenn überhaupt) nur im Sinne einer Ableitung visuell sein können. Bezeichnen wir rein aus Gefälligkeit Vorstellungen mit einem visuellen Namen, weil Vorstellungen von Wahrnehmungen *abgeleitet* sind? Gibt es nichts *intrinsisch* Visuelles an ihnen? Und doch scheinen sie *phänomenologisch* den Wahrnehmungen ähnlich zu sein. Wir stehen hier vor einem Rätsel: Wie sind die Unterschiede zwischen Vorstellungen und Wahrnehmungen vereinbar mit dem Umstand, dass beide klassifizierbar sind unter dem Namen einer sinnesbezogenen Modalität?[49] Diese Frage hängt eng mit der Frage nach der Richtigkeit des Ausdrucks „das geistige Auge" zusammen: Handelt es sich dabei bloß um eine Metapher oder ist dieser Ausdruck in irgendeinem Sinn buchstäblich wahr? Wie lässt sich das Organ, das Vorstellungen erzeugt, mit dem Organ vergleichen, das Wahrnehmungen erzeugt? Mit welchem Recht verwenden wir den Begriff eines inneren *Auges*? Diese Fragen werden im nächsten Kapitel aufgegriffen.

KAPITEL 2

Das geistige Auge

Wenn wir sagen, dass wir etwas vor (oder mit) dem geistigen Auge sehen – wie buchstäblich sollte dann diese Rede vom *Sehen* genommen werden? Wenn ich etwas visualisiere, sehe ich es dann wirklich? Oder funktioniert das Wort vom „Auge des Geistes" so, dass das Sehen mit ihm gerade in Abrede gestellt wird – wie durch das „Falsche" beim „Falschgeld"? Ist das Sehen mit den „Augen des Leibes" das einzig wirkliche Sehen? Und wenn dem so ist, was wird dann aus der Idee, dass visuelle Vorstellungen genuin visuell seien? Allgemein gesagt, welches begriffliche Verhältnis besteht zwischen dem Sehen mit den Augen des Leibes und dem Sehen mit dem geistigen Auge? Bildet Ersteres eher die Grundlage, während Letzteres im übertragenen (oder überzogenen) Sinn gemeint ist? Ich werde die entgegengesetzte Position einnehmen und die These vertreten, dass das Auge des Geistes eine Art Sehen gestattet, dass es zu einem rundheraus visuellen Erleben führt, dass also die Rede vom „geistigen Auge" nicht metaphorisch ist. Es ist buchstäblich wahr, dass wir mit unserem Geist sehen. „Geistessehen" (*mindsight*) ist kein Oxymoron, mithin anders aufzufassen als „Blindsehen" (*blindsight*).

Die Gründe gegen die Annahme eines geistigen Auges liegen auf der Hand: Es gibt im Gehirn nichts, was anatomisch den Augen ähnelt, die unsere obere Gesichtshälfte schmücken. Es gibt im Gehirn kein Organ mit einer Kornea, einer Linse, einer Retina usw., das mit dem Licht interagiert, um Wahrnehmung zu erzeugen. Nun stehe ich nicht kurz davor, die aufregende empirische Entdeckung einer derartigen Struktur tief im Innern unseres okzipitalen Kortex zu verkünden. Was ich vorzubringen habe, ist ganz und gar begrifflicher Natur. Mich interessiert die Frage, ob das so genannte geistige Auge ein genuin visuelles Erleben mit sich bringt, das Gegenstände der Außenwelt als intentionale Objekte aufnimmt. Wenn dem so ist, dann ist es eine Art Sehen (im hier relevanten Sinn). Nehmen wir mal an, ich mache mir eine Vorstellung vom

Eiffelturm. Erfasse ich damit den Eiffelturm visuell? Wird dieses Objekt meinem Geist im visuellen Modus vergegenwärtigt?

Um darüber Klarheit zu gewinnen, müssen wir uns zuvor Klarheit verschaffen über die Rolle der Augen des Leibes bei der Erzeugung eines visuellen Bewusstseins der Dinge. Und die Antwort auf diese Frage lautet, dass die Augen als *Umwandler* von Informationen tätig sind. Sie wandeln Lichtenergie in Nervenimpulse um. Sie sind offenbar nicht selbst die Grundlage visuellen Erlebens. Diese Ehre kommt dem visuellen Kortex zu; *er* ist das Organ, das visuelles Erleben ermöglicht. Das äußere Auge sendet einfach nur Inputs in dieses visuelle Organ, und es ist sehr wohl ein visuelles Erleben ganz ohne äußere Augen möglich. In Wirklichkeit ist also das Gehirn das Organ visuellen Erlebens.[1] Das aber muss selbstverständlich auch für das visuelle Vorstellungsvermögen gelten. Es muss einen Teil des Gehirns geben, der die Grundlage dieses Erlebens bietet. In genau *diesem* Sinn haben wir ein inneres Auge: Wir haben ein anatomisches System, das visuelle Repräsentationen äußerer Objekte hervorbringt (wobei wir annehmen, dass Vorstellungen sich buchstäblich als visuell beschreiben lassen). Wir müssen hier keine Spitzfindigkeiten betreiben über die korrekte Verwendung des Wortes „Auge" (d. h. einen wie großen Teil vom visuellen System des Körpers es umfassen soll). Für meine Zwecke reicht es aus, wenn wir uns dahingehend verständigen, dass wir ein Organ besitzen, welches visuelles Erleben erzeugt, wenn wir visuelle Vorstellungen haben. Man kann von einem inneren Auge sprechen, wenn wir ein Organ haben, das bei der Formung geistiger Bilder visuelle Präsentationen äußerer Objekte erzeugt. Die schwierigere Frage lautet, was die Bezeichnung dieses Erlebens als *visuell* rechtfertigt. Hat man sich darauf geeinigt, dann wird die Frage, ob wir ein geistiges Auge haben, terminologisch trivial.[2]

Nehmen wir an, es gäbe eine Spezies, die nur visuelle Vorstellungen ohne visuelle Wahrnehmung hätte. Nehmen wir weiter an, dass die Angehörigen dieser Spezies ihre Vorstellungen mit dem Begriff *sehen** beschrieben. Wenn sie nun eines Tages dank irgendeiner Mutation plötzlich visuelle Wahrnehmungen hätten, die ihnen ganz neu sind, dann würden sie sich fragen, wie sie diese neuen Erfahrungen beschreiben sollen, und insbesondere, ob *sehen** auf sie anwendbar ist. Die neuen Erfahrungen würden sich gewiss von den Vorstellungen unterscheiden, die sie bis dahin gehabt haben, aber sie sind ihnen offenkundig auch in vielerlei Hinsicht ähnlich. Manche Vertreter dieser Spezies würden nun von einem „*Sehen* mit dem Auge des Leibes" sprechen, und es begänne eine Debatte darüber, ob dies ein buchstäblich richtiger Wortgebrauch ist. Es gäbe gewiss einige, die diesen Wortgebrauch für illegitim hielten, für bestenfalls metaphorisch, für ein Stück dichterischer Freiheit. Und es gäbe andere, die sich nicht gegen diese Verwendung von *sehen* sträubten, ja sie buchstäblich korrekt fänden. Diese Spezies wäre eindeutig das Gegenstück zu der unseren. Und viele, die ihr angehörten, wären verständlicherweise geneigt, ihren ursprünglichen Sprachgebrauch als grundlegend zu betrachten und den neuen als abgeleitet oder unzulänglich. Nun meine ich, wir sollten dieser Auffassung kritisch gegenüberstehen; wir sollten sie der unangebrachten Bevorzugung eines Begriffs verdächtigen. Denn nach unserem Sprachgebrauch betrachten wir visuelle Wahrnehmungen als die ursprüngliche Art visuellen Erlebens. Mein Vorschlag ist nun, dass wir uns dieser Sünde *beide* schuldig machen; denn keine dieser zwei Auffassungen ist ursprünglich oder gar gesetzlich geschützt. Ich meine, es gibt einen einzigen Begriff des Visuellen, für den sowohl visuelle Wahrnehmungen wie visuelle Vorstellungen Belege und Beispiele sind. Die Gattung *Sehen* hat zwei Arten, von denen keine der anderen übergeordnet ist. Der Vorteil dieser Meinung liegt (außer in ihrer Simplizität und Natürlichkeit) darin, dass sie erklärt, wie sowohl Wahrnehmungen als auch Vorstellungen gleichermaßen als visuell gelten können, da *keine von beiden* als paradigmatisch begriffen wird. Beide werden begriffen als Variationen *eines* Themas – das wir als „visuelles Erfassen" bezeichnen können. Dieser Begriff ist nicht dadurch zu erklären, dass man hervorhebt, was Wahrnehmungen und Vorstellungen unterscheidet, sondern er muss gesehen werden als das, was die Gemeinsamkeiten zwischen ihnen erfasst.[3]

Nicht empfehlenswert erscheint dieser Vorschlag, wenn man fälschlich annimmt, Visualisieren sei dasselbe wie sich vorzustellen, dass man etwas sieht. Denn dann wird der Begriff eines wahrnehmenden Sehens eingebaut in die Definition des visuellen Vorstellens, ohne dass symmetrisch ein Begriff des Vorstellens in die Definition des Sehens eingebaut würde. Doch leicht lässt sich feststellen, dass eine solche Definition falsch platziert ist: Sich vorzustellen, dass man sieht, ist fürs Visualisieren weder eine notwendige noch eine hinreichende Bedingung. Keine notwendige Bedingung, weil ich etwas visualisieren kann, ohne mir vorzustellen, dass ich es sehe: Dies würde voraussetzen, dass ich mir vorstelle, ein visuelles Erlebnis zu haben. Aber ich muss mir nicht irgendetwas über *mich* vorstellen, um irgendein anderes Objekt zu visualisieren. Keine hinreichende Bedingung, weil ich mir vorstellen könnte, etwas zu sehen, indem ich mir eine Vorstellung von mir selbst mache, wie ich mit offenen Augen vor diesem Ding stehe – aber das bedeutet noch nicht, dass ich dieses Ding visualisiere. Den Eiffelturm zu visualisieren und mir vorzustellen (also zu visualisieren), dass ich den Eiffelturm sehe, sind intentionale Akte mit sehr verschiedenem Inhalt. Es wäre auch nicht korrekt zu sagen, wenn ich etwas visualisiere, sei das, *als ob* ich es sehe, und ebenso wenig, wenn ich etwas sehe, sei das, *als ob* ich es mir vorstellte.[4] Es ist nicht, *als ob* ich den Eiffelturm sähe, wenn ich ihn visualisiere, da ich nicht dazu neige, Visualisieren und Sehen miteinander zu verschmelzen. Wenn ich den Eiffelturm halluziniere, dann ist das in der Tat, als sähe ich ihn. Doch wie wir gesehen haben, sollten Vorstellungen und Halluzinationen nicht gleichgesetzt werden, da Halluzinationen ganz einfach Wahrnehmungen ohne äußeres Objekt sind. Mithin gibt es hier keine Grundlage dafür, dass wahrnehmendes Sehen begrifflich prioritär wäre.

Eine weitere Quelle möglicher Irrtümer liegt in der Annahme, dass Vorstellungen nicht mit äußeren Objekten „in Kontakt treten", sondern nur mit irgendeiner angenommenen geistigen Sphäre (also in Analogie zu jener Theorie, die Wahrnehmungen rein auf Sinnesdaten bezieht). Wer so denkt, dem will es scheinen, dass Vorstellungen und Wahrnehmungen ganz verschiedene Arten intentionaler Objekte haben. Doch wir sollten an der Auffassung des Common sense strikt festhalten, dass Vorstellungen von Dingen der physischen Außenwelt herrühren können – sich also auf genau das beziehen können, worauf sich Wahrnehmungen beziehen. Selbstverständlich ist es richtig, dass Vorstellungen sich auch auf nicht-existente Dinge beziehen können, doch gilt dies auch für Wahrnehmungen, etwa bei Halluzinationen. Ich möchte im Hinblick auf das Vorstellungsvermögen einen „naiven Realismus" in dem Sinn befürworten, dass wir uns in aller Regel physische Objekte vorstellen. Wird dies zugestanden, dann sind visuelle Vorstellungen genau wie reguläres Sehen ein visuelles Erleben, das auf physische Objekte gerichtet ist. Die Vorstellung selbst ist das *Vehikel* der Intentionalität, wie dies auch für die Wahrnehmung gilt. Sie ist gewiss nicht das

Objekt der vorstellungsbezogenen Intentionalität. Also gibt es hier keine Asymmetrie zwischen Sehen und Visualisieren, die Veranlassung böte, dem Vorstellungsvermögen das Wort „sehen" vorzuenthalten.

Nach meiner Auffassung ist mithin das Verb „sehen" in beiden Richtungen seines Gebrauchs unzweideutig. Um die eine Art des Sehens von der anderen zu unterscheiden, fügen wir die adverbiale Bestimmung „im Geist" hinzu. (Zum Vergleich diene „laut denken" und „leise denken" – für beide Arten des Denkens.) Doch wenn das stimmt, dann ist es letzten Endes doch nicht ganz korrekt zu sagen, das Sehen sei passiv und nicht dem Willen unterworfen; denn das gilt für nur *eine* Art des Sehens – eben für das „Sehen mit dem Leib". Es macht Sinn, von jemandem zu verlangen, ein bestimmtes Objekt zu visualisieren, weil dies eine Handlung ist, die in der Reichweite des Willens einer Person liegt. Aber „visualisiere" ist nur eine Variante von „sieh es vor deinem geistigen Auge"; deshalb sollte es Sinn machen, von jemandem zu verlangen, ein Objekt mit dem geistigen Auge zu sehen – und ich meine, dass dem so ist. So könnte ich beispielsweise ein Experiment über das Vorstellungsvermögen durchführen und von meinen Probanden verlangen, sich einen Regenbogen vorzustellen. Wenn ich dagegen ein Experiment über normale visuelle Perzeption durchführte und meine Probanden dazu anhielte, bestimmte Dinge zu sehen, so wäre dies eine sinnlose und nutzlose Übung. Für *manche* ist Sehen aktiv. Das Verb „sehen" kann ein Handeln wie ein Leiden ausdrücken. Und Ähnliches gilt für das Verb „hören". „Hören Sie die ersten Takte von Beethovens Fünfter!" macht durchaus Sinn im Kontext einer Diskussion über das Hören von Musik „im Kopf", nicht aber, wenn es darum geht, sich der „Lappen" auf beiden Seiten des Kopfes zu bedienen. Es ist hier bemerkenswert, dass Adverbien des Handelns in Verbindung mit „sehen" sich auf das Vorstellungsvermögen beziehen können, aber nicht auf das Wahrnehmungsvermögen. Ich kann sagen, dass ich vor meinem geistigen Auge etwas schuldbewusst sehe, aber ich kann nicht vernünftigerweise davon sprechen, mit meinem äußeren Auge etwas schuldbewusst zu sehen. (Selbstverständlich kann ich schuldbewusst etwas *anschauen*.) Das Auge des Geistes ist also ein aktives Organ. Sein assoziiertes visuelles Erleben ist dem Willen unterworfen. Sehen kann etwas sein, das man *tut* (und intentional tut).[5]

Ich möchte, bevor ich dieses kurze Kapitel über das Auge des Geistes beschließe, noch auf einen Punkt eingehen. Es kam mir in diesem Kapitel vor allem darauf an, die sensorischen Grundlagen des Vorstellungsvermögens zu legitimieren – d. h. zu zeigen, wie es möglich ist, den Begriff des *Visuellen* auf (bestimmte) Vorstellungen anzuwenden. Wir sprechen vom geistigen Auge im Singular; wir sprechen nicht von *den* Augen des Geistes. Wir nehmen nicht an, dass wir zwei Augen des Geistes haben, die den beiden Augen unseres Leibes entsprechen. Warum ist das so? Man hätte doch annehmen können, dass wir unsere gewohnte Redeweise vom Außen auf das Innen einfach übertragen würden, aber wir scheinen im Gegenteil beim Geist eine zyklopische Auffassung vom Sehen vorauszusetzen. Das Problem ist verwirrend, aber ich möchte hier zumindest zwei einschlägige Überlegungen skizzieren. Erstens scheint Tiefe bei visuellen Vorstellungen nur schwach vergegenwärtigt zu werden; während visuelle Wahrnehmungen Tiefe sehr viel markanter übermitteln. Doch bekanntlich wird die Tiefenwahrnehmung vor allem durch die binokulare Disparität erreicht. Die Vorstellungen fehlende Tiefe könnte damit als Beweis dafür genommen werden, dass bei ihnen diese binokulare Disparität nicht vorhanden ist. Es mag denkbar sein, dass ein Wesen mit zwei Vorstellungsvorrichtungen im Gehirn ausgestattet wäre, die eine leichte Disparität bei der Vergegenwärtigung eines repräsentierten Objekts mit sich brächten, so dass eine Verbindung beider einen verbesserten Sinn für Tiefe ergäbe; doch das scheint bei unserer Vorstellungsfähigkeit nicht der Fall zu sein. Wir sind in dieser Hinsicht offenbar anspruchslos monokular. Zweitens (und ich hoffe, das ist nicht zu frivol) machen wir nie die Erfahrung, ein inneres Auge zu schließen und das andere offen zu lassen. Die visuelle Einbildungskraft ist alles oder nichts. Ganz gewiss machen wir nicht die Erfahrung, ein inneres Auge zu schließen und dann eine Reduktion der Tiefenwahrnehmung zu bemerken! Auch hierin liegt also wieder eine kleine Rechtfertigung unserer gewohnten Redeweise. Selbstverständlich kann schon die Frage – „Wie viele Augen des Geistes haben wir?" – irregeleitet sein durch eine allzu sklavische Bindung an das Vorbild der Augen des Leibes. Doch wenn wir gezwungen wären, diese Frage zu beantworten, würde ich mich für das von der Grammatik vorgeschlagene Urteil entscheiden: Wir haben nur eins. Und das bedeutet, wir haben insgesamt drei Augen.[6]

KAPITEL 3   Vorstellungsdurchsetztes Sehen

Ich habe in meiner bisherigen Darstellung den Eindruck erweckt, als seien Vorstellungen und Wahrnehmungen ganz und gar voneinander getrennt und in hermetisch gegeneinander abgeschlossenen Bereichen des Geistes angesiedelt. Und angesichts ihrer radikal andersartigen Natur mag eine solche Trennung durchaus unumgänglich erscheinen. Doch es existiert zwischen ihnen eine Mischform – das vorstellungsdurchsetzte Sehen –, und die müssen wir nun unserer Liste sinnlicher Vergegenwärtigungen hinzufügen. Vieles von dem, was ich in diesem Kapitel darstelle, darf als bekannt vorausgesetzt werden.[1] Doch manche Punkte müssen hervorgehoben und in ihrer Bedeutung gewürdigt werden. Zudem möchte ich im Lichte dessen, was ich in Kapitel 1 ausgeführt habe, im nun Folgenden herausarbeiten, wie verwirrend und rätselhaft ein vorstellungsdurchsetztes Sehen ist.

In seiner berühmten Erörterung des Sehens-als führt Wittgenstein in den *Philosophischen Untersuchungen* das Beispiel des Dreiecks an, das er auf derselben Seite reproduziert. Er schreibt dazu: „Das Dreieck kann gesehen werden: als dreieckiges Loch, als Körper, als geometrische Zeichnung; auf seiner Grundlinie stehend, an seiner Spitze aufgehängt; als Berg, als Keil, als Pfeil oder Zeiger; als ein umgefallener Körper, der (z. B.) auf der kürzeren Kathete stehen sollte, als ein halbes Parallelogramm, und verschiedenes anderes."[2] Die Konzeption eines Sehens-als wird also eingeführt, indem beim Leser zuerst eine Wahrnehmung erzeugt wird und indem ihm dann eine Reihe unterschiedlicher „Interpretationen" vorgeschlagen werden, die als Vorstellungen auf das Objekt platziert werden können. Einige Seiten später schreibt Wittgenstein: „Die Aspekte des Dreiecks: Es ist, wie wenn eine *Vorstellung* mit einem Gesichtseindruck in Berührung käme und für eine Zeit in Berührung bliebe."[3] In der Ausarbeitung dieses Gedankens schreibt er: „Der Begriff des Aspekts ist dem Begriff der Vorstellung verwandt. Oder: der Begriff ‚ich sehe es jetzt als ...' ist verwandt mit ‚ich stelle mir jetzt *das* vor'.

59

Gehört dazu, etwas als Variation eines bestimmten Themas zu hören, nicht Phantasie? Und doch nimmt man dadurch etwas wahr.

‚Stell dir das so geändert vor, so hast du das andere.' In der Vorstellung kann man einen Beweis führen.

Das Sehen des Aspekts und das Vorstellen unterstehen dem Willen. Es gibt den Befehl ‚Stell dir *das* vor!' und den: ‚Sieh die Figur jetzt *so*!'; aber nicht: ‚Sieh das Blatt jetzt grün!'"[4]

Eindeutig stimmen diese Sätze sehr gut mit denen überein, die ich in Kapitel 1 aus den *Zetteln* zitierte, wo Wittgenstein auch davon spricht, Vorstellungen seien „dem Willen unterworfen". Er denkt also, dass das Sehen von Aspekten auf Vorstellungen bezogen ist und daher die Willensunterworfenheit des Vorstellens übernimmt. Und doch ist es eine Art Sehen, während ein nicht-vorstellungsbezogenes Sehen (wie das des grünen Blattes) nicht dem Willen unterworfen ist. Wir könnten mithin sagen, die Wahrnehmungskomponente sei (wie beim Sehen eines grünen Blattes) im Fall des Sehens-als nicht dem Willen unterworfen, wohl aber die vorstellungsbezogene Komponente. Doch beide verschmelzen in einer besonderen Art visuellen Erlebens, das weder einfache Wahrnehmung noch einfache Vorstellung ist. Es ist vielmehr, als würde die Vorstellung die Wahrnehmung durchdringen, sie bewohnen, nach ihr greifen, sie einkleiden – die Metaphern kommen einem hier leicht (und vielleicht zu leicht) in den Sinn. Es ist rätselhaft und verwirrend, wie eine derartige Verschmelzung von Gegensätzen möglich ist, obwohl es sich doch um eine Erfahrungstatsache handelt.[5]

Wir wollen zunächst den Begriff des vorstellungsdurchsetzten Sehens erläutern. Ich möchte an ihm drei große Kategorien unterscheiden: das Sehen von Aspekten, das Sehen von Bildern und eine von der Einbildungskraft getriebene Wahrnehmungsverzerrung.[6] Die erste dieser Kategorien war Wittgensteins zentrales Thema. Am bekanntesten ist hier das Beispiel jener Figur, die als Hasen- oder Entenkopf gedeutet werden kann.[7] Dieses Objekt können wir (den Umrissen auf dem Papier entsprechend) so oder so sehen. Die Figur ist „mehrdeutig" – offen für verschiedene Interpretationen. Die zweite Kategorie umfasst das Sehen von bildlichen Darstellungen als Abbildungen von irgendwelchen Objekten oder Zuständen. Wir können eine simple Wahrnehmung eines Bildes haben, ohne Beteiligung der Einbildungskraft, und dann ein Bewusstsein dessen, was es darstellt – das aber erfordert den Einsatz der

Einbildungskraft. Manchmal dauert es eine Weile, bis der Abbildcharakter eines Bildes deutlich wird. Doch sobald dies geschieht und die Einbildungskraft ins Spiel kommt, sind wir vielleicht nicht mehr in der Lage, es als irgendetwas *anderes* denn als eine Abbildung von X zu sehen. Wie das Sehen von Aspekten erfordert auch diese Art des Sehens eine Bewegung weg von der einfachen Wahrnehmung, obwohl sie es ist, die dieses Transzendieren ermöglicht. Das vorstellungsdurchsetzte Sehen *basiert auf* der Wahrnehmung, wird von ihr ausgelöst. Die dritte Kategorie umfasst etwa das Phänomen, dass man nachts Zweige als Gliedmaßen furchterregender Monstren sieht oder eine fremde Person auf der Straße als jemanden, den man früher gut kannte. Aufgrund von Angst oder Begehren ist dies in aller Regel ein affektgetriebenes Sehen, bei dem man etwas als etwas sieht, das es nicht ist. Möglicherweise ruft das Sehen hier einfach ein Erinnerungsbild auf, das sich daraufhin an die Wahrnehmung des Augenblicks bindet. Bei allen drei Kategorien wird die Wahrnehmung von einem Akt der Einbildungskraft „überfallen". Die Vorstellung bleibt hier nicht als Abbildung eines abwesenden Objekts in ihrem „Raum", sondern lokalisiert ihr Objekt im aktuellen Gesichtsfeld.[8] Man vergleiche das Vorstellungsbild einer Ente mit dem Sehen von Strichen auf dem Papier *als* Ente: Das Entenbild scheint eine Reise aus dem Vorstellungsraum unternommen zu haben zum konkret wahrgenommenen Raum. Nehmen wir an, ich habe eine Vorstellung von X und sehe dann einen Fremden auf der Straße, der X stark ähnelt. Ich kann dann sehr wohl jenen Fremden *als* X sehen, und also hat meine Vorstellung den Sprung in den Wahrnehmungsraum vollzogen. Es ist, wie Wittgenstein mit einer (von mir geteilten) Perplexität bemerkt, als seien Vorstellung und Wahrnehmung miteinander in „Berührung" getreten. Das daraus entstehende sinnliche Erleben ist ein gemeinsames Produkt der äußeren Augen und des inneren Auges – eine merkwürdige Vereinigung von Gegensätzen.

Das vorstellungsdurchsetzte Sehen unterliegt also aufgrund seiner Vorstellungskomponente dem Willen – obwohl selbstverständlich nicht „durch und durch", da ich den Wahrnehmungskern nicht nach Belieben verändern kann. Wie aber steht es mit den anderen in Kapitel 1 aufgeführten Merkmalen? Das Sehen-als umfasst auf Seiten des Wahrnehmenden sowohl eine beobachtende wie eine nicht-beobachtende Haltung. Ich bin offen für die Informationschancen, die mir das wahrgenommene Objekt bietet, aber ich erwarte nicht, mehr über den Aspekt zu erfahren, unter dem ich es unterbringe – denn den stelle ich selbst bereit. Ich starre nicht den Aspekt der Ente an in der Hoffnung, mehr über Enten in Erfahrung zu bringen, obwohl die Figur, die als Enten- oder Hasenkopf gedeutet werden kann, vielleicht meine Neugier weckt. Ebenso wenig erhalte ich Informationen über die Person, die auf einem Portrait abgebildet ist, indem ich mir diese Person einfach nur vorstelle, obwohl ich eine Menge über Malerei lernen kann, indem ich die Leinwand eingehend betrachte und aufnehme, was sie meinen Sinnen darbietet. Das Objekt meiner Wahrnehmung wird von mir beobachtet, doch das Objekt meiner Vorstellungen nicht. Aus der Vorstellung selbst erfahre ich nichts Neues, da sie durch das konstituiert wird, was ich in sie einbringe.[9] Das Sehen-als führt mithin zu einer Mischung aus einer beobachtenden Haltung und dem Fehlen einer solchen Haltung.

Wie steht es mit der Unbestimmtheit? Nehmen wir an, ich sehe einen Staubwedel aus Federn als ein gesprenkeltes Huhn. Es mag dabei unbestimmt bleiben, wie viele Flecken das Huhn hat, das ich mir vorstelle. Es wird in seiner sinnlichen Vergegenwärtigung Lücken geben, Gebiete, in denen sein Bild unzureichend gesättigt erscheint. Der projizierte Aspekt wird jene „Armut" aufweisen, die ich weiter oben erörtert habe. Und doch wird meine Wahrnehmung des Staubwedels so aufgefüllt sein wie jede Wahrnehmung. Auch hier wieder finden wir Wahrnehmung und Vorstellung inkongruent (obwohl natürlich!) vereint. Sie weisen sowohl eine sinnliche Sättigung auf wie deren Fehlen.

Aufmerksamkeitsabhängigkeit? Meine Aufmerksamkeit kann vom Objekt meiner Wahrnehmung abschweifen, ohne meine Wahrnehmung preiszugeben, aber kann sie von dem Aspekt abschweifen, den ich in meiner Vorstellung sehe, und den Aspekt beibehalten? Ich meine nicht. Wenn meine Aufmerksamkeit von der Zeichnung mit Enten-/Hasenkopf abgelenkt wird, kann diese Zeichnung noch in meinem Gesichtsfeld bleiben und von mir gesehen werden; doch ich kann nicht in dieser Weise abgelenkt sein und diese Zeichnung weiter unter irgendeinem Aspekt sehen. Die Figur zerfällt in ein bloßes Muster von Linien. Nehmen wir an, ich stelle mir den Eiffelturm vor, während meine Augen mit der Zeichnung von Enten-/Hasenkopf konfrontiert sind – was ja durchaus möglich ist. Ich kann diese Zeichnung dann nicht *auch als* Ente (oder Hasen) sehen. Der Aspekt erfordert meine Aufmerksamkeit, um visuell verfügbar zu sein; er gehört zur Kategorie der „aufmerksamen Intentionalität". Deshalb ist es so schwer, vorstellungsbezogene Sinnesempfindungen simultan von unterschiedlichen Sinnen zu haben: Ich kann nicht (ohne eine Teilung der Aufmerksamkeit) X als Y sehen und zugleich Z als W hören, wobei beides vorstellungsbezogene Sinnesempfindungen sein sollen. Und welchen Sinn macht es zu sagen, der geistesabwesende LKW-Fahrer sehe etwas vorstellungsbezogen, während sein Geist umherschweift? Wenn er plötzlich ein fahrendes Auto als einen aus der Art geschlagenen Elephanten sieht, fokussiert er seine Aufmerksamkeit *notwendig* auf das, was er sieht. Er kann nichts sehen-*als*, während seine Aufmerksamkeit auf das bevorstehende Abendessen gerichtet ist – obwohl er *schlechthin* sehen kann. Anders als das einfache Sehen konkurriert das Sehen-als mit der gleichzeitig auftretenden Vorstellung.[10]

Die Probleme der Abwesenheit und des Gesichtsfelds sind heikel. Ist die Sicht der Striche als Ente eine Frage der optischen Wahrnehmung im Rahmen meines Gesichtsfelds, wenn ich die Zeichnung vom Enten-/ Hasenkopf sehe? Wenn ich ein Portrait anschaue, sehe ich dann die abgebildete Person buchstäblich *vor* mir? Die Antwort ist offensichtlich insofern zustimmend und bejahend, als die eingegebene Wahrnehmung ein gegenwärtiges Objekt repräsentiert. Doch bei sorgfältigerer Überlegung klingt das zu stark vereinfacht. Glaube ich wirklich, die Zeichnung einer Ente vor mir zu haben? Bin ich wirklich der Ansicht, Winston Churchill gegenüberzustehen? Nein, ich meine, es handelt sich bei der Zeichnung um eine zweideutige Figur sowie bei dem Gemälde um ein Portrait von Churchill. Ich mache die vorgestellten Objekte nicht buchstäblich in meinem Gesichtsfeld ausfindig. Sie sind für mich nicht in derselben Weise da wie die Linien der Zeichnung und die Leinwand des Gemäldes. Vielleicht kann ich dazu verleitet werden, irrtümlich anzunehmen, sie seien da, wie beispielsweise, wenn ich Zweige als Gliedmaßen sehe. Weiß ich aber erst einmal, dass ich mir das nur vorstelle, dann nehme ich nicht mehr an, irgendwelche Gliedmaßen zu sehen. Die Gliedmaßen ziehen sich in meine Phantasie zurück. Was ich in meinem Gesichtsfeld sehe, ist ihnen dann bloß noch ähnlich. Der Aspekt wird dann nicht vergegenwärtigt als im vollsten Sinn präsent. Wir könnten sagen, es ist dann bloß noch, *als ob* er präsent wäre – eine Art Sinnestäuschung. Er ist nicht in derselben Weise präsent wie das Objekt meiner Wahrnehmung.[11]

Kann ich einen vorgestellten Aspekt falsch identifizieren? Nehmen wir an, ich identifiziere einige Striche auf einer Seite fälschlich als Zeichnung vom Enten- / Hasenkopf und habe eine entsprechende Wahrnehmung (so dass ich einer Wahrnehmungstäuschung unterliege); dann sehe ich auf einmal das täuschende Objekt *als* einen Hasenkopf. (Vergleiche das Sehen der Linien bei der Müller-Lyerschen Täuschung als Eisenbahnschienen von unterschiedlicher Länge.) Kann ich auch das, *als* was ich es sehe, falsch identifizieren, so dass ich es in Wirklichkeit als Entenkopf sehe, aber den Eindruck habe, es als Hasenkopf zu sehen? Ich meine nein. Meine Wahrnehmung identifiziert die ursprüngliche Zeichnung falsch, aber meine Einbildungskraft identifiziert den Aspekt nicht falsch, unter den sie diese Zeichnung bringt: Ich weiß ganz sicher, dass ich sie als Hasenkopf sehe, weil diese Interpretation von mir stammt.[12] Also haben wir auch hier wieder eine Mischung aus Wahrnehmung und Vorstellung mit einer vorhersagbaren Kombination von Merkmalen: Der Wahrnehmungskern gestattet falsche Identifizierungen, aber der darüber liegende Aspekt nicht. Meine Sinne können mich in die Irre führen, aber meine Einbildungskraft nicht (zumindest nicht in dieser besonderen Hinsicht).

Schließlich die Okklusion. Ist ein Aspekt okklusiv? Eindeutig nicht. Wenn ich anfange, die Zeichnung vom Enten- / Hasenkopf als Entenkopf zu sehen, höre ich nicht auf, die Striche zu sehen, die ich vorher sah. Mein Gesichtsfeld wird nicht durch die Vorstellung Entenkopf blockiert. Der Aspekt fügt dem, was ich sehe, etwas hinzu; er nimmt nicht etwas weg. Dies ist ganz anders als die Täuschung, ein rotes Objekt sei grün; denn in dem Fall sehe ich das Objekt nicht als rot, weil die Wahrnehmungen einander widerstreiten. Aber es gibt keinen derartigen Widerstreit zwischen dem Sehen einer Leinwand und ihrem Sehen-*als* Portrait von X. Die sichtbaren Merkmale eines Objekts werden nicht dadurch ausgeschlossen, dass ich es in meiner Vorstellung in einer bestimmten Weise sehe; sie werden bloß supplementiert. Wie ich bereits früher angemerkt habe, widerstreitet der vorgestellte Aspekt anderen Akten der Einbildungskraft, nicht aber dem Wahrnehmungskern. Denn der ist in der Tat das *sine qua non* des vorstellenden Sehens-als.

Also sollte das Phänomen des vorstellungsdurchsetzten Sehens uns nicht zu einer Revision dessen veranlassen, was ich vorab über Vorstellungen und Wahrnehmungen ausgeführt habe, obwohl wir unser Bild beider subtiler und komplexer gestalten müssen.

64

Nicht alles Sehen ist ein Sehen-als im Sinne Wittgensteins. Selbstverständlich ist es im normalen Sprachgebrauch nicht falsch, die Wendung „sehen als" freizügiger zu verwenden. So könnte ich davon sprechen, einen Apfel als grün zu sehen oder ein Gebäude als würfelförmig. Aber vorstellungsdurchsetztes Sehen ist etwas anderes. Wie Wittgenstein anmerkt, macht es keinen Sinn, jemandem den Befehl zu geben, etwas als grün zu sehen. Objekte werden als mit unterschiedlichen Eigenschaften ausgestattet gesehen, aber diese „Aspekte" unterliegen nicht dem Willen und zählen nicht als vorstellungsdurchsetztes Sehen. Ich kann den Apfel als grün sehen und mir gleichzeitig eine Vorstellung von etwas anderem bilden. Also ist das Sehen, auf das ich mich einlasse, keine Auffrischung und Verstärkung der Einbildungskraft – die ich daher anderswo sich entfalten lassen kann. Das meiste Sehen ist von dieser nicht vorstellungsdurchsetzten Art, sonst könnten wir uns keines simultanen Stroms mentaler Vorstellungen erfreuen. Die Intentionalität der Perzeption ist also nicht von der Intentionalität der Einbildungskraft abgeleitet, wie Hume gedacht zu haben scheint; die Rolle der Einbildungskraft bei der Perzeption ist beschränkt.[13]

Falsch wäre es auch, Halluzinationen und Täuschungen *eo ipso* für vorstellungsdurchsetztes Sehen zu halten. Beide sind ebenso wenig dem Willen unterworfen wie eine wirklichkeitsgetreue Perzeption. Man kann nicht aufhören, die Linien bei der Müller-Lyerschen Täuschung als ungleich zu sehen, indem man dies einfach zu tun versucht. Die Verursachung solcher Wahrnehmungszustände läuft nicht über den Willen. Das unentwegt halluzinierende *brain in a vat* (Gehirn im Tank)[14] kontrolliert sein sensorisches Erleben nicht in der für das Vorstellungsvermögen charakteristischen Art. Bei ihm findet das geistige Auge keine Verwendung; die Systeme, deren es sich bedient, sind nur die, die den Augen des Leibes zur Verfügung stehen – und die sind jetzt losgelöst von dessen normalem Input. Es gibt bei Halluzinationen ebenso sehr ein Gesichtsfeld wie bei wirklichkeitsgetreuer Wahrnehmung, und unsere Haltung ist auch hier die eines Beobachters. Es überrascht folglich nicht, dass man Vorstellungen entwickeln kann, während man halluziniert oder einer Sinnestäuschung unterliegt, da diese Zustände nicht auf Vorstellungsressourcen zurückgreifen. Wenn der Kortex eines Menschen von einem Chirurgen elektrisch genau so stimuliert wird wie unter Normalbedingungen, ist die Bildung von Vorstellungen nicht blockiert. Das *brain in a vat* kann dann Vorstellungen unterhalten wie Sie oder ich. Mithin können Halluzinationen nicht ihrerseits Vorstellungen sein. Darüber hinaus werden Halluzinationen und Täuschungen zu Recht als Funktionsstörungen klassifiziert. Das visuelle System benimmt sich hier nicht, wie es soll. Aber sich eine Vorstellung von etwas zu machen, das nicht da ist, ist *keine* Funktionsstörung. Halluzinationen und Täuschungen sind also etwas ganz anderes. Halluzinationen ähneln Vorstellungen nur insofern, als bei beiden nicht erforderlich ist, dass das intentionale Objekt existiert. Aber auch das ist nicht rundheraus richtig; da viele Vorstellungen existierende Dinge zum Gegenstand haben und Halluzinationen nicht in all den anderen Hinsichten, die ich erörtert habe, Vorstellungen ähneln.

Obwohl Halluzinationen im Allgemeinen keine Vorstellungen sind, bleibt es indes bemerkenswert, dass an ihnen im Prinzip ein vorstellungsdurchsetztes Sehen beteiligt sein *kann*. Wenn ich eine Zeichnung vom Enten-/Hasenkopf halluziniere und sie dann als einen Hasen sehe, dann *bin* ich in vorstellungsdurchsetztem Sehen befangen, außer eben dass ich halluziniere und nicht (wirklichkeitsgetreu) sehe. Wahrnehmungen und Vorstellungen können selbst dann miteinander in Berührung kommen, wenn die Wahrnehmung nicht wirklichkeitsgetreu ist (wenn also ein „Halluzinieren-als" vorliegt). Es mag Aspekte der menschlichen Psychologie geben, die in diese Rubrik gehören. Manche Halluzinationen setzen ebenso Einbildungskraft voraus wie manche wirklichkeitsgetreuen Wahrnehmungen. Es ist sicher eine Überlegung wert, ob z. B. Träume oder die Wahnbildungen von Psychotikern zu diesem Typus gehören – also zu halluzinatorischen Wahrnehmungskernen, die durchtränkt und überzogen sind von Vorstellungsinhalten. Unsere simple Taxonomie von Vorstellungen und Wahrnehmungen müssen wir also ergänzen durch die Kategorien des vorstellungsdurchsetzten Sehens und des vorstellungsdurchsetzten Halluzinierens. Aber diese Hybridisierungen ändern nicht das in Kapitel 1 entworfene grundlegende Bild; denn es bleibt noch immer eine tiefe Kluft zwischen Wahrnehmungen und Vorstellungen.

KAPITEL 4

Der Raum des Vorstellungsvermögens

Zwar wird der Raum in der visuellen Perzeption vergegenwärtigt, aber wird er auch vom visuellen Vorstellungsvermögen vergegenwärtigt? Und wenn dem so ist, handelt es sich um denselben Raum? Das Vorstellungsvermögen scheint anomal auf den Raum bezogen zu sein. Es scheint irgendwie sowohl raumhaft wie nicht-raumhaft zu sein. Doch wie genau wird der Raum im Vorstellungsvermögen vergegenwärtigt, wenn dies denn der Fall ist? Bei der Erörterung dieser Fragen, greife ich erneut einen Hinweis von Wittgenstein auf: „Man möchte sagen: Der vorgestellte Klang sei in einem andern *Raum* als der gehörte. (Frage: Warum?) Das Gesehene in einem andern Raum als das Vorgestellte. Hören ist mit Hinhorchen verbunden: einen Klang sich vorstellen, nicht. Darum ist der gehörte Klang in einem andern Raum als der vorgestellte.“[1]

Etwas später wiederholt er diesen Gedanken: „Das Vorgestellte nicht im gleichen *Raum* wie das Gesehene. Sehen ist mit Schauen verbunden.“[2] Nun will ich auch nicht einen Moment lang vorgeben, irgendetwas an diesen Bemerkungen sei sehr klar, aber ich meine, Wittgenstein folgt hier einer plötzlichen Eingebung, die es verdient, zur Sprache gebracht zu werden. Sehen wir also, wie weit es uns gelingt, ihr einen Sinn abzugewinnen.

Zunächst einmal geht es nicht darum, dass die Vorstellung selbst sich in einem anderen Raum befindet als die Wahrnehmung, sondern dass der *Gegenstand* der Vorstellung sich in einem anderen Raum befindet als der Gegenstand der Wahrnehmung. Genauer gesagt wird der Gegenstand durch diese beiden mentalen Akte in einem anderen Raum *lokalisiert*. Es geht auch nicht um den trivialen Gedanken, dass der vorgestellte Gegenstand so vergegenwärtigt wird, als wäre er in einem anderen *Teil* des (gewöhnlichen) Raums lokalisiert. Nein, der Gedanke scheint zu sein, dass das Vorstellungsvermögen einen Raum ganz anderer *Art* mit sich bringt. Der Raum der Perzeption und der Raum des

Vorstellungsvermögens sind verschieden und vermutlich nicht in irgendeiner Weise vereinheitlicht. Das unterscheidet diesen Fall beispielsweise von dem Raum der Gesichtswahrnehmung und dem Raum der taktilen Wahrnehmung. Hier wäre es nicht plausibel zu sagen, diese beiden Sinne seien auf unterschiedliche Räume gerichtet (obwohl diese Auffassung insbesondere von Anhängern jener Theorie, die Wahrnehmungen rein auf Sinnesdaten bezieht, vertreten worden ist). Wir haben es mit demselben (visuell und taktil, also auf zwei verschiedene Weisen vergegenwärtigten) Raum zu tun. Und diese beiden Arten der Vergegenwärtigung des Raums werden so vereinheitlicht, dass wir normalerweise nicht zwei unterschiedlichen Arten des Raums konfrontiert zu sein glauben. Doch der Fall des Vorstellungsvermögens scheint anders zu liegen: Hier klingt die Rede von zwei inkommensurablen Räumen, auch wenn sie hochgradig obskur und problematisch bleibt, als wäre sie einer unmittelbaren Erkenntnis sehr viel näher. Was kann sie *bedeuten*?

Wittgenstein spielt im Folgenden diese problematische Idee herunter. Er scheint zu sagen, die unmittelbare Erkenntnis, um die es hier geht, laufe auf nicht mehr als auf den Umstand hinaus, dass wir beim Sehen schauen und beim Hören hinhorchen, dass wir aber solches nicht tun, wenn wir uns etwas vorstellen. Angesichts der Kürze seiner Bemerkungen fällt es schwer, genau zu wissen, woran er hier denkt. Aber der Gedanke scheint der zu sein, dass Schauen und Hinhorchen räumlich ausgerichtete Handlungen sind, dass jedoch keine vergleichbare räumliche Ausrichtung beim Vorstellungsvermögen in Erscheinung tritt. Wegen der räumlich ausgerichteten Handlungen bei der Perzeption behandeln wir beide Räume als unterschieden. Das aber scheint nur auf andere Weise zu sagen, die zunächst vorhandene unmittelbare Erkenntnis sei eine Illusion: Es gibt beim Sehen und Visualisieren nicht wirklich zwei Räume, sondern wir missdeuten die Verbindung zum Schauen, als würde mit ihm ein anderer Raum ins Spiel gebracht. Warum aber sollte diese einverständig akzeptierte Verbindung zu einer so seltsamen Idee führen? Und wenn es eine derartige Verbindung nicht gäbe, würden wir dann nicht dazu tendieren, von zwei Räumen zu sprechen? Wenn ein Geschöpf sehen, aber nicht schauen könnte, wäre es dann auch geneigt, für das visuelle Vorstellungsvermögen einen gesonderten Raum zu postulieren? Ich glaube, die unmittelbare Erkenntnis entsteht aus der intrinsischen Phänomenologie von Wahrnehmungen und Vorstellungen und nicht aus deren jeweils anderem Verhältnis zum Akt des Schauens.[3] Folglich kann ich mit Wittgensteins Erklärung wenig anfangen, mit der er seine Idee herunterspielt.

Ich schlage vor, wir versuchen eine andere Erklärung. Zunächst möchte ich daran erinnern, dass Vorstellungen hinsichtlich der tatsächlichen Raumverhältnisse ihrer Objekte neutral sind. Wenn ich mir eine Vorstellung von meinem Freund Peter mache, vergegenwärtige ich ihn nicht in irgendeinem bestimmten räumlichen Verhältnis zu mir oder zu anderen Objekten. Wenn ich dagegen Peter sehe, muss er in meinem Wahrnehmungserleben räumlich lokalisiert sein. Anders als die Perzeption ist das Vorstellungsvermögen mithin *nicht lokalisierend*. Doch dies löst noch nicht die Frage, ob Peter trotz der fehlenden Bestimmtheit seiner räumlichen Relationen in meiner Vorstellung so vergegenwärtigt wird, dass er selbst einen bestimmten Bereich des Raums einnimmt. Vergegenwärtige ich mir den Bereich des Raums, in dem er sich befindet, wenn ich ihn mir vorstelle? Hier müssen wir das Vorstellungsvermögen mit der Perzeption einerseits sowie mit dem Denken andererseits vergleichen. Wenn ich Peter sehe, sehe oder vergegenwärtige ich mir zugleich visuell den Raum, den er einnimmt: Dieser Bereich des Raums liegt in meinem Gesichtsfeld, und ich werde seiner gewahr. Bewegt er sich durch den Raum, vergegenwärtige ich mir visuell nacheinander die Bereiche des Raums, die er einnimmt. Bei der Perzeption von Objekten ergibt sich die Perzeption des Raums zugleich mit dem Territorium. Sie erfolgt automatisch, eingebaut. Doch beim Denken ist dies nicht so. Denke ich an Peter, ohne ihn wahrzunehmen, dann denke ich damit nicht an den Raum, den er einnimmt. Die begriffliche Intentionalität diskriminiert noch stärker. Sie kann Peter sozusagen aus dem Raum herausschälen, den er einnimmt. Daher kann ich an ihn denken und keine wie immer geartete Information über seine Lokalisierung im Raum haben. (Dies kann nicht der Fall sein, wenn ich ihn wahrnehme, weil er in einem wahrnehmerzentrierten Raum vergegenwärtigt wird.) Der Begriff kann sehr viel *selektiver* sein als die Wahrnehmung. Also *gibt* es keinen Raum des Denkens – keine räumliche Vergegenwärtigung, die mit dem Denken von Objekten notwendig einhergeht. Gedanken vergegenwärtigen Objekte nicht als in einer räumlichen Mannigfaltigkeit befindlich, wie dies Wahrnehmungen tun (obwohl sie dies auf andere Weise tun können).[4]

Doch was sollen wir über Vorstellungen sagen? Sie fallen mitten zwischen Wahrnehmungen und Gedanken. Sie sind sinnlicher Natur und lassen den Begriff der Ausdehnung zu: denn ein vorgestelltes Objekt wird als ausgedehntes vergegenwärtigt. Aber sie vergegenwärtigen das Objekt nicht in gleicher Weise als im Raum lokalisiert, wie dies Wahrnehmungen tun. Sie sind selektiv wie Begriffe, aber sie sind *nicht* intrinsisch nicht-raumhaft. Daher vergegenwärtige ich mir den Raum, in dem sich Peter befindet, nicht, wenn ich mir eine Vorstellung von ihm mache. Doch er wird mir als räumliches Wesen – mit einer bestimmten Ausdehnung und mit Dimensionen – vergegenwärtigt.[5] Meinem Vorschlag zufolge ist es dieser zweideutige Status der Vorstellung – dass sie zwischen Wahrnehmung und Begriff steht –, der für die eigenartige Weise verantwortlich ist, in der wir Vorstellungen als raumbezogen auffassen. Uns reizt die Idee, ihnen einen gesonderten Raum zuzuweisen, weil wir ihre Objekte nicht als im Wahrnehmungsraum lokalisiert imaginieren, sie aber doch als räumliches Etwas vorstellen. Wir vergegenwärtigen uns diese Objekte nicht so, als wären sie *nicht* im gewöhnlichen Raum, sondern in irgendeinem anderen Raum. Es gelingt uns vielmehr nicht, sie als im gewöhnlichen Raum befindlich zu vergegenwärtigen, aber wir bringen ein weiter reichendes System der Vergegenwärtigung nicht ins Bild. Die Vorstellung hat die Räumlichkeit aller sinnlichen Abbildungen, aber anders als die gewöhnliche Perzeption enthält sie in sich keine Spezifizierung einer räumlichen Lokalisierung.[6] Deshalb greifen wir nach der Idee eines gesonderten Raums.

All dies ist zweifellos noch immer recht obskur – und mir fällt es schwer, es klarer zu machen –, doch es scheint irgendwie dem zu entsprechen, wie Raum und Vorstellungsvermögen sich aufeinander beziehen und nicht beziehen. Halten wir fest, dass es hier nicht darum geht, dass die Vorstellung selbst irgendeinem mentalen Raum angehört, der anders ist als der Raum da draußen – denn das würde in gleichem Maße für die Wahrnehmung gelten. Es geht, wie gesagt, um das *Objekt* der Vorstellung, von dem wir sprechen, sowie um den Raum, den es in unserer Vergegenwärtigung einnimmt. Nach dieser Interpretation ist es mithin nicht korrekt, rundheraus zu sagen, dass die Objekte tatsächlich gesonderte Räume einnehmen. Wir können vielmehr zu der Einsicht gelangen, warum solche übertreibenden Äußerungen durch genuine Merkmale von Vorstellungen ausgelöst werden, ohne buchstäblich wahr zu sein. (In dieser Hinsicht verhalte ich mich so abwiegelnd wie Wittgenstein.)

Doch die Sache ist damit nicht ganz zu Ende, weil noch auf ein weiteres Problem eingegangen werden muss: das Problem des *Rahmens* einer Vorstellung.[7] Macht man sich von etwas eine Vorstellung, so erscheint dieses Etwas mit einer Art Begrenzung; es ist dem Anschein nach in einen umfassenden Rahmen eingeschlossen. Dieser Rahmen hat etwas Räumliches, weshalb man sagen kann, dass er die Vorstellung umfasst und einschließt. Und dieser Rahmen wird mental vergegenwärtigt: und zwar nicht als *Teil* der Vorstellung oder dessen, was vorgestellt wird, aber er ist dennoch irgendwie das intentionale Objekt eines begleitenden mentalen Akts. Ich vergegenwärtige mir den Eiffelturm in meiner Vorstellung *und* vergegenwärtige den Rahmen, der diese Vorstellung umfasst. Wenn dem so ist (und noch einmal sei es gesagt: das ist kaum bestimmbar und obskur), so wirft das die Frage auf, welcher Raum da vergegenwärtigt wird – nicht der Raum *in* der Vorstellung, sondern der Raum *der* Vorstellung. Wir könnten sagen, dieser Raum sei das *Medium* der Vorstellung, nicht ihr Objekt. Handelt es sich um einen rein intentionalen Raum, so dass nichts Existierendes dem fraglichen intentionalen Akt entspricht? Wenn nicht, um welche Art von konkretem Raum könnte es sich handeln? Gewiss scheint hier nicht der gewöhnliche physikalische Raum vergegenwärtigt zu werden. Der Fall liegt durchaus nicht so wie die Vorstellung, dass sich ein Objekt in dem Raum befindet, den ich sehe, wo das Objekt in der Weise vorgestellt wird, dass es sich in dem Raum befindet, den die Perzeption eröffnet. Im Fall des reinen Vorstellungsvermögens gibt es die Empfindung, dass das vorgestellte Objekt in einer Art räumlichem Niemandsland schwebt, gezeigt in einem merkwürdigen Quasi-Raum. Der scheint auf seine Art von dem Raum der Perzeption verschieden zu sein. Ich wünschte, etwas Erhellenderes über ihn sagen zu können, aber die Angelegenheit ist introspektiv und begrifflich so schwer feststellbar, dass ich es dabei belassen muss. Auf jeden Fall hoffe ich zumindest, ein Phänomen des Vorstellungsvermögens erkannt zu haben, das systematisch vernachlässigt worden ist und einen seiner wesentlichen Bestandteile bildet. Dieses Kapitel hat seine Aufgabe erfüllt, wenn es im Leser dasselbe Gefühl der Perplexität angesichts dieses Phänomens hervorruft, das sein Autor seinerseits empfindet.[8]

KAPITEL 5

Die Abbildtheorie von Vorstellungen

Überaus attraktiv ist offenbar die Idee, dass eine visuelle Vorstellung ein mentales Bild vorstellt.[1] Wenn ich mir eine Vorstellung von X mache, so die Annahme, dann mache ich mir in meinem Geist ein Bild von X, das dann das „unmittelbare Objekt" meines Vorstellungsbewusstseins ist. Dieses innere Bild vergegenwärtigt X, so dass ich mir seiner zwar nur mittelbar bewusst bin, aber es ist das Bild selbst, das ich ganz direkt vor meinem geistigen Auge sehe. Wie ich ein Foto oder ein Fernsehbild mit den Augen meines Leibes anschauen kann und dann, wenn auch indirekt, die dort vergegenwärtigten Individuen sehe, so kann ich mit dem Auge meines Geistes ein inneres mentales Bild anschauen und darüber vermittelt das abgebildete Individuum sehen. Vor meinem geistigen Auge habe ich beispielsweise ein Bild vom Eiffelturm, und in der Schau dieses inneren Bilds – wiederum mit dem Auge meines Geistes – „sehe" ich den Eiffelturm. Das Vorstellungsbewusstsein wird somit strukturell analog zu dem Bewusstsein betrachtet, das wir von äußeren Bildern haben. Dabei ist eine Art doppelter Intentionalität im Spiel, bei der sowohl das Bild wie das, was es vergegenwärtigt, zu intentionalen Objekten werden. Vorstellungen sind einfach *innere* Bilder, die vor dem geistigen Auge erstehen.

Die Motivation für diese Auffassung ist nicht immer und durchweg deutlich gemacht worden, doch ich vermute sie in dem Gefühl, dass das Objekt „abwesend" ist und damit nicht direkt erfasst werden kann, weil es eben nicht zur Verfügung steht. Im Fall der Perzeption steht das Objekt zumindest dem Wahrnehmenden vor Augen und gilt damit als Kandidat für die Rolle eines unmittelbaren intentionalen Objekts. Die Augen des Leibes können auf dieses Objekt hin trainiert werden. Für sie ist es *anwesend*. Wenn aber das Objekt abwesend ist, wie ist es dem inneren Auge dann möglich, es in Augenschein zu nehmen? Wie kann ich den Eiffelturm *direkt* erfassen, wenn er dreitausend Meilen entfernt und von meinem gegenwärtigen Bewusstsein ursächlich isoliert ist? Wie kann mein inneres Auge diese Distanz und die Schwierigkeiten, die zwischen Subjekt und Objekt liegen, überwinden? Was, wenn ich mir ein vergangenes Objekt vorstelle, das nicht mehr existiert? Wie ist es durch meine Vorstellung direkt zu erfassen? Ich kann ein abwesendes Objekt nicht berühren, wie ist es mir dann möglich, mit einem mentalen Objekt in Kontakt zu treten? Und doch sagen wir wirklich, dass ich eine Vorstellung vom Eiffelturm oder von einem kürzlich abgerissenen Haus haben kann. Die Abbildtheorie greift hier ein, um dieses scheinbare Paradox aufzulösen: Was von meinem inneren Auge gesehen wird, *ist* mir gegenwärtig – sehr gegenwärtig sogar. Es ist etwas, das buchstäblich in meinem Geist existiert. Was könnte einer mentalen Prüfung gegenwärtiger und verfügbarer sein als ein inneres Bild? Dieses Bild *vergegenwärtigt* folglich das abwesende Objekt, das damit zum indirekten Objekt meines Vorstellungsakts wird. Zudem ähnelt das Bild dem Objekt und nährt damit die Illusion, das äußere Objekt sei das, was ich mit dem Auge des Geistes direkt sehe. Tatsächlich aber ist es das mentale Bild, das ich direkt erfasse, und das abwesende Objekt kommt erst in abgeleiteter Form ins Spiel. Auf diese Weise löst die Abbildtheorie das Problem, wie ein abwesendes Objekt vom geistigen Auge gesehen werden kann. – Dies geschieht dank der Existenz eines gesonderten *anwesenden* Objekts, des mentalen Bildes. Wollte jemand vorschlagen, dass wir bei der üblichen Perzeption sehen, was nicht anwesend ist, was nicht mehr existiert, was kein Licht mehr in unsere Augen sendet, was hinter Hindernissen verborgen ist, dann würden wir das in der Tat unglaubhaft finden. Doch wenn uns zu Bewusstsein käme, dass dies genau die Art und Weise ist, in der wir reden, dann wäre vielleicht eine Abbildtheorie der Perzeption wieder angesagt: Was wir direkt sehen, sind anwesende innere Bilder von fernen Objekten (Einzelheiten wie etwa Sinnesdaten). Nur müssen wir im Fall der Perzeption nichts dergleichen erklären, weil die wahrgenommenen Objekte voll (und zureichend) anwesend sind. Im Fall der Vorstellung jedoch scheinen die Objekte allzu abgeschnitten, um irgendwie unvermittelte Gegenstände unseres Sehvermögens zu sein. Ihre Veränderungen treten, weil diese Objekte ursächlich entfernt sind, nicht einmal an den Vorstellungen in Erscheinung. Innere Bilder aber stehen sozusagen genau vor unserer mentalen Nase und scheinen als unmittelbare intentionale Objekte ideal geeignet. Ich meine also, dass die Abbildtheorie (zumindest teilweise) motiviert ist durch das, was sich als „Abwesenheitsproblem" bezeichnen ließe.

In diesem Kapitel werde ich jedoch gegen die Abbildtheorie Stellung beziehen. Es gibt eine Reihe von Einwänden gegen sie, die die Auseinandersetzung mit dem Thema wie ein roter Faden durchziehen. Folglich werde ich zumeist Argumente vortragen, die bereits bekannt sind. Zunächst ist da der „mediale Einwand": Wenn eine Vorstellung ein Bild ist, dann sollte sie aus bestimmten Materialien bestehen – dem Medium der Abbildung – so wie ein Gemälde aus Pigmenten auf einer Leinwand verfertigt worden ist.[2] Diese Materialien verleihen dem Bild bestimmte intrinsische, nicht-intentionale Merkmale, die ihrerseits Gegenstand der Aufmerksamkeit und Untersuchung sein können. Ich kann die Farben auf der Leinwand unabhängig von dem betrachten, was sie vergegenwärtigen, so dass es mit dem Gemälde mehr auf sich hat, als *was* es darstellt. Bei dem vorgeblichen mentalen Bild gibt es aber dazu keinerlei Entsprechung: Ich kann meine Aufmerksamkeit nicht auf das ‚Material' einer Vorstellung richten, unabhängig von dem, was sie darstellt. Mein Bewusstsein bleibt auf die intentionalen Merkmale der Vorstellung beschränkt. Mit dem geistigen Auge sehe ich ihre mutmaßlichen medialen Merkmale nicht. Daher kann ich hier nicht die Erfahrung machen, dass mir zunächst die medialen Merkmale einer Vorstellung bewusst werden und ich dann erst gewahr werde, dass diese Merkmale etwas vergegenwärtigen – wie ich etwa ein Gemälde vielleicht anfangs nur als Farbfleck sehe und dann allmählich bemerke, dass es einen Sonnenuntergang darstellt. Es gibt bei einer Vorstellung keinen logischen Unterschied zwischen dem Stoff, aus dem sie gemacht ist, und ihrer Intentionalität. Wird die Intentionalität entfernt, verschwindet die Vorstellung. Doch wenn keine derartigen intrinsischen Merkmale vorhanden sind, dann kann auch nicht die Rede davon sein, dass ich mit meinem geistigen Auge ein Bild sehe, da es für ein Bild *konstitutiv* ist, dass in ihm diese Trennung von intentionalen und nicht-intentionalen Merkmalen vorhanden ist.

Damit hängt die These zusammen, dass der Begriff der optimalen Bedingungen einer „Betrachtung" auf Vorstellungen nicht anzuwenden ist.[3] Wenn ich ein Bild anschaue, dann sind die Bedingungen, unter denen ich es betrachte, optimal oder weniger optimal: Es gibt vielleicht nicht genügend Licht oder es gibt zu viel Licht, es ist Staub in der Luft, oder jemand hält seinen Kopf vor das Bild. Habe ich aber eine Vorstellung, dann scheint nichts von alledem zu gelten. Es gibt keine Umstände, die meine Fähigkeit verändern, eine klare Sicht auf mein angeblich inneres Bild zu erhalten. Selbstverständlich finde ich es unter Umständen mehr oder weniger schwer, mir eine Vorstellung zu machen. Was aber nicht passiert, ist, dass sich eine Vorstellung bildet und ich Schwierigkeiten habe, sie angemessen zu sehen. Der Impuls, bei einem schwach erleuchteten Bild das Licht höher zu stellen, findet bei einem inneren Bild mental keine Entsprechung. Wie aber kann es dann wahr sein, dass der Anblick einer bildlichen Vorstellung darauf hinausläuft, ein inneres Bild zu *betrachten*? Ich blicke meine Vorstellungen ebenso wenig an, wie ich meine Begriffe oder wohl auch meine Wahrnehmungen anblicke. Das vorige Argument lief darauf hinaus, dass es keine bildartige Einheit zu betrachten gibt; jetzt geht es darum, dass die Idee des *Betrachtens* hier keinen Sinn macht. Das scheinbar klare und einleuchtende Modell, demzufolge man ein äußeres Bild mit den Augen des Leibes anblickt oder betrachtet, erweist sich hier in entscheidenden Punkten als nicht anwendbar. Wo eine Theorie versprochen wurde, bleibt nur eine vage Metapher.[4]

Wenn zudem das geistige Auge ein inneres Bild sieht, dann muss es zu einer Episode des Sehens kommen, sobald das Bild betrachtet wird. Und bei dieser Episode des Sehens muss es sich um ein Sehen mit dem Auge des Geistes handeln. Ein Sehen mit dem Auge des Geistes ist nun aber gerade ein Vorstellen. Es muss mithin einen Prozess der Bildung einer Vorstellung eines inneren Bildes geben, mit anderen Worten: der Vorstellung einer Vorstellung. Denn die anfängliche Vorstellung sollte ja ein mit dem Auge des Geistes gesehenes Bild sein, und etwas mit den Augen des Geistes zu sehen, hieß ja, sich eine Vorstellung von diesem Etwas machen. Wann immer also eine Vorstellung im Geist auftritt, muss es eine zweite Vorstellung geben, deren intentionales Objekt die erste Vorstellung ist. Diese zweite Vorstellung aber ist selbst ein mit dem geistigen Auge gesehenes Bild, das folglich seinerseits eine Vorstellung *von sich* erfordert. Damit wird deutlich, dass wir in einem infiniten Regress surfen: Von jeder Vorstellung im Geist muss es eine gesonderte Vorstellung geben. Neben dem Umstand, dass dies viel zu viele Vorstellungen ergäbe, als dass der Geist sie in sich aufzunehmen vermöchte, könnte der Prozess der Bildung einer Vorstellung nie in Gang gesetzt werden, wenn man über diesen Regress nachdächte.[5] Nein, die simple Tatsache lautet, dass eine Vorstellung zu ihrer Existenz keine andere Vorstellung erfordert. Wir haben jeweils nur eine Vorstellung, und das ist durchaus genug.

Diese Argumente erscheinen mir überzeugend, und sie begünstigen die Idee, dass Vorstellungen keine Bilder sind, die wir innerlich sehen, sondern dass sie selbst ein Sehen von äußeren Objekten (mit dem geistigen Auge) sind. Eine Wahrnehmung ist das Sehen eines äußeren Objekts und nicht eine gesehene Sache; eine Vorstellung ist das Sehen eines äußeren Objekts (mit dem geistigen Auge) und nicht eine gesehene Sache. Doch bevor wir diese simple Auffassung akzeptieren und weiter untersuchen können, müssen wir einige weitere vorgebliche Begründungen für die Annahme einer Abbildtheorie der Vorstellung überprüfen – die sich aus der Kognitionswissenschaft herleiten. Diese Begründungen sind mittlerweile sehr gut bekannt, so dass ich sie nicht in aller Ausführlichkeit präsentieren muss.[6] Nehmen wir an, wir fragen Versuchspersonen, wie viele Fenster ihr Wohnzimmer hat, und bitten sie, sich bei ihrer Antwort auf mentale Vorstellungen zu stützen. Wir kommen dabei zu dem Ergebnis, dass die Versuchspersonen desto mehr Zeit für ihre Antwort brauchen, je mehr Fenster vorhanden sind. Nehmen wir ferner an, wir bitten Versuchspersonen, eine Landkarte zu memorieren, und fragen sie dann nach der relativen Platzierung der Orte auf der Karte. Wir kommen zu dem Ergebnis, dass die Versuchspersonen desto mehr Zeit für ihre Antwort brauchen, je weiter die Orte auf der Karte voneinander entfernt sind. Nehmen wir schließlich an, wir bitten Versuchspersonen, dargebotene Figuren „geistig in Rotation zu versetzen", damit sie dann feststellen, welche (aus einem bestimmten Blickwinkel gesehenen) Figuren mit welchen (aus einem anderen Blickwinkel gesehenen) identisch sind. Wir kommen zu dem Ergebnis, dass die Antworten desto länger auf sich warten lassen, je stärker jeweils die Rotation war. Diese Daten und viele, die auf dasselbe hinauslaufen, scheinen gesichert. Sie legen den Schluss nahe, dass die Versuchspersonen mentale Aufgaben gemäß den Größenordnungen in ihren Vorstellungen ausführen. Sie speichern die relevanten Informationen nicht in Form einer verbalen Liste, sondern scannen die entsprechenden Einheiten irgendwie. Welche Theorie ließe sich nun über das Wesen der dabei ausgeführten mentalen Operationen formulieren?

Nehmen wir einen Moment lang an, dass Vorstellungen innere Bilder sind, die äußere Objekte widerspiegeln, die man sich vorstellt – etwa Räume, Landkarten oder Figuren. Händigt man mir also ein Foto meines Wohnzimmers aus und fragt mich, wie viele Fenster in diesem Zimmer sind, dann werde ich zweifellos in der Weise antworten, dass ich über die Konfiguration auf dem Foto nachdenke: Ich werde mir das Bild anschauen, die auf ihm abgebildeten Fenster zählen und dann antworten. Statt die Fenster selbst zu zählen, während ich in dem Zimmer stehe, werde ich ihre abgebildeten Entsprechungen auf dem Foto zählen. Und wie die erste der beiden Aufgaben mit der Zahl der tatsächlich vorhandenen Fenster variiert, so variiert auch die zweite mit der Zahl der abgebildeten Fenster. Wenn dagegen eine Vorstellung ein inneres Bild ist, dann prüfe ich seine Eigenschaften und antworte in einer Art und Weise, die widerspiegelt, was ich antworten *würde*, wenn ich konkrete Objekte prüfte. Da das Vorstellungs-Bild dem äußeren Objekt gleicht, werden meine „Reaktionszeiten" eine Funktion der tatsächlichen Anordnung des äußeren Objekts im Raum sein. Was ich erreichen könnte, indem ich das Objekt in seiner Anwesenheit wahrnähme, erreiche ich, indem ich seine innere bildliche Entsprechung durch meine innere Sicht „scanne". Der Bildcharakter der Vorstellung erklärt mithin die experimentellen Ergebnisse.

Ich glaube, damit eine faire und angemessene Zusammenfassung neuerer Arbeiten über das Konzept der Vorstellungen auf dem Gebiet der Kognitionswissenschaft gegeben zu haben (die ich allerdings um einen Großteil ihrer technischen Einzelheiten und Fachausdrücke gekürzt habe).[7] Generelles Thema ist dabei, dass die Abbildtheorie die experimentellen Ergebnisse vorhersagen kann: Indem man innere Bilder als Einheiten postuliert, die geprüft und gescannt werden, so sagt man damit Korrelationen zwischen den Reaktionszeiten und den Eigenschaften der vorgestellten Dinge vorher. Warum sonst dauert die Antwort länger, je mehr Fenster in einem Zimmer sind? Nun scheint dies gewiss ebenso klar und natürlich wie wissenschaftlich interessant und führt offenkundig zur Verpflichtung auf die Abbildtheorie von Vorstellungen. Aber haben wir nicht zuvor gesehen, dass die Abbildtheorie in großen Schwierigkeiten steckt? Wie kann eine wissenschaftlich anerkannte Theorie solche offenkundig vernichtenden begrifflichen Probleme aufweisen? Gibt es da einen Ausweg? Ich glaube nicht, dass es einen Ausweg gibt, der es zugleich gestattet, die empirischen Ergebnisse zurückzuweisen, denn die sind solide genug. Ich bezweifle zudem, ob mentale Operationen mit sinnlichen Vorstellungen in diesen Studien eine Rolle spielen – im Gegensatz zu ihrem Rückgriff auf verbal gespeicherte Informationen.[8] Meiner Meinung nach liegt der Fehler hier darin, dass eine andere Interpretation dieser Ergebnisse versäumt wurde – und dieses Versäumnis rührt her aus einer unangemessenen Angst vor dem Abwesenheitsproblem. Dies möchte ich näher erläutern.

Unumstößlich an den experimentellen Ergebnissen ist die Korrelation zwischen den Eigenschaften eines Objekts – der Zahl der Fenster in einem Zimmer, der Entfernung zwischen den Punkten auf einer Landkarte, dem Rotationswinkel – und den Reaktionszeiten. Das innere Bild wird nun angeführt, um diese Korrelation durch eine Gleichförmigkeit dieses Bildes mit dem Objekt zu erklären. Was aber hindert uns, die Ergebnisse nach ihrem Oberflächenwert aufzufassen und entsprechend zu interpretieren? Wird eine Versuchsperson also nach der Zahl der Fenster in einem Raum gefragt, so prüft sie mental den *Raum selbst,* wie sie dies dann auch mit der Landkarte und den Figuren tut. Sie „scannt" also nicht die *Vorstellung* von einem Objekt, sondern das *Objekt.* Selbstverständlich tut sie dies, indem sie eine Vorstellung von dem Objekt *hat,* aber ihre mentalen Operationen sind nicht *auf* die Vorstellung gerichtet, sondern auf deren Objekt. Das intentionale Objekt solcher mentalen Operationen wie Scannen, Rotieren und Prüfen ist das äußere Ding, nicht dessen Vorstellung. Ziehen wir zum Vergleich die mentale Operation des Scannens eines Zimmers mittels einer gewöhnlichen Perzeption heran: Ich werde gefragt, wie viele Fenster mein Wohnzimmer hat. Also gehe ich nach nebenan und schaue sie mir an, indem ich mit meinen Augen den Raum scanne. Offenkundig ist hier das intentionale Objekt des Scannens ein äußeres physisches Ding – und es sind *nicht* die Wahrnehmungen, die ich *beim* Scannen meines Zimmers habe. Ich scanne die *Wahrnehmungen* überhaupt nicht. Es fiele in der Tat schwer anzugeben, wie das vor sich gehen sollte. Die Wahrnehmungen sind *Vehikel* des Scannens, nicht dessen Objekte. Also ist das, *was* gescannt wird, mit dem identisch, was gesehen wird. Dasselbe sollte nun, wie ich meine, von dem mentalen Scanning bei den Vorstellungsexperimenten gesagt werden: Versuchspersonen scannen das *Zimmer* mit dem Auge ihres Geistes, nicht ihre Vorstellung von dem Zimmer. Sie scannen ihre Vorstellung so wenig wie derjenige, der das Zimmer wahrnimmt, seine Wahrnehmung scannt. Damit ist das Objekt des Scannens identisch mit dem Objekt der Vorstellung: eben das Zimmer.[9]

Das Erste, was über diese alternative Theorie zu sagen wäre, ist, dass sie die Ergebnisse vorhersagt: Wenn die Versuchspersonen ein äußeres Objekt scannen, dann ist ihre Reaktionszeit eine Funktion der Eigenschaften des Objekts – insbesondere seiner räumlichen Eigenschaften. Folglich genießt die Abbildtheorie hier keinen Vorteil; denn sie gelangt kraft der gleichlaufenden Vorstellung zu exakt derselben Vorhersage. Eindeutig gibt es darüber hinaus eine sehr starke Analogie mit Wahrnehmungen, da bei beiden das mentale Scannen äußerer Objekte eine Rolle spielt – worauf manche Anhänger der Abbildtheorie gern nachdrücklich insistieren.[10] Doch beide Theorien sind total verschieden; sie berufen sich auf völlig andere Mechanismen und Strukturen. Vor allem beruft sich meine alternative Theorie auf kein mentales Bild. Warum also nicht diese meine Theorie akzeptieren und die Probleme mit den inneren Bildern vermeiden? Mir fallen zwei Gründe ein, die jemanden davon abhalten könnten, meine Theorie zu akzeptieren (die sich im Übrigen auch als „naive Theorie" bezeichnen ließe). Keiner dieser beiden Gründe ist stichhaltig. Sie lauern hinter dem stürmischen Verlangen, die Abbildtheorie zu akzeptieren, und sie können meine naive Theorie aussehen lassen, als müsse sie gar nicht erst an den Start gehen.

Der erste Grund besteht darin, dass man stillschweigend eine Konzeption annimmt, die Vorstellungen rein auf Sinnesdaten reduziert. Man nimmt weiter an, dass wir nicht in direktem mentalen Kontakt mit einem äußeren Objekt stehen können, sondern vielmehr irgendeine innere Einheit zwischenschalten müssen. Alle Motive, die zu einer rein an Sinnesdaten orientierten Sicht der Perzeption geführt haben, werden auf das Vorstellungsvermögen übertragen. So beispielsweise das auf die Möglichkeit von Täuschungen Bezug nehmende Argument. Es geht aus von der Prämisse, dass zwei Vorstellungen genau gleich sein können, obwohl die eine sich auf ein wirkliches Ding bezieht, die andere aber auf ein unwirkliches. Ich habe nicht die Absicht, hier dieses alte (senile?) Argument oder die sich rein auf Sinnesdaten beziehende Wahrnehmungstheorie zu bewerten, die sich aus ihm ergibt. Es mag genügen, dass ich (wie beinahe jeder andere) diese Theorie im Fall der Perzeption ablehne. Und ich sehe keinen Grund, meine Ablehnung auf den Fall der Perzeption zu beschränken. Was Vorstellungen angeht, so würde ich (gelangweilt genug) sagen, dass es sich bei ihnen um ein Erleben handelt, bei dem wir äußere Objekte erfassen – obwohl der beteiligte Bewusstseinsmodus selbstverständlich vorstellungsbezogen und nicht wahrnehmungsorientiert ist. Wir dürfen den *Akt* des Vorstellens nicht mit dem *Objekt* des Vorstellens verwechseln, ein Irrtum, der bei Vorstellungen anscheinend leichter begangen wird als bei Wahrnehmungen. Wenn wir stillschweigend eine an Sinnesdaten orientierte Konzeption der Vorstellung akzeptieren, dann nehmen wir selbstverständlich an, dass Operationen wie das Scannen auf die Vorstellung selbst (das „Vorstellungsdatum") angewandt werden – und dann legen die experimentellen Ergebnisse die Abbildtheorie zur Erklärung der Korrelationen nahe. Ein Ausweg bietet sich, wenn man die entschiedene Außengerichtetheit von Vorstellungen akzeptiert: Die intentionalen Objekte von Vorstellungen sind (existente oder nicht-existente) äußere Objekte und nicht innere mentale Einzelheiten.[11]

Der zweite Grund besteht meiner Meinung nach im Problem der Abwesenheit. Wie kann es denn wahr sein, dass ich ein abwesendes Objekt (buchstäblich) scanne? Wie kann mein Geist etwas scannen, was nicht da ist? Ich kann das Zimmer vor mir mit meinen Augen scannen, aber wie kann ich ein Zimmer scannen, das nicht da ist? Wie fixiert sich mein inneres Auge auf ein abwesendes Zimmer und überblickt seinen Inhalt? Zunächst möchte ich festhalten, mit welcher Unerschütterlichkeit wir gerade so tun, als könnten wir abwesende Objekte im Geist scannen. So reden wir etwa davon, Objekte mental zu scannen, wenn wir Dinge sagen wie: „Mit meinem geistigen Auge zählte ich die Fenster in meinem Wohnzimmer", „Ich will mir vorstellen, wie der Stuhl in der Ecke da drüben aussehen würde" oder (indem man sich die Vorstellung einer Landkarte vor Augen hält) „Von New York ist es ebenso weit nach Los Angeles wie nach London". Alle drei Sätze handeln von äußeren Objekten und den auf sie gerichteten mentalen Prozessen, nicht von angenommenen inneren Bildern irgendwelcher Art. Zählen wir die Fenster „in unserer Vorstellung", so zählen wir nicht Abbildungen, sondern deren intentionale Objekte, d. h. Fenster. Hier wie anderswo müssen wir auf den Sprachgebrauch achten respektive Verwechslungen benennen – so etwa die Verwechslung von Abbildung und Abgebildetem. Wie wir davon sprechen, ein Zimmer mit dem Auge des Leibes zu scannen, so sprechen wir davon, ein Zimmer mit dem Auge des Geistes zu scannen. Wir scannen ja nicht etwas *gesondert* von dem, was wir mental sehen, nämlich die Vorstellung selbst – wie die Abbildtheorie dies behauptet. Wir sagen „Zählen Sie die *Fenster*" (mittels des Vorstellungsvermögens) und nicht „Zählen Sie die Zahl der *Abbildungen* von Fenstern in Ihrem Vorstellungsbild". Ziel unseres mentalen Scannens ist das, *wovon* etwas eine Vorstellung ist, und das ist nicht die Vorstellung selbst.

Die naiv realistische Rede vom Vorstellungsvermögen nimmt eindeutig an, dass bei mentalen Operationen wie dem Zählen und Scannen der Geist auf ein abwesendes Objekt bezogen wird. Das mag gespenstisch erscheinen: Wie kann ich etwas *scannen*, das nicht anwesend ist? Zu diesem Problem möchte ich zwei Argumente vorbringen. Da ist zum einen die *Referenz*: Ich kann mich offenkundig auf Dinge beziehen, die abwesend sind. Und das ist in der Tat, worum es bei der Referenz geht. Sie ist eine intentionale Relation, die hinausreichen kann zu abwesenden Objekten. Warum also kann es sich beim Scannen und Zählen nicht um intentionale Relationen handeln, die eine ähnliche Reichweite haben? Der Grund, so könnte man sagen, liegt darin, dass das Scannen etwas ist, was die Wahrnehmungsfähigkeiten gestatten, und die setzen Anwesenheit voraus. Doch warum sollen wir gerade *dieses* Merkmal auf das mentale Scannen übertragen? Warum sollen wir darauf bestehen, dass die beiden Arten des Scannens dies gemeinsam haben? Warum sagen wir nicht einfach, vorstellungsbezogenes Scannen sei genau dadurch charakterisiert, dass es uns auf abwesende Objekte beziehen kann? Gewiss bringt das Scannen keinen Strom neuer Informationen von einem Objekt mit sich und wird folglich nicht über einen kausalen Kanal dieser Art vermittelt. Doch wer hat denn gesagt, dass es das tun muss? Ist es etwa dadurch in einem gespenstischen und zu beanstandenden Sinn „nicht-physisch"? Doch nicht mehr als die normale Referenz. Dem vorstellungsbezogenen Scannen liegen gewiss bestimmte Verfahrensweisen des Gehirns zugrunde und möglicherweise eine Vorgeschichte kausaler Kontakte mit dem gescannten abwesenden Objekt: Ist das nicht genug? Falsch ist es, hier darauf zu bestehen, dass das vorstellungsbezogene Scannen dem wahrnehmenden Scannen *angeglichen* wird und dass nur Letzteres diesen Namen wirklich verdient. Doch dies sieht aus wie ein weiteres Beispiel falscher begrifflicher Priorität. Meine Vorstellungen können abwesende Objekte zum Ziel haben, und wenn sie dies tun, dann kann ich diese Objekte mental überblicken; das ist die simple Wahrheit.[12] Im Fall des abwesenden Zimmers etwa richtet sich mein inneres Auge sukzessive auf die verschiedenen in ihm vorhandenen Fenster und wirft seinen weit reichenden Blick über das ganze Zimmer. Vermutlich ergibt sich daraus eine Serie distinkter Vorstellungen, die mich in die Lage versetzt, die richtige Zahl von Fenstern zu nennen. An keinem Punkt wendet sich meine Aufmerksamkeit der Vorstellung selbst zu. Ebenso wenig achte ich auf meine Wahrnehmungen, wenn ich, wie gewohnt, mit meinen Augen die Fenster zähle.

Doch da bleibt eine verwirrende Frage: Warum genau sind die experimentellen Ergebnisse so, wie sie sind? Warum variieren die Reaktionszeiten mit der tatsächlichen räumlichen Entfernung bei einem Objekt? Leicht lässt sich dies für das wahrnehmende Scannen erklären: Die Bewegungen des Kopfes und der Augen, die das Scannen begleiten, entsprechen den tatsächlichen Entfernungen auf dem wahrgenommenen Objekt oder der wahrgenommenen Szene. Grob gesagt, je größer die Entfernung ist, die man überblicken muss, desto länger ist die Bewegungsdauer des Kopfes. Doch diese Erklärung lässt sich nicht auf das innere Auge übertragen, da es bei seinem Scannen keine solche Kopfbewegung gibt. Das innere Auge verschiebt seinen Fokus nicht über das Objekt, wenn es sich durch den Raum bewegt. Warum korreliert dann eine größere Distanz auf Seiten des Objekts mit einer längeren Reaktionszeit? Ich möchte hier zwei spekulative Antworten anbieten. Die erste lautet, dass räumliche Distanz einer rechnerischen Komplexität entspricht. Es sind einfach mehr Kalkulationsvorgänge im Spiel, wenn größere Teile eines Objekts gescannt werden, weil eine gesteigerte mentale Tätigkeit erforderlich ist.[13] Teilweise muss dies auch im Fall der Wahrnehmung gelten. Manches an Reaktionszeit wird von Kalkulationsprozessen verbraucht und nicht bloß von den Bewegungen des Kopfes und der Augen – und je ausgedehnter das Scannen vor sich geht, desto mehr Reaktionszeit wird so verbraucht. Zweitens, so meine ich, erwarten wir, dass die Dynamik des inneren Auges die des äußeren Auges widerspiegelt: Beide sind schließlich trotz der tief reichenden Unterschiede zwischen ihnen visuell, und der Bearbeitungsprozess des einen spiegelt mit aller Wahrscheinlichkeit den des anderen wider.[14]

Ich glaube also, dass die empirischen Ergebnisse zum Vorstellungsvermögen die Abbildtheorie nicht begründen und dass eine andere Theorie diese Ergebnisse zu integrieren vermag. Das ist nur von Vorteil, weil die Abbildtheorie offenbar ernsthafte begriffliche Probleme hat. Meiner Meinung nach sehen wir ebenso wenig Bilder in unserem Kopf, wenn wir Vorstellungen haben, wie wir Bilder in unserem Kopf sehen, wenn wir etwas wahrnehmen. Also ist die *Struktur* beider Arten mentaler Akte dieselbe – ein direktes Bewusstsein (existenter oder nicht-existenter) äußerer Objekte. Die Intentionalität ist in beiden Fällen ganz nach außen gerichtet. Ich schließe mich nicht jenen an, die glauben, Vorstellungen seien „propositional" oder Überzeugungen analog; ich bestreite vielmehr, dass es irgendeinen intentionalen Akt gibt, der ein mentales Abbild als Objekt hat. Ich bin bereit zu akzeptieren, dass sowohl Vorstellungen wie Wahrnehmungen analoge Eigenschaften haben mögen. Aber ich lehne die Idee ab, dass sich etwas vorzustellen dem Anschauen eines Bildes ähnelt. (Und Gleiches gilt für das Wahrnehmen.) Es gibt keine gesonderten Objekte vorstellungsbezogener Intentionalität, die getrennt wären von den üblichen Objekten, die wir wahrnehmen und über die wir nachdenken. „Die Welt der Einbildungskraft" ist genau die Welt, die wir regulär bewohnen (mit ihren nicht-existenten Einhörnern und allem übrigen). Wir lenken unseren Geist mit der Einbildungskraft nicht auf einen anderen ontologischen Bereich – jene angeblich vorhandenen inneren Bilder. Kurz, wenn ich mir eine Vorstellung vom Eiffelturm mache, dann ist der *Eiffelturm* mein einziges intentionales Objekt – und nicht dessen angenommene innere Nachbildung, die im Souvenirladen meiner Einbildungskraft herumsteht.

Einen Einwand gegen die Abbildtheorie habe ich bis zuletzt aufgehoben. Er hängt mit dem zusammen, was ich in Kapitel 3 über das vorstellungsdurchsetzte Sehen ausgeführt habe. Nach der Abbildtheorie läuft die Bildung einer Vorstellung von X darauf hinaus, vor dem geistigen Auge ein Bild von X zu sehen. Nun ist aber das Sehen von Bildern *als* Bildern – mithin als mit Abbildungseigenschaften versehen – eine Art vorstellungsdurchsetztes Sehen. Das Sehen eines mentalen Bildes als, sagen wir, eines Bildes des Eiffelturms – das für eine Vorstellung des Eiffelturms erforderlich ist – ist ein Fall von vorstellungsdurchsetztem Sehen und greift folglich auf das Vorstellungsvermögen zurück. Es verbindet eine Vorstellung mit einer Wahrnehmung. Die erforderliche Art des Sehens enthält also bereits den Gebrauch der Einbildungskraft. Wie kann sie dann aber verwendet werden, um eine *Theorie* der Einbildungskraft zu entwickeln? Die Abbildtheorie *erklärt* die Einbildungskraft nicht, sondern *setzt sie voraus*.[15] Wenn wir jetzt fragen, was dieser Vorstellungsakt nach sich zieht – also der Akt, bei dem ein inneres Bild als Bild von X gesehen wird – dann können wir nicht antworten, er sei auch das

Sehen eines mentalen Bildes, denn dann surfen wir offenkundig wieder in einem Regress. Wir können nie ein Bild sehen, ohne bereits ein weiteres zu sehen. Die Abbildtheorie steckt also in einem schlechten Regress. Da sie sich auf einen mentalen Akt des Sehens-als berufen muss – eines Sehens-als mit dem Auge des Geistes –, muss sie einen Akt der Einbildungskraft voraussetzen und kann dies bei Strafe eines Regresses nicht unter Rückgriff auf die Idee eines inneren Bildes erklären. Nur wenn das innere Sehen kein vorstellungsdurchsetztes Sehen wäre, ließe sich dieser Regress vermeiden. Doch ist das unvereinbar mit der Tatsache, dass Abbilder als Abbilder zu sehen *nicht* die gewöhnliche Art des Sehens ist. Und selbstverständlich gibt es keinen derartigen Einwand gegen meine naive Theorie, da sie nicht davon ausgeht, dass im Zentrum des Vorstellungsvermögens das Sehen von Abbildern steht.

Lässt sich also zugunsten der Abbildtheorie gar nichts sagen? Nicht ganz. Vorstellungen haben mit Abbildern die simultane Vergegenwärtigung eines Ensembles von Eigenschaften gemein – sowie die Verbindung mit einer bestimmten sinnlichen Modalität. Abbilder sind visuell und zusammengesetzt, und das gilt auch für (visuelle) Vorstellungen. Das scheint ausreichend, um unsere gelegentliche Verwendung des Wortes „Bild" im Zusammenhang mit Vorstellungen zu rechtfertigen, wenn wir beispielsweise sagen: „Mach dir vor deinem geistigen Auge ein Bild vom Gesicht deiner Mutter!" Doch diese bescheidene Ähnlichkeit sollte nicht aufgeblasen werden zu dem Anspruch, Vorstellungen seien nur eine Art von Bildern oder Abbildern, die mentale Art, die wir innerlich sehen. Denn die Analogie sollte nicht überdehnt werden.[16]

KAPITEL 6   Was sind Träume?

Es scheint klar, dass wir im Schlaf besondere Sinneserlebnisse haben. Diese Erlebnisse sind jeweils durch unterschiedliche sinnliche Modalitäten gekennzeichnet: sie sind visuell, auditiv oder taktil etc. Es gibt also eine *Ähnlichkeit* zwischen diesen Erlebnissen und anderen, die charakteristischerweise in unseren Wachzuständen auftreten und sensorisch bestimmt sind. Sie sind sowohl Wahrnehmungen wie Vorstellungen ähnlich. So kann uns ein gegebenes Traumerlebnis durch seine phänomenale Ähnlichkeit mit visuellen Wahrnehmungen und visuellen Vorstellungen überraschen. Diese drei Arten des Erlebens, die visuelle, die auditive und die taktile, bilden phänomenal eine Familie. Sie sind einander zwar ähnlich, aber es gibt klare Unterschiede zwischen den Mitgliedern dieser Familie. Die Familienähnlichkeit erscheint in drei umfassenden Varianten. Bisher habe ich eine scharfe Trennung vorgenommen zwischen Vorstellung und Wahrnehmung. Dabei habe ich die Frage zurückgestellt, wohin Träume gehören. Jetzt möchte ich untersuchen, ob Träume zur Kategorie der Vorstellung oder zur Kategorie der Wahrnehmung gehören. Ist während des Schlafs das Auge des Geistes aktiv oder (auch wenn es geschlossen ist) das des Leibes? Wird zur Erzeugung von Träumen das Vorstellungsvermögen oder die Wahrnehmungsfähigkeit eingesetzt? Ist das Auge des Leibes aktiv, dann sind Träume eine Art von Halluzinationen, ist es das Auge des Geistes, dann sind Träume eine Art von Vorstellungen.[1] Nach der scharfen Trennung, auf der ich bestanden habe, sind dies sehr verschiedene theoretische Ansätze, und es ist nicht offensichtlich, welcher von ihnen korrekt ist. Ich werde im Folgenden die These vertreten, dass Träume Vorstellungen und nicht Wahrnehmungen sind, was keinesfalls eindeutig ist.

Man könnte die Frage aufwerfen, warum ich annehme, dass nur Vorstellungen und Wahrnehmungen als mögliche Kandidaten einer Zuordnung von Träumen in Frage kommen. Könnten Träume nicht eine dritte Art des Erlebens sein? Könnten sie nicht einfach eine eigene Kategorie bilden? Ich habe mich dagegen ausgesprochen, Vorstellungen an Wahrnehmungen anzugleichen, und ich habe auf einer nicht reduzierbaren Dualität bestanden. Warum können wir unsere Systematik nun nicht so ausweiten, dass sie eine dritte Kategorie aufzunehmen vermag? Vielleicht haben Träume ihre eigenen distinktiven Merkmale, die denen von Vorstellungen und Wahrnehmungen in mancher Hinsicht ähnlich, in anderer aber von ihnen verschieden sind. Tatsächlich erscheinen sie auf den ersten Blick wie eine emergente Mischform von Wahrnehmung und Vorstellung, weder voll und ganz das eine noch das andere: Sie haben alle Kraft der Perzeption, sind aber von Vorstellungsphantasien durchschossen. Nun kann diese Theorie nicht dogmatisch ausgeschlossen werden, aber ich meine, wir sollten besser mit einem eher konservativen Ansatz beginnen und uns fragen, ob wir diesem Phänomen gerecht werden *können*, ohne eine dritte Kategorie des Erlebens *sui generis* zu postulieren. Und ich glaube, wir werden sehen, dass wir eine erhellende und aufschlussreiche Darstellung der Konstitution von Träumen liefern können, ohne die Kategorien unseres Erlebens auf drei anwachsen zu lassen. Es wäre zudem merkwürdig, wenn die vom Traum beanspruchten Fähigkeiten nicht schon im wachen Leben in Anspruch genommen würden – als würden die einschlägigen Fähigkeiten nur in Gang gesetzt, wenn der übrige Geist bereits geschlossen hätte. Ist es nicht natürlicher anzunehmen, dass Tagträume und Nachtträume eine gemeinsame Architektur (oder wenigstens gemeinsame Bausteine) haben? Wollte man einen träumenden Geist entwerfen, wäre es gewiss leichter, auf Fähigkeiten zurückzugreifen, die bereits ihren Platz in der mentalen Ökonomie haben (wenn das hier nicht ein allzu klinischer Begriff ist). Schließlich bin ich tatsächlich nicht überzeugt, dass es eine dritte Kategorie geben *könnte* – dass also Vorstellungen und Wahrnehmungen die gegebenen Möglichkeiten nicht schon ausschöpfen. Die Unterschiede, die ich in Kapitel 1 aufgeführt habe, sind ihrer Natur nach dichotom. Also kann man kaum sehen, wie irgendetwas nicht unter eine von beiden Kategorien fallen könnte. Gewiss scheinen wir die Möglichkeit ins Auge fassen zu können, einige der genannten Merkmale von anderen loszulösen, so dass wir die Möglichkeit eines Erlebens zu überdenken vermögen, das (sagen wir) unwillkürlich und doch aufmerksamkeitsabhängig ist oder sowohl okklusiv wie nicht beobachtend.[2] Doch das wäre noch immer kein Erleben, das weder vorstellungs- noch wahrnehmungsbezogen wäre, da wir vielleicht nur kontingente Merkmale von Vorstellungen und Wahrnehmungen miteinander verbinden. Ich habe keinen Beweis dafür, dass die in Kapitel 1 angeführten Bestimmungen von Vorstellungen und Wahrnehmungen alle Möglichkeiten ausschöpfen, doch ich vermute, dass dies so ist. Auf jeden Fall sollten wir uns aus anderen Gründen auf einen eher konservativen Ansatz beschränken. Es ist erst dann an der Zeit, eine dritte Kategorie des Erlebens zuzulassen, wenn es uns nicht gelingt, die Ergebnisse in einer der bereits auf dem Tisch liegenden Kategorien unterzubringen. Doch so weit wird es meiner Meinung nach nicht kommen.

Ich möchte zunächst einige Gründe benennen, die zugunsten der Vorstellungstheorie (im Vergleich zur Wahrnehmungstheorie) sprechen, und dann einige Probleme behandeln, die sich auf den ersten Blick ergeben. Ich sollte anmerken, dass diese Gründe nicht unwiderlegbar sind, dass sie aber zusammengenommen einen guten Indizienbeweis für die Vorstellungstheorie liefern.

Die Beobachterhaltung

Wenn Träume halluzinatorische Wahrnehmungen wären, würden sie eine Beobachterhaltung erzeugen oder von ihr begleitet. Während man (ohne es zu wissen) ein Gespräch zwischen zwei Menschen halluziniert, bemerkt man, wie sehr man sich anstrengt, das Gesagte besser zu hören, und wie man seinen Blick so ausrichtet, dass man so gut wie irgend möglich sieht. Die Augen aufzureißen und den Kopf in die Richtung des Sprechers zu wenden, sind passende Begleiterscheinungen. Man öffnet seine Sinne dem Fortgang der Ereignisse und fokussiert seine Aufmerksamkeit entsprechend. So sehen die verhaltenstypischen und psychischen Merkmale von Akten des Schauens und Zuhörens aus. Und die Wahrnehmungen stimmen mit diesen Akten überein. Aber mit Träumen gehen keine äußeren oder inneren Akte dieser Art einher: die Augen sind geschlossen, der Kopf bleibt in einer Ruhelage. Es geht nichts vor sich, was wie ein Schauen oder Zuhören wäre. Der Schlafende ist auch nicht nur vorübergehend gelähmt. Das Erleben ist vielmehr von diesen Handlungssystemen abgekoppelt. Eine Beobachterhaltung anzunehmen, ist hier einfach unangemessen. Tatsächlich ist der Träumende in seiner Körperhaltung und in der Indifferenz gegenüber seiner Umgebung einem Tagträumer sehr ähnlich. Er ist mit dem beschäftigt, was in seinem Innern passiert, nicht mit dem, was außen in Erfahrung zu bringen wäre. Das Traumerleben löst kein beobachtbares Interesse an der Umgebung des Träumenden aus. Folglich gibt es auch keinen Versuch, Informationen über diese Umgebung zu erhalten. Dies legt die Vermutung nahe, dass der Träumende, wenn er auditiv im Traum etwas erlebt, mit dem Ohr seines Geistes hört und sich nicht halluzinatorisch der Ohren seines Leibes bedient – denn dann würde er den Geräuschen zuhören, die in der Nähe seiner Ohren aufzuschnappen sind. Aber er gebraucht seine Ohren ebenso wenig auf diese Weise wie ich, wenn ich willkürlich eine Melodie in meinem Kopf höre. Tatsächlich höre ich dem nicht weiter zu, was mir auf diese Weise zu Ohren kommt, damit ich mich besser auf mein auditives Vorstellungsvermögen konzentrieren kann. Und wie ich meine Augen schließe, um mein visuelles Vorstellungsvermögen zu steigern, so halte ich sie im Traum geschlossen. Ich öffne sie nicht, um besser schauen zu können, wie ich dies täte, wenn ich unter einer Tageshalluzination litte. Also passt die Vorstellungstheorie in dieser Hinsicht besser zu den Untersuchungsergebnissen.[3] Selbstverständlich ließe sich sagen, dass die Traumwahrnehmung von einer ganz besonderen Art ist, aus der die Beobachterhaltungen systematisch entfernt worden sind. Aber das würde nur für diesen Fall gelten und die Frage nach den Mechanismen und Zwecken aufwerfen, aufgrund derer sie entfernt werden. Zudem würde es auf zweifelhafte Weise die konstitutive Natur der Verbindungen zwischen Wahrnehmungen und Schauen sowie Zuhören leugnen. Die Vorstellungstheorie ist gewiss simpler und würde die Dinge theoretisch weniger auseinander reißen. Folglich hat sie den Vorteil, die Untersuchungsergebnisse besser zu erklären.

Gleichzeitige Vorstellungen

Wahrnehmungen und Vorstellungen konkurrieren nicht miteinander. Man kann eine visuelle Vorstellung haben und zugleich eine visuelle Wahrnehmung (außer in dem Fall, in dem beide genau denselben Inhalt haben). Wenn also Träume aus Wahrnehmungen bestünden, dann müsste es möglich sein, während des Traumerlebens gleichzeitig Vorstellungen zu bilden. Wenn ich träume, dass ich surfe und dementsprechend Meer und Himmel erlebe, dann müsste es möglich sein, zeitgleich eine Vorstellung vom Eiffelturm zu haben – unter der Voraussetzung, dass das Erlebnis des Surfens eine Wahrnehmung wäre. Denn wenn ich im Wachzustand das Surfen halluzinieren würde, dann hätte ich ebenso wenig einen Grund, keine entsprechende Vorstellung zu haben, als wenn ich wirklich surfen würde. Wenn Träume eine Reihe halluzinatorischer Wahrnehmungen wären, dann würden sie von jenem anderen Strom an Vorstellungen begleitet, der mit wachen Wahrnehmungen einhergeht. Das Traumbewusstsein würde die bereits erwähnte Zweidimensionalität zulassen – Wahrnehmungen, die von andersartigen Vorstellungen begleitet werden.[4] Aber es gibt im Traum nicht dieses doppelte visuelle Erleben: Der Traum ist eindimensional. Es gibt in ihm nur das Traumerleben selbst ohne gleichzeitige (und andersartige) Vorstellungen.

Worauf läuft dieser Anspruch hinaus? Es ist nicht der Anspruch, dass ich nicht träumen kann, eine Vorstellung vom Eiffelturm zu haben, während ich surfe. Sondern es ist der Anspruch, dass ich nicht das Erlebnis des Surfens im Traum haben kann und zugleich in meinem Bewusstsein eine Vorstellung vom Eiffelturm.[5] Wir scheinen in der Lage zu sein, prinzipiell und absolut alles zu träumen – alles kann zum *Inhalt* von Träumen werden. Was ich sagen will, ist, dass wir, *während* wir einen Traum *haben*, uns keine Vorstellung von irgendetwas anderem bilden können. Vertraut ist dagegen die Erfahrung, sich eine Sache vorzustellen und eine Wahrnehmung von einer anderen zu haben. Wenn Träume Halluzinationen wären, dann könnten sie von solch gleichzeitigen Vorstellungen begleitet werden, da nicht das Vorstellungsvermögen, sondern nur die Wahrnehmungsfähigkeit vom Traum in Anspruch genommen würde. Wenn aber Träume aus Vorstellungen bestehen, dann würden wir erwarten, dass nicht gleichzeitig andere Vorstellungen gebildet werden können, da das Vorstellungsvermögen bereits verwendet wird. Wie Vorstellungen im Wachbewusstsein miteinander konkurrieren, so konkurrieren sie auch in Träumen miteinander – und das Ergebnis ist ein einziger Strom von Erlebnisinhalten. Es gibt keine Wahrnehmungserlebnisse im Traum, nur Vorstellungserlebnisse, und folglich ist es unmöglich, eine gleichlaufende Serie von Vorstellungen zu bilden, die mit den Traumvorstellungen zusammen existieren. Wie ich wegen der begrenzten Kapazität meines Vorstellungsvermögens zur gleichen Zeit nur einen Tagtraum haben kann, so kann ich auch nur *einen* Traum erleben – ohne eine andere gleichzeitig auftretende Betätigung meiner Einbildungskraft.

Unter der Voraussetzung, dass Vorstellungen aufmerksamkeitsabhängig sind, können wir einige weitere Merkmale des Traumbewusstseins erklären. Der Geist kann von seinen Wahrnehmungen abschweifen in andere mentale Bereiche – zu Gedanken oder Vorstellungen –, da Wahrnehmungen nicht aufmerksamkeitsabhängig sind. Wahrnehmungen werden von etwas anderem als der Aufmerksamkeit getragen. Doch der Geist kann nicht von Vorstellungen abschweifen und erwarten, dass diese den Sturz aus dem Fokus der Aufmerksamkeit überleben. Nun ist, wie ich meine, bei Träumen ein Abschweifen des Geistes offenkundig nicht möglich. Man ertappt seinen Geist nicht dabei, von dem abzuschweifen, was gerade geträumt wird. Die Aufmerksamkeit ist hier vielmehr gebannt und hingerissen. Selbstverständlich kann man träumen, *dass* man etwas anschaut, während der Geist umherschweift. Worauf es mir ankommt, ist, dass man innerhalb des Traumbewusstseins nicht zugleich dies oder das (etwa zu surfen) erleben und seinen Geist dabei ertappen kann, zu einem anderen Thema abzuschweifen (etwa der Reparatur einer Beule am Auto). Der Grund dafür ist, dass der Traum bereits die Fähigkeiten der Aufmerksamkeit aufgebraucht hat, so dass für weitere Akte der Aufmerksamkeit kein Platz mehr ist – ganz wie es die Vorstellungstheorie erwarten lässt. Wie der Geist nicht von Tagträumen abschweifen und erwarten kann, dass sie von allein weiterlaufen, so kann er auch nicht von Traumvorstellungen abschweifen. Die Ursache liegt in beiden Fällen in der Aufmerksamkeitsabhängigkeit von Vorstellungen. Sie erklärt das Fesselnde von Träumen, die Zielstrebigkeit der Traumzustände. Intrinsisch sind Träume nicht so faszinierend und packend, dass man seinen Geist nicht von ihnen abwenden könnte. Im Gegenteil, sie können recht langweilig sein, wenn sie nacherzählt werden. Es geht vielmehr darum, dass sie de facto ein Monopol auf die Aufmerksamkeit besitzen. Da sie durch Aufmerksamkeit konstituiert sind, sind sie nicht so *geartet*, dass die Aufmerksamkeit von ihnen abschweifen kann. Ihre Faszination für das Traumbewusstsein ist mithin das Werk ihrer Konstitution, nicht ein Reflex der narrativen Macht ihres Urhebers. Der Grund, warum Träume den Träumenden nicht so sehr langweilen, dass sein Geist sich auf die Suche nach interessanterem Material begibt – wie Wahrnehmungen dies leicht tun können –, liegt einfach darin, dass dies einer Zerstörung des Traums gleich käme. Ein Traum kann daher nicht weitergehen, während die Aufmerksamkeit sich faszinierenden Themen zuwendet.[6] Es fällt niemals schwer, eigenen Träumen Aufmerksamkeit zuteil werden zu lassen, weil sie ganz einfach unabhängig von der Aufmerksamkeit keine Existenz besitzen. Ihre bannende Macht ist ein Reflex gerade ihrer Struktur, nicht der Geisteskraft ihrer Inhalte. Der Träumende ist gewissermaßen sein eigenes Publikum und vom Traum gefesselt.

Das ist es auch, warum Träume uns als „modal exklusiv" beeindrucken – will sagen, warum die Welt des Traums in dessen Verlauf die einzig fassliche zu sein scheint.[7] Denn weil die Einbildungskraft bereits voll beschäftigt ist, können wir uns ihrer nicht bedienen, um alternative imaginäre Welten zu der im Traum veranschaulichten heraufzubeschwören. Und vielleicht liefert dies auch eine Erklärung für die besondere Fähigkeit der Träume, das Bewusstsein des Träumenden zu *besiegen*, ihn auf den Zustand der Verzweiflung zu reduzieren – denn er kann keine Alternative zu der aktuell erlebten Welt ins Auge fassen. Im Wachbewusstsein kann ich eine Sache wahrnehmen und mir etwas anderes vorstellen. Es gibt in ihm die wahrgenommene Welt und die vorgestellte. Ich „lebe" insofern in beiden Welten, in der wirklichen und in der möglichen, als mir beide mental gegenwärtig sind. Aber im Traum gibt es nur die Traumwelt, und keine Alternative zu ihr lässt sich ins Auge fassen. Folglich fühle ich mich zu dieser Welt verurteilt, weil ich mir keine andere auszumalen vermag. Ich werde sozusagen modal blind. Die mögliche Welt, die ich in meinen Träumen heraufbeschwöre, ist die einzige, die ich vergegenwärtigen kann.[8] Der Sinn für Alternativen ist aus meinem Bewusstsein verschwunden. Der Gedanke „Ich hätte dies vielleicht nicht erleben müssen" gehört nicht ins Traumbewusstsein. Das ist von der Vorstellungstheorie her erwartbar und bleibt für die Wahrnehmungstheorie mysteriös.

Wachheit und Perzeption
Wenn wir einschlafen, schalten unsere Sinne sich ab. Wir sind dann „ohne Bewusstsein". Nicht länger sind wir dessen gewahr, was um uns her vorgeht. Doch nach der Wahrnehmungstheorie der Träume wird unser Sinnesapparat im Traum wieder aktiv. Wir beginnen erneut, Erlebnisse zu haben wie von einer uns umgebenden Welt – außer dass diese Erlebnisse halluzinatorisch und nicht wirklichkeitsgetreu sind. Doch klingt dies, wörtlich genommen, nicht falsch? Wie kann ich, sub-

jektiv betrachtet, im bewusstseinslosen Schlaf dieselbe Art von Erlebnissen haben, wie wenn ich wach und meiner selbst bewusst bin? Würde nicht der Beginn derartiger Erlebnisse *mich aufwecken*? Sind es nicht gerade solche Erlebnisse, aus denen der Wachzustand *besteht*? Offenkundig versetzen Halluzinationen im Wachzustand Menschen nicht in einen Zustand ohne Bewusstsein. Man kann so wach sein, während man halluziniert, wie wenn man wirklichkeitsgetreu etwas wahrnimmt. Wie also kann man subjektiv ununterscheidbare Zustände haben und sich doch im Schlaf und ohne Bewusstsein befinden? Wie kann das Bewusstsein dieselbe *Struktur* im Traumschlaf haben, wie wenn man ganz wach ist – mit dem einzigen Unterschied, dass ein äußerer Reiz vorhanden ist?

Wenn das unentwegt halluzinierende *brain in a vat* [9] in den Schlaf fällt, dann findet ein Wechsel im Bewusstseinszustand statt. Für das Subjekt dieses Bewusstseins ist das Leben *nicht* ein einziger langer Traum. Das träumende *brain in a vat* befindet sich in einem anderen Bewusstseinszustand als das wache (aber halluzinierende). Doch die Wahrnehmungstheorie hat zu diesem Unterschied nichts zu sagen: Der Traum ist für sie lediglich mehr vom Selben – ein Mehr an Halluzination. Das erscheint falsch: Das träumende *brain in a vat* ist in einem qualitativ anderen Zustand als der, in dem es sich befindet, wenn es wach ist – oder es wäre dann auch wach! Nehmen wir an, ich habe eine Droge genommen und halluziniere nun vor mich hin. Wenn ich diesen Geisteszustand beenden möchte, versuche ich einzuschlafen. Gelingt mir das nicht, wenn ich einschlafe? Beendet nicht der Schlaf sensorische Halluzinationen ebenso wie normale wirklichkeitsgetreue Wahrnehmungen? Ich ersetze doch nicht eine Art von Halluzination durch eine andere. Aber die Wahrnehmungstheorie kann diese Beobachtung des gesunden Menschenverstands nicht akzeptieren, da sie den Schlaf als den Anfang genau desselben Bewusstseinszustands betrachtet. Ihr zufolge ist der Traumschlaf einfach nur eine Folge von wachen Wahrnehmungen, ohne dass man tatsächlich wach ist, so als wäre Wachheit etwas, das man extrinsisch der Wahrnehmung anheftet.[10] Doch diese Idee klingt verdächtig: Das wahrnehmende Bewusstsein scheint genau das Wachbewusstsein zu *sein*.

Wahrnehmungen enthalten notwendig eine vorgebliche Kenntnis der eigenen unmittelbaren Umgebung. Es fällt dem Wahrnehmenden auf, dass die Dinge in seiner Nähe von einer bestimmten Beschaffenheit sind.

Im Schlaf nehmen wir an, dass dieser Bewusstseinsmodus beendet ist. Der Schlafende hat keine Kenntnis des ihn umgebenden Raums mehr – so dass er ganz falsche Vorstellungen vom Zustand seines *Schlafzimmers* hat. Das wäre charakteristisch für eine Halluzination im Wachzustand, die sozusagen auf den umgebenden Raum *zeigt*. Das Bewusstsein des Schlafenden versucht hingegen eine wahrnehmende Vergegenwärtigung dieser Art nicht mehr, weil er jetzt ohne Bewusstsein ist. Sein Geist *zielt* nicht auf eine richtige Auffassung seiner aktuellen Umgebung. Darum klingt es so falsch, den Traum einer *Fehlfunktion* überführen zu wollen, so als wäre es sein Geschäft (in dem er schmählich versagt), dem Schlafenden zu erzählen, wie es mit den Dingen um ihn her steht. Bemerkenswert ist hier, dass auch Vorstellungen nicht zu überführen sind. Sie sind keine Fehlfunktionen des Systems der Sinne, sondern eine ganz andere Art mentaler Akte. Wie eine Vorstellung im Allgemeinen vergegenwärtigt auch der Traum den *einen* Raum. Es ist nicht sein Geschäft, auf den benachbarten Raum zu verweisen und uns zu erzählen, wie es dort aussieht. Doch das genau ist das Geschäft von Halluzinationen. Und gewiss ist dies Teil dessen, was es bedeutet, wach zu sein.[11]

Gibt es eine vergleichbare Spannung zwischen dem Haben von Vorstellungen und einem Zustand ohne Bewusstsein? Ich denke nicht. Der Schlaf verschließt die Sinne. Es ist nicht Sache des schlafenden Geistes, die eigene Umgebung auch weiterhin korrekt zu vergegenwärtigen. Aber es gibt keinen vergleichbaren Hinweis darauf, dass der Schlaf die Einbildungskraft verschließt. Ich schließe meine Augen, um mir etwas besser vorstellen zu können, und ich tue dasselbe, um zu schlafen. Sich Vorstellungen zu bilden, ist nicht etwas, das Wachheit konstitutiv impliziert, weil es kein vorgebliches Gewahrwerden der eigenen Umgebung mit sich bringt. *Anwesenheit* ist darin nicht eingebaut. Folglich ist es ganz und gar natürlich anzunehmen, dass im Schlaf Vorstellungen auftreten können. Sie bestehen diesen Test für den Stoff, aus dem die Träume sind.

Wiedererkennen

Eine verblüffende Tatsache an Träumen ist, dass wir fast durchweg wissen, von wem und von was wir träumen. Und dieses Wissen ergibt sich nicht durch irgendeinen Rückschluss von einer bestimmten Erscheinung auf eine einzelne Person. In meinem Traum vergegenwärtigt nicht jemand die Erscheinung einer Person A, so dass ich daraus schließe, dass ich von A träume. Ich „weiß einfach", dass es A ist, der in meinem Traum auftritt. Das steht im Gegensatz zu dem Identitätswissen, das aus wachen Perzeptionen abzuleiten ist. Dort muss ich über ein gespeichertes Identitätsurteil von der Erscheinung auf die Identität einer Person zurückgehen. Folglich ist dieses Verfahren insofern fehlbar, als man sich über Erscheinungen täuschen kann. Wenn nun Träume bloß halluzinatorische Wahrnehmungen wären, würde unser Wissen von der Identität unserer Traumobjekte die Form annehmen: Ich glaube, ich träume von A, weil jemand, der so aussieht wie A, in meinem Traum aufgetaucht ist. Und das würde offenbar Raum lassen für fehlerhafte Rückschlüsse. Das Wissen von den Objekten unserer Vorstellungen beruht nicht auf einer solchen Grundlage. Es ergibt sich vielmehr aus einer Übereinkunft, aus einer zugrunde liegenden Intention. Ich stelle mir den vor, den ich mir vorzustellen *intendiere*. Also passt diese Eigenschaft von Träumen – das nicht auf ein Wiedererkennen bezogene, in ihnen enthaltene Identitätswissen – sehr gut zur Vorstellungstheorie. Der Grund, warum wir „einfach wissen", von wem wir träumen, liegt darin, das unser Wissen einer bestimmten zugrunde liegenden Intention entstammt (auf die ich später zurückkommen werde).

Diese Darstellung bietet zudem Platz für etwas, mit dessen Erklärung die Wahrnehmungstheorie große Schwierigkeiten hat: Wie können wir die Identität unserer Traumobjekte selbst dann wieder erkennen, wenn sie in ihrer Erscheinung grob verzerrt sind? Ich kann von A träumen und dies im Traum wissen, obwohl A ganz anders aussieht als im wirklichen Leben. (Vielleicht sieht sie im Traum wie B aus.) Also kann ich ihre Identität nicht aus ihrer Erscheinung erschließen (oder ich würde meinen, ich träumte von B). Das aber lässt sich mit der Vorstellungstheorie leicht erklären, da nichts mich an dem Entschluss hindert, mir eine Vorstellung von A zu bilden, die ihre Erscheinung auf die eine oder andere Weise verzerrt. Ich kann darüber auf dem Laufenden bleiben, wen ich mir vorstelle, weil ich weiß, welche Intention ich habe, mir eine verzerrte Vorstellung von A zu machen.

Im wachen Wahrnehmungserleben gibt es einen konstanten Fluss von Urteilen des Wiedererkennens, während Wahrnehmungen auf Erinnerungen treffen: „Oh, der alte Schmidt ist wieder da", „Da geht der Kerl, den ich letzte Woche beim Sport gesehen habe", „Sie kommt mir bekannt vor". Das Wiedererkennen ist eine der herausragenden Leistungen des normalen Bewusstseinslebens (auch wenn es so automatisch erfolgt, dass wir ihm selten Aufmerksamkeit schenken). Aber ich meine, dass dieses wiedererkennende Erleben in Träumen – ebenso wie in Tagträumen – einfach nicht vorkommt. Die Identität von Objekten ist in ihnen *gegeben*, wird von ihnen vorausgesetzt oder impliziert. Wir halten es einfach für selbstverständlich, von wem wir träumen. Es gibt keinen „Schauer des Wiedererkennens", wenn *sie* unangekündigt in unseren bis dahin ereignisarmen Traum schlendert. Dass sie es ist, ist einfach Teil der Textur des Traumerlebens. Der Satz „Ich habe gestern Nacht von dir geträumt" besitzt eine Autorität, die der Satz „Ich habe dich gestern Nacht gesehen" nicht besitzt – die aber der Satz „Ich habe dich mir gestern Nacht vorgestellt" ebenfalls besitzt.[12]

Erzählung

Träume können oft chaotisch, verwirrend und sinnlos sein, aber sie haben in aller Regel eine narrative Struktur von unterschiedlicher Kohärenz. Oft haben sie einen Anfang, eine Mitte und ein Ende. Stets scheinen sie eine affektive Komponente zu besitzen. Nach meiner Erfahrung haben sie häufig eine Lösung, die schon an ihrem Beginn vorauszuahnen war, da das Gesamtziel der früheren Abschnitte oft erst in den späteren Abschnitten hervortritt. (Dies gilt insbesondere von Angstträumen.)[13] Sie bringen sehr häufig irgendeine Besorgnis aus dem wachen Leben zum Ausdruck. Wir müssen nicht den Exzessen von Freud und Konsorten folgen, um zu bemerken, dass Träume ein Medium der Kreativität sind, eine bedeutungsvolle Sequenz aufeinander bezogener Elemente. Der Traum hat ein *Design*. Doch wie kann die Wahrnehmungstheorie damit umgehen? Die Kohärenz von Wahrnehmungen geht in der Regel auf die Natur von Reizen zurück, durch die sie ausgelöst werden – den aktuellen Verlauf äußerer Ereignisse. Doch im Traum soll alles Halluzination sein. Also kann seine Kohärenz nicht von außen kommen. Sie muss irgendeiner inneren narrativen Quelle entstammen – dem Traumdesigner. Aber wie können Wahrnehmungen durch eine innere Agentur dieser Art reguliert werden? Sind sie nicht ganz und gar ungeeignet, von einem inneren, schöpferischen Traumdesigner organisiert zu werden? Ich kann gewiss meine wachen Wahrnehmungen nicht meinen kreativen Launen unterwerfen. Sie lassen sich meinen Plänen nicht anpassen. (Sie sind überhaupt nicht meinem Willen unterworfen.) Wie kann also die narrative Form, die für Träume charakteristisch ist, mit ihrem angeblichen Status als Wahrnehmungen in Einklang gebracht werden?

Die Vorstellungstheorie dagegen passt hier genau auf die Rechnung: Vorstellungen können wie im Fall von Tagträumen zu narrativen Sequenzen ausgestaltet werden. Sie sind dem Willen unterworfen und ideal dazu geeignet, eine innere Geschichte zusammenzuflicken. Vorstellungen sind zudem eine natürliche mentale Begleiterscheinung zur Lektüre einer Geschichte. Vorstellungen und Geschichten sind füreinander gemacht. Der Traumdesigner braucht sie nur in eine zufrieden stellende Sequenz zu verketten. Wahrnehmungen dagegen gehören in den Bereich des Nüchternen und Tatsächlichen. Sie erwecken den Eindruck, das widerzuspiegeln, was draußen in der mundanen Welt tatsächlich geschieht.[14]

Sättigung

Wie ich in Kapitel 1 dargelegt habe, können Vorstellungen Leerstellen enthalten. Nicht alles an ihnen ist „ausgefüllt". Ich denke, dasselbe gilt für das Traumerleben, das auch Skizzen ähnlicher sein kann als voll verwirklichten Darstellungen. Ich hatte einmal einen Traum von einer Frau, deren Gesicht nur um das Gebiet des Mundes herum (in großen roten Lippen) ausgearbeitet war. Der Rest des Gesichts blieb ziemlich leer. (Ich wusste sehr wohl, wer sie war.) Solche Skizzenhaftigkeit scheint in Träumen verbreitet zu sein. Sowohl Vorstellungen wie Träume können in dem dargestellten Sinn „ungesättigt" sein. Aber dasselbe gilt nicht für Wahrnehmungen, auch nicht für Wahrnehmungen des halluzinatorischen Typus. Jeder Punkt des sinnlich wahrgenommenen Feldes ist in ihnen ausgefüllt, von der einen oder anderen Qualität in Anspruch genommen. Folglich passt die Wahrnehmungstheorie nicht zur „Unvollständigkeit" des Traumerlebens, während die Vorstellungstheorie perfekt zu ihr passt. Träume nehmen signifikante Details ganz lebhaft auf, aber sie sind – anders als Wahrnehmungen und Tagesvorstellungen – faul im Hinblick auf bedeutungslose Einzelheiten. (Das hat eine Menge zu tun mit dem affektiven Hintergrund von Vorstellungen im Gegensatz zu Wahrnehmungen.)[15]

Weit verbreitet ist die Ansicht, dass Träume nur „schwarz/weiß" sein können. Ich bezweifle, dass diejenigen, die diese Ansicht äußern, das wörtlich meinen. Was sie meiner Auffassung nach sagen wollen, ist, dass Traumvorstellungen visuell und doch farblos oder jedenfalls äußerst stumm sein können. Dies nicht, weil sie durch und durch schwarz/weiß sind, sondern weil die Traumvorstellungen ganz einfach nicht oder nur minimal farblich ausgestaltet sind. Eine Vorstellung kann im Blick auf die aufgenommenen Merkmale hochgradig selektiv sein, und die Farbe eines Objekts ist vielleicht für die Vorstellungsintentionen des Vorstellenden nicht wichtig. Also mag die Farbe einfach offen gelassen werden, eine Sache der Indifferenz. Ich vermute, dass die lockere Rede von Schwarz-Weiß-Träumen (gelegentlich?) ein Reflex dieses Umstands ist: Zuweilen ist die Farbe eines Traumobjekts für den Träumenden ohne Bedeutung und wird darum nicht festgelegt. Das Objekt wird daher als farblos erlebt und dann leichthin als bloß „schwarz und weiß" beschrieben. (Selbstverständlich *könnte* jemand tatsächlich der Auffassung sein, ein Traum sei nur schwarz und weiß und diese achromatischen Abschattungen seien mit Nachdruck in die Traumvorstellung eingebaut. Vielleicht stimmt das ja. Aber meine Gespräche mit verschiedenen Träumern haben mich in der Auffassung von einer farblichen Neutralität des Traums bestärkt.) Es ist ein delikates Problem, ob eine visuelle Vorstellung im Hinblick auf Farben *total* unspezifisch sein kann – und ich möchte zu diesem Problem nicht eindeutig Stellung beziehen –, aber ich meine, die Farbe eines Vorstellungsobjekts kann der mangelnden Bedeutung für die Intentionen und Belange des Vorstellenden entsprechen und sozusagen unbetont oder rezessiv sein. („Ich möchte mir einfach eine Vorstellung von einem normalen Sechseck bilden. Welche Farbe es hat, ist *gleichgültig!*")

Vorstellungsbezogene Sinnesempfindungen

Obwohl die Sinne im Schlaf verschlossen sind, kann es, vor allem im Übergang zum Wachbewusstsein, passieren, dass ein Reiz von außen irgendwie registriert wird. Dies geschieht etwa, wenn man in einem Traum den eigenen Wecker für Hochzeitsglocken hält. Der Außenreiz wird in den Traum aufgenommen durch eine Interpretation, die zum Trauminhalt passt. Ich denke, es handelt sich dabei eindeutig um einen Fall von vorstellungsdurchsetztem Hören. Die Einbildungskraft hat über den Reiz einen „Aspekt" gelegt, der zum einen durch dessen akustischen Charakter erzwungen und zum anderen reine Phantasie ist. Wenn dies stimmt, dann haben wir es hier mit einer Übung der Einbildungskraft während eines gleichzeitig ablaufenden Traums zu tun – also mit einem Fall, bei dem sich Vorstellung und Wahrnehmung verbinden in einem Akt des Hörens-als. Dies spricht für die Vorstellungstheorie des Traums. Auf die Wahrnehmungstheorie ließe sich dieses Ergebnis nur dann hinbiegen, wenn man annimmt, im Fall des Weckers unterliege der Träumende einer Wahrnehmungs*täuschung*, die den Standardtäuschungen des Wachbewusstseins vergleichbar wäre. Weil nun solche Täuschungen nicht Übungen der Einbildungskraft, sondern Verzerrungen des Sinnensystems sind, könnte man sagen, es sei nichts explizit Vorstellungsbezogenes an dem eben angeführten Fall. Doch das ist äußerst unplausibel: Die Deutung, die dem Reiz gegeben wurde, ist viel zu kreativ und idiosynkratisch, um bloß einer visuellen Standardtäuschung zu entsprechen – wie etwa der Müller-Lyerschen Täuschung. Und es gibt keine Erklärung für sie auf der Grundlage des sensorischen Funktionszusammenhangs. Sie ist keine Wirkung des Reizes und irgendeiner allgemeinen Eigenschaft des sensorischen Systems. Sie reflektiert vielmehr die hoch abstrakte, aber auch äußerst konkrete Besorgnis im Geist des Träumenden – beispielsweise seine Angst vor einer Eheschließung (oder seine Hoffnung auf die Ehe). Sie ist zu „durchlässig" für die Gedanken und Emotionen des Träumers, um eine bloße Sinnestäuschung zu sein.[16] Auch hier wieder macht sich die Vorstellungstheorie die Ergebnisse besser zu Eigen als die Wahrnehmungstheorie.

Vorstellungen vor dem Einschlafen

Eine volkstümliche Meinung zur Psychologie des Schlafs geht davon aus, eine Vorstellung mehrfach heraufzubeschwören, könne zum Einschlafen führen. So etwa, wenn man sich vorstellt, wie Schafe über einen Zaun springen, und dies eine Zeit lang wiederholt. Oft wird dabei angenommen, der Schlaf werde durch den repetitiven und monotonen Charakter des mentalen Akts herbeigeführt. Man langweilt sich quasi in die Bewusstlosigkeit. Doch es ist nicht ohne weiteres nachvollziehbar, dass diese Theorie stimmt. Schließlich ist das zwanghafte Wiederholen desselben *Gedankens* dem Schlaf keineswegs förderlich, sondern kann geradezu Ursache einer Schlaflosigkeit sein. Ich möchte also spekulativ eine andere Hypothese vorschlagen: Den Geist auf diese Weise mit Vorstellungen zu füllen, *stimuliert* den Traumzustand und bereitet so den Geist für den Schlaf vor. Man versetzt seinen Geist in einen Zustand, der dem während des Schlafs ähnelt und erleichtert sich dadurch den Übergang. Und das geht genau deswegen, weil das Träumen selbst aus einer Reihe von Vorstellungen besteht.[17] Wenn es sich beim Träumen um eine Serie von Halluzinationen handelte, dann gäbe es die Ähnlichkeit nicht, auf die ich hier verweise.

Diese „Theorie" wird bestätigt durch das bekannte Phänomen, dass es einschläfernde Vorstellungen gibt. Viele Menschen erleben eine Überfülle an bildlichen Vorstellungen unmittelbar vor dem Einschlafen, die sich als natürliches Vorspiel zum Traum erweisen. Warum? Die Antwort lautet: Einschläfernde Vorstellungen bieten ein Modell der Traumzustände und stellen eine Zwischenstufe des Bewusstseins zwischen der wachen Perzeption und dem Traumschlaf her. Wenn dagegen die Wahrnehmungstheorie des Traums wahr wäre, dann wären Halluzinationen im Wachen das natürliche Vorspiel zum Schlaf. Das aber ist eindeutig nicht, was wir beobachten. Solange wir wach sind, sind die Vorstellungen vor dem Einschlafen das, worin wir dem Träumen am nächsten sind. Folglich können wir sie dazu verwenden, uns beim Einschlafen zu helfen. Das mag nun zwar kein Ergebnis seriöser Laborwissenschaft sein, aber ich erlaube mir die Bemerkung, dass es doch wohl einige Erklärungskraft besitzt. Es ist ein weiterer kleiner Indizienbeweis für die Vorstellungstheorie der Träume.

Bisher wurden einige recht gute Gründe für die Annahme aufgeführt, dass Träume aus Vorstellungen und nicht aus Wahrnehmungen bestehen. Doch es gibt einige Probleme, die noch benannt werden müssen. Das erste und offenkundigste besteht darin, dass Träume nicht dem Willen zu unterliegen scheinen: Wir beschließen nicht, was wir träumen, sondern nehmen stattdessen die Rolle passiver Rezipienten ein. Träume schlagen oft nicht den Weg ein, den wir wollen; wir sind vielmehr machtlos, ihren Verlauf zu ändern. In dieser Hinsicht scheinen sie eher wie Wahrnehmungen zu sein. Nun bedeutet das nicht unbedingt eine Niederlage für die Vorstellungstheorie, selbst wenn man zunächst dem äußeren Anschein folgt. Denn wir können ja immer noch das Unterworfensein unter den Willen zu einer nicht notwendigen Bedingung der Vorstellungshaftigkeit erklären. Vielleicht gilt es für alle Vorstellungen im Wachbewusstsein, während Vorstellungen im Schlaf anders geartet sind. Vielleicht sind sie einfach eine Art von Vorstellungen, die nicht willentlich kontrolliert werden können.[18] Aber ich glaube nicht, dass wir dieser Vermutung folgen sollten, und es gibt neben ihrer theoretischen Simplizität gute Gründe, dies nicht zu tun. Denn es würde ohnehin unklar, mit welchem Recht wir etwas als Vorstellung bezeichnen, wenn es nicht den üblichen Bedingungen entspricht, denen Vorstellungen gehorchen. Das Problem würde dann ein rein sprachliches. Daher halte ich es für besser zu prüfen, ob wir nicht am Gewolltsein aller Vorstellungen festhalten und die dargestellten Phänomene erklären können.

Es wäre falsch anzunehmen, Schlafende seien rein passiv, durchweg Nicht-Handelnde. Denn Schlafen und Handeln sind nicht unvereinbar. So kennen wir beispielsweise das Schlafwandeln, das Sprechen im Schlaf, die Anpassungen der Körperlage während des Schlafs zur Vermeidung von Unbequemlichkeit sowie kleinere Bewegungen, die anscheinend mit Trauminhalten zusammenhängen. Es gibt reiches Beweismaterial für die Kreativität im Schlaf, das auf mentales Handeln irgendwelcher Art hindeutet – so etwa im Fall des Wissenschaftlers, der aufwacht und auf einmal die Lösung eines Problems in Händen hält. Träume geben Hinweise auf beabsichtigte Handlungsverläufe, wenn sie sich schlüssig auf ein Ende hin entfalten. Also scheint es, dass eine schöpferische Kraft hinter ihnen steht – ein unsichtbarer Erzähler (wie ich zeigen werde). Und es gibt eindeutig auch Fälle, in denen Träume dem Willen unterliegen: Jeder von uns hat die Erfahrung gemacht, einen Albtraum, wenn er emotional allzu heftig wurde, mit voller Absicht zu beenden. Und das noch seltenere Phänomen des „luziden Traums" erlaubt die willentliche Kontrolle des gesamten Traumverlaufs. Folglich sind Träume nicht ganz und gar frei von willentlicher Kontrolle, und der Schlafende ist auch nicht notwendig ein rein passives Stück Mensch. Das Handlungsvermögen ist im Schlaf nicht ganz und gar verschwunden. Dennoch scheint der Traum dem Willen sehr viel *weniger* unterworfen, als es Vorstellungen im Wachzustand sind. Könnten also Träume nur Operationen der gewöhnlichen Einbildungskraft während der Nachtstunden sein? Kann *dasselbe Vermögen* beim Wachen und Schlafen tätig werden und denselben Grundregeln gehorchen?

Wir müssen hier, wie ich meine, einen radikaleren (wenn auch keineswegs weniger bekannten) Vorschlag machen: Wir müssen das *Publikum* des Traums von dessen *Urheber* – den Traumkonsumenten vom Traumproduzenten – unterscheiden. Anders gesagt: Wir müssen im träumenden Geist eine „psychische Spaltung" postulieren, eine Teilung des Selbst. Nehmen wir an, wir tun dies, was geschieht dann? Nun, wir können dann annehmen, dass der Traumautor in einer Weise tätig wird, die vom Wissen und Bewusstsein des Traumpublikums abgeschottet ist, so dass die Intentionen und mentalen Handlungen, die den Traum hervorbringen, dem Bewusstsein des Träumenden *als* Konsumenten nicht einsehbar sind. Der Traumproduzent ist, verglichen mit dem Traumkonsumenten, ohne Bewusstsein. Dies erzeugt die *Täuschung* psychischer Passivität. Das Publikum ist passiv, erzeugt den Traum nicht intentional. Damit kann es so *scheinen*, als sei der gesamte Vorgang passiv. Hinter den Kulissen aber ist der Produzent geschäftig und erzeugt aktiv jene Vorstellungen, die vom Publikum passiv konsumiert werden. Mit anderen Worten: Die scheinbare Passivität der Vorstellung ergibt sich daraus, dass man die Position des Traumpublikums einnimmt – und das ist die Position, die unserem Bewusstsein während des Traums zugewiesen wird. Aber aus all dem folgt durchaus nicht, dass der Traumvorgang in Wirklichkeit ungewollt ist, da es in ihm ein Handlungsvermögen geben kann, das wirkt, ohne bewusst zu werden. Kurz: Traumvorstellungen sind das Ergebnis eines *unbewussten Willens*. Wenn dem so ist, dann sind sie keine Gegenbeispiele zur notwendigen Bedingung eines Unterworfenseins unter den Willen. Alle Vorstellungen *sind* dann schließlich doch dem Willen unterworfen. Aber dies mag dem Bewusstsein ihres Rezipienten nicht offensichtlich sein.[19]

Ist das eine gute und eigenständig begründete Auffassung? Eindeutig muss es *irgendeinen* unbewussten Prozess hinter den Träumen geben, der ihre Erzeugung verursacht. Träume kommen nicht aus einem Nirgendwo. Die Frage ist, wie sehr dieser Verursachungsprozess dem gleicht, den wir bei der Verursachung von Vorstellungen im Wachzustand finden – also einer Verursachung durch Intentionen, die Emotionen und Wünsche widerspiegeln. Wie sehr muss diese Verursachung einem Handeln ähneln? Ich glaube, dass dies in *besonders starkem* Maße der Fall sein muss. Denn Träume lassen in jeder Hinsicht auf ein *intelligentes Design* schließen. Sie sehen aus wie etwas, das mit Intelligenz, Voraussicht und sogar Schlauheit geplant und ausgeführt wurde.[20] Träume haben oft so etwas wie die Struktur eines Plots mit Überraschung und Enthüllungen; sie scheinen geschaffen, um den Emotionen und Sorgen des Träumenden zu entsprechen. Sie greifen auf rezentes Erleben ebenso zurück wie auf alte Erinnerungen. Sie scheinen, kurz gesagt, sehr stark einem fiktionalen Genre – einer bestimmten Art des Geschichtenerzählens – zu ähneln.[21] (Die alte Idee, Träume seien Botschaften von Gott oder prophetische Mitteilungen, ist zweifellos falsch. Aber vielleicht bezeugt sie den Umstand, dass Träume von einer bestimmenden Kraft geprägt erscheinen – als versuchte jemand, uns etwas zu sagen. Und diesen Jemand gibt es, aber er ist einfach ein anderer Teil des eigenen Selbst.) Doch nur intelligente Designer können Geschichten erzählen, nicht dagegen vernunftlose, (im doppelten Sinn) nicht-intentionale Ursachen. Gewiss können Träume chaotisch und verwirrend sein, aber im Allgemeinen folgen sie einer zeitlichen Progression und machen den Eindruck eines Zusammenhangs. Sie sind nicht bloß eine Serie von Zufallsbildern. Und da wir wissen, dass der menschliche Geist auf Handeln angelegte Einheiten bei der Produktion von Vorstellungen im Wachzustand beherbergt, gibt es prinzipiell keinen Grund nicht anzunehmen, dass Traumvorstellungen nicht ähnlich verursacht sind. Der Unterschied besteht darin, dass im Traum die Tätigkeit des Handelnden verborgen bleibt. Der Produktionsprozess ist jedoch bei beiden derselbe. Der Traum wird gewollt, das Wollen ereignet sich im Kontext einer psychischen Spaltung.

Freud unterstellte selbstverständlich eine psychische Kraft bei der Ausführung dessen, was er als „Traumarbeit" bezeichnete, und in dieser Hinsicht stimme ich mit ihm überein. Das aber verpflichtet mich nicht zur Übernahme seiner gesamten Theorie – insbesondere nicht der Idee der Verdrängung als Quelle des Unbewussten. Es gibt jedoch eine Frage, auf die Freud eine Antwort hat und die in meiner Darstellung offen bleibt, nämlich die Frage, *warum* kommt es zu dieser psychischen Spaltung? Freuds Antwort lautet, dass dies deshalb geschieht, weil das Unbewusste dunkle und gefährliche Begierden enthält, die zugunsten der Stabilität der gesamten Psyche verdrängt werden müssen. Doch wenn diese Idee preisgegeben wird, entsteht ohne Zweifel die Frage, warum der einem Handeln ähnelnde Kausalvorgang eine unbewusste Form annimmt. Warum verläuft er nicht einfach wie im Fall des Tagtraums, bei dem der gewollte Charakter einer Vorstellung dem Geist zu Gebote steht? Warum gibt es dort die Täuschung der Passivität? Warum übernimmt das Publikum des Traums eine passive Rolle? Warum können der Konsument und der Produzent des Traums nicht zu ein und demselben werden?[22]

Die Antwort führt uns zum Thema des nächsten Kapitels, dem Phänomen des Glaubens an Träume. In Träumen scheinen wir zu glauben, was wir träumen, und erleben dementsprechend die zugehörigen Emotionen. Doch es ist ganz und gar nicht klar, ob dies möglich wäre, wenn unserem Bewusstsein die wahre Ursache unserer Träume, während wir sie träumen, gegeben wäre; denn dann hätten wir Acht auf ihren Status als intentional verursachte Vorstellungen – und würden folglich den Gauben an sie außer Kraft setzen. Wir glauben nicht an die Vorstellungen, die wir tagsüber haben, weil wir wissen, dass wir sie intentional hervorbringen. Um den Glauben an sie sicherzustellen, muss ihre Verursachung vor dem Glaubenden verborgen werden. Ich mutmaße also, dass die psychische Spaltung auftritt, um den Weg zu bereiten für den Glauben an den Traum und die mit ihm zusammenhängenden Emotionen. Aus irgendeinem Grund haben wir während des Traums ein *Bedürfnis zu glauben*, und das erfordert die Täuschung, wir seien passiv. Ich bin mir nicht sicher, warum das so ist, aber es scheint der Fall zu sein. Mithin gibt es eine vernunftgemäße Erklärung für den Abstieg in die Unbewusstheit, der für die Produktion von Traumvorstellungen charakteristisch ist. Es ist nicht so, wie Freud glaubt, dass wir Angst hätten vor dem Unbewussten. Wir haben vielmehr den Drang zu glauben, was wir uns bloß einbilden. Wir wollen gelegentlich, dass unser Glaube sich unseren Vorstellungen wie unseren Wahrnehmungen anschließt. (Und dieses Anschließen wird das Thema des nächsten und der weiteren Kapitel sein.)[23]

Doch im vorliegenden Kapitel bleibt noch einiges zu tun. Ich habe zwar einen Weg gefunden, die Kraft der Traumvorstellung zu verteidigen, aber es gibt ein weiteres Merkmal von Träumen, das der Vorstellungstheorie des Traumerlebens offenbar Schwierigkeiten bereitet: die Erscheinung eines Gesichtsfelds. In Kapitel 1 habe ich ausgeführt, Vorstellungen hätten kein Gesichtsfeld. Aber scheint es nicht so, als würde man in Träumen die Dinge wirklich *sehen*? Ist es nicht, *als ob* man Wahrnehmungen hätte? Und kann man sich nicht gerade deshalb vor dem ängstigen, wovon man träumt? Erscheinen die Objekte im Traum nicht so, *als wären* sie *da*? Diese Fragen antizipieren das Problem des Glaubens im Traum, das Thema des nächsten Kapitels. Aber ich möchte dazu schon jetzt einige kurze Bemerkungen machen. Meiner Ansicht nach gibt es im Traum die *Täuschung* eines Gesichtsfelds – oder besser: einen *Wahn*. Der erste Punkt, den es dabei festzuhalten gilt, ist die Aufmerksamkeitsabhängigkeit des Traumerlebens: Es gibt keine unbemerkten Aspekte des Traums oder eine Teilung zwischen dem Zentrum und der Peripherie des vorgeblichen Gesichtsfelds. Alles Visuelle im Traum steht auf gleiche Weise im Fokus der Aufmerksamkeit. (Und das gilt ähnlich für die Modalitäten der übrigen Sinne.) Da ist nicht mehr am Traum, als wir in ihn hineinlegen – was wir durch unsere Aufmerksamkeit stützen und tragen. Es gibt bei einem Traum nicht so etwas wie den „Blick aus dem Augenwinkel", bei dem unsere Aufmerksamkeit zu einem bisher vernachlässigten Teil unseres Gesichtsfeldes wechselt. Der sinnliche Inhalt des Traums ist, was die Aufmerksamkeit angeht, einheitlich und homogen. Darum kann eine Traumvorstellung Löcher haben und unbestimmt sein. Sie enthält nur so viele Details, wie die Aufmerksamkeit gestattet.

Und wie steht es mit der Präsenz – dem Gefühl, dass das intentionale Objekt gerade da und genau dort ist? Wenn ich mir tagsüber eine Vorstellung von einem Tiger mache, wird er als „abwesend postuliert", so dass ich keine Angst habe. Träume ich aber von einem Tiger, wird er dann nicht als „anwesend postuliert", so dass ich Angst bekomme? Auch hier meine ich, dies sei eine Täuschung (oder ein Wahn) und spiegele nur den Glauben an den Traum und keine phänomenologische Gegebenheit wider. In einer Hinsicht glaube ich, einem Tiger konfrontiert zu sein, aber es *sieht* mir nicht wirklich so aus, als wäre da ein Tiger. Mir ist nicht genau so, wie mir wäre, wenn ich einen Tiger *sähe*. Im Traumerleben wird keine räumliche Beziehung zwischen dem Objekt und meinem Körper vergegenwärtigt – d. h. zwischen dem Tiger und meiner schlafenden Gestalt. Selbstverständlich kann ich träumen, *dass* ich einem Tiger konfrontiert bin. Daraus ergibt sich aber keine Beziehung zwischen einem Tiger und meinem im Bett befindlichen Körper, sondern eine Beziehung zwischen dem Tiger und meinem Körper, wie er mir im Traum gegenwärtig ist. Wie ich bereits ausgeführt habe, verweist mein Traumerleben nicht auf meine aktuelle Umgebung und erhebt einen falschen oder irreführenden Anspruch in Bezug auf das, was sich dort befindet. In der normalen Perzeption interagiert mein Körperbewusstsein mit meinem Bewusstsein von äußeren Objekten, um einen

Eindruck von der räumlichen Bezogenheit beider zu erzeugen. Aber im Traum werden die intentionalen Objekte nicht in Zusammenhang mit einem Bewusstsein von meinem Körper in dieser Situation gebracht – weil ich während des Traums kein derartiges Bewusstsein *habe.* Und das ist, wie ich denke, der Schlüssel: Da ich während des Traums kein (mir bewusstes) Körperbewusstsein habe – keine propriozeptive (aus dem Körperinneren stammende) Wahrnehmung, die in den Trauminhalt eingeht – gibt es da nichts, was mit dem Traummaterial zusammengebracht werden kann, um einen Eindruck von Präsenz zu erzeugen. Der Tiger kann *mir* nicht als präsent vergegenwärtigt werden, weil ich keine Selbstwahrnehmung habe. Da es keine Verortung des Selbst gibt, gibt es auch keine Verortung der Objekte *in Bezug* auf das Selbst. Folglich muss jeder Eindruck von Präsenz eine Täuschung sein.[24]

Doch warum gibt es diesen (wie immer täuschenden) Eindruck? Wie gesagt: Wenn es keine Selbstwahrnehmung gibt, um eine Vergegenwärtigung von Präsenz zu verankern, dann gibt es auch keine Selbstwahrnehmung, die Anlass gibt, Abwesenheit zu repräsentieren. Wenn ich mir eine normale Alltagsvorstellung mache, dann habe ich eine propriozeptive Wahrnehmung, die dem Objekt diametral entgegengesetzt ist, das ich mir vorstelle: Dieses Objekt ist nicht *hier,* wo *ich* bin. Der Sinn für Abwesenheit hängt folglich ab von der körperlichen Präsenz des Selbst als dem, *wovon* das Objekt abwesend ist. Der Körper ist präsent dank seiner propriozeptiven Wahrnehmung, und das vorgestellte Objekt wird als von ihm abwesend „postuliert". Doch im Fall des Traumes *gibt es keine derartige propriozeptive Wahrnehmung* und mithin keinen Kontrastpunkt. Folglich kann das Objekt hier nicht als „abwesend postuliert" werden. Aber dieses fehlende Abwesenheitsbewusstsein sollte nicht als ein positives Bewusstsein von Präsenz aufgefasst werden. Die intentionale Struktur des Traums enthält aus dem eben genannten Grund keine Vergegenwärtigung von Abwesenheit. Aber daraus folgt ganz und gar nicht, dass sie eine Behauptung von Präsenz enthält. Um es paradox zu sagen: Die Täuschung hinsichtlich der Präsenz ergibt sich aus der Abwesenheit einer Vergegenwärtigung von Abwesenheit.

Und ist dies nicht, was das Traumerleben nahe legt? Ich ängstige mich vor meinem geträumten Tiger (im Gegensatz zu dem Traum, *dass* ich mich ängstige – was durchaus damit vereinbar ist, dass ich nicht wirklich Angst empfinde), aber diese Angst ist nicht ganz dieselbe wie die, die ich empfinden würde, wenn ich *wirklich* einen Tiger sähe. Es ist nicht buchstäblich wahr, dass ich, der Träumer, annehme, der Tiger sei direkt neben mir. Täte ich das, so würde ich wohl direkt aus dem Bett springen und zur Tür rennen! Es ist vielleicht, *als ob* ich das Erlebnis hätte, einen Tiger zu sehen, aber es folgt daraus nicht, dass ich dieses Erlebnis wirklich habe. Einen Tiger zu halluzinieren würde die affektiven und motorischen Reaktionen hervorrufen, die dafür charakteristisch sind, einen Tiger wirklichkeitsgetreu zu sehen, da diesem Erleben genuine Präsenz eingeschrieben wäre. Doch von einem Tiger zu träumen ruft diese Reaktionen nicht hervor – so dass zwischen beiden Fällen ein Unterschied besteht.[25]

Damit ist der Weg frei zu der Annahme, dass Träume aus Vorstellungen bestehen. Es gibt gute Gründe, dies zu behaupten, und keine entscheidenden Einwände dagegen. Ich muss, und sei es der Vollständigkeit halber, eine weitere Möglichkeit erwähnen, bevor wir uns dem trickreichen Problem des Glaubens an den Traum zuwenden: die Idee, dass Träume aus dem Erleben vorstellungsbezogener Sinnesempfindungen bestehen könnten. Das hieße, dass Träume aus Episoden des Sehens-als (Hörens-als etc.) bestünden – aus Kombinationen von Wahrnehmungen und Vorstellungen. Dieser Auffassung zufolge gibt es im Traum einen genuin halluzinatorischen Erlebniskern (eine Wahrnehmung), der von einem Produkt der Einbildungskraft (der Vorstellung) überlagert wird. Das sensorische System erbringt eine nicht wirklichkeitsgetreue Wahrnehmung und das Vermögen der Einbildungskraft fügt dem seinen Input hinzu. Manche Träume scheinen in der Tat so abzulaufen, z. B. der vom Wecker und den Hochzeitsglocken: Ein Außenreiz dringt in das Bewusstsein des Schlafenden ein und wird dann im Lichte des gerade vor sich gehenden Traums interpretiert. Das daraus entstehende Erleben scheint halb Wahrnehmung, halb Vorstellung zu sein. Die Annahme wäre nun, dass Träume stets so ablaufen, außer dass die Wahrnehmung endogen hervorgerufen wird, dass ihr also nicht immer ein Außenreiz entspricht. (Sie wäre dann reine Halluzination.)[26]

Nun ist diese Auffassung gewiss konstruiert und kompliziert, aber nicht von sich aus absurd. Sie bietet Raum für die Gründe, die ich zugunsten der Vorstellungstheorie angeführt habe; denn sie geht davon aus, dass jedem Traumerleben eine Vorstellungskomponente inhärent ist. Zudem kann sie den Anspruch erheben, der reinen Vorstellungstheorie etwas an phänomenaler Substanz zu verschaffen, indem sie der irgendwie farblosen reinen Vorstellung eine Dosis Stärke und Lebendigkeit injiziert.[27] Doch ich glaube, es gibt keine guten Gründe, die Theorie von den vorstellungsbezogenen Sinnesempfindungen im Gegensatz zur einfachen Vorstellungstheorie für den Traum zu akzeptieren. Manche Überlegungen sprechen sogar gegen sie. Wir können alle empirischen Ergebnisse in der reinen Vorstellungstheorie unterbringen, so dass es nicht nötig ist, die Geschichte zu komplizieren. Darüber hinaus gibt es offensichtlich im Traumerleben nicht die Dualität, die die Theorie von den vorstellungsbezogenen Sinnesempfindungen impliziert: Das Erleben spaltet sich nicht auf in einen Wahrnehmungskern und in eine darüber liegende Vorstellungsschicht. Zudem fällt es schwer, sich vorzustellen, wie aus Wahrnehmungskernen als Rohmaterial eine Erzählung konstruiert werden soll, da sie nicht in gleicher Weise veränderbar sind, wie dies für einfache Vorstellungen gilt. Wahrnehmungen würden die Traumarbeit anbinden und fesseln. Und wenn Träume Mischformen aus Wahrnehmungen und Vorstellungen wären, würden sie einige der Merkmale von Wahrnehmungen mit sich führen – also beispielsweise eine Beobachterhaltung gewährleisten und Wachheit voraussetzen. Doch wie wir gesehen haben, sind dies keine akzeptablen Folgerungen. Angesichts dieser Umstände scheint es, als sei die reine Vorstellungstheorie vorzuziehen. Die Theorie von den vorstellungsbezogenen Sinnesempfindungen des Traums verdient es, in die Liste weiterer Möglichkeiten aufgenommen zu werden. Sie existiert in der Sphäre der Logik, scheint aber nicht sehr attraktiv, um den empirischen Daten Rechnung zu tragen. Das nächste Problem besteht in der Frage, ob die Vorstellungstheorie mit dem Phänomen des Glaubens an den Traum umzugehen vermag.

KAPITEL 7

Der Glaube an Träume

Mentale Vorstellungen laden im Allgemeinen nicht zum Glauben ein. Wenn ich mir im Laufe eines Tagtraums vorstelle, in Paris zu sein, dann bin ich nicht geneigt zu glauben, dass ich in Paris bin. Mir ist durchaus bewusst, dass ich mir das bloß vorstelle. Die Systeme der Vorstellungen und des Glaubens sind gegeneinander isoliert. In dieser Hinsicht unterscheiden sich Vorstellungen ganz deutlich von Wahrnehmungen, die zum Glauben einladen. Von besonderen Umständen abgesehen, glaube ich nur dann, in Paris zu sein, wenn ich entsprechende Wahrnehmungen habe.[1] Wahrnehmungen bieten dem Glauben Gründe, Vorstellungen nicht. Im einen Fall geht es um Beweise, im anderen nicht. Das erscheint vollkommen klar und vollkommen verständlich. Doch im Fall von Träumen scheint dies einfache Bild radikal durcheinander zu geraten. Denn in Träumen glauben wir, oberflächlich gesehen, was wir träumen, und Träume bestehen (wie wir gesehen haben) aus Vorstellungen. Wie kann das sein? Wie ist der Glaube an den Traum *möglich*?

Sartre, der ebenfalls meint, Träume seien Vorstellungen, ist sich dieses Problems durchaus bewusst. Er schreibt: „Man wird uns fragen: wie kommt es, dass Sie an die Realität der Traumbilder *glauben* können, während Sie sie doch als Bilder konstituieren? Ihr intentionaler Bildcharakter müsste doch jede Möglichkeit ausschließen, an sie wie an Realitäten zu glauben."[2] Das Problem lässt sich auch folgendermaßen formulieren: Vorstellungen sind ihrem Wesen nach so beschaffen, dass dem, der sie hat, offensichtlich ist, dass er sich etwas vorstellt (und nicht etwas wahrnimmt). Denn es gibt eine Reihe von Kennzeichen, die eine Vorstellung charakterisieren und die dem, der sich etwas vorstellt, zugänglich sind. Es sind die, die ich oben angeführt habe. Also kann man sich nicht *irren*, wenn es darum geht, eine Vorstellung von ihrer entfernten Verwandten, der Wahrnehmung, zu unterscheiden. Und folglich wird man nicht geneigt sein zu glauben, was man sich bloß vorstellt. Doch wenn wir träumen, scheinen wir nur allzu bereit zu sein, unserem

Glauben durch den Traum Gestalt zu verleihen. Wie also können Träume aus Vorstellungen gebildet sein? Wie können wir so blind sein in Bezug auf ihren Status als bloße Vorstellungen oder wie können wir diese Vorboten von nichts, was wirklich wäre, *nicht* kurzerhand als unwesentlich abtun?

Es wäre falsch anzunehmen, dass wir dieses Problem bereits im vorigen Kapitel gelöst hätten, indem wir das Handlungsvermögen hinter dem Traum dem Unbewussten zugewiesen haben. Dies gestattet es uns in der Tat zu verstehen, wie der willentliche Charakter vor dessen Publikum verborgen bleiben kann, da er ja unbewusst ist. Ferner zeigt es, warum dieser Schlüssel zum Wesen des Traums als Vorstellung unzugänglich sein kann. Es gibt aber viele andere differenzierende Merkmale, die nicht auf diese Weise verborgen sind. Es stellt sich also noch immer die Frage, wie wir dazu kommen, den Fehler zu machen, den wir im Traum offenkundig machen – nämlich, Vorstellungen mit Wahrnehmungen zu verwechseln. Das Fehlen eines Gesichtsfeldes sollte an sich schon ein deutlicher Hinweis darauf sein, dass wir es mit Vorstellungen und nicht mit Wahrnehmungen zu tun haben. Und das Phantastische so vieler Träume sollte uns ein warnender Hinweis darauf sein, dass ihnen nicht zu trauen ist. Die Welt des Traums passt einfach nicht zu dem, was wir unabhängig von ihr für wahr halten.[3] Also noch einmal die Frage: Wie können wir solch einen groben Irrtum begehen? Es ist, als würde man Kitzeln mit Schmerzen oder visuelle mit auditiven Wahrnehmungen verwechseln. Eine klare phänomenale Differenz scheint hier auf seltsame Weise übergangen zu werden. Eben dies ist das Problem des Glaubens im Traum.

Ich möchte einige einfache Auswege erwähnen, die das Problem nicht wirklich lösen. Die simpelste Reaktion besteht darin zu leugnen, dass es hier überhaupt irgendein erklärungsbedürftiges Phänomen gibt. Ihr zufolge kommt es in unseren Träumen zu keinem Glauben, und es gibt nicht so etwas wie Zustimmung oder positive Aufnahme seiner Inhalte. Wir wären demnach in Bezug auf den Inhalt unserer Träume, „was den Glauben angeht, neutral". Vielleicht sind wir gar ungläubig und glauben ganz entschieden nicht, was unsere Träume enthalten. In diesem Fall glauben wir unseren Träumen so wenig wie unseren Träumereien im Wachzustand. In Bezug auf beide nehmen wir dieselbe Haltung ein. Aber diese Reaktion ist sicher bei weitem zu simpel. Träume unterscheiden sich von Träumereien offenkundig durch ihr Verhältnis zu Emotionen. Wir können uns in einem Traum so ängstigen, wie uns dies in einem bloßen Tagtraum nie möglich ist. Wir sind einem Traum gegenüber einfach nicht so *abgeklärt*, wie es diese Reaktion nahe legt. Wir stimmen ohne weiteres dem zu, was wir träumen.[4]

Plausibler ließe sich die Ansicht vertreten, dass unser Glaube im Traum in relativierter Form auftritt. Ich glaube also, dass ich *in der Traumwelt* gleich von einem Tiger angegriffen werde. Ich glaube nicht, dass mir dies in der *wirklichen* Welt bevorsteht. (Das wäre, wie wenn ich träumen würde, in einer möglichen Welt *w* fliegen zu können, nicht aber in der wirklichen Welt.) Mit dieser Ansicht begehe ich nicht den Fehler, meine Traumvorstellungen mit Wahrnehmungen zu verwechseln, weil Wahrnehmungen zum Glauben an die wirkliche Welt berechtigen, während mein Glauben sich nur auf die Welt des Traums bezieht. Abgesehen davon, dass der Begriff des „Glaubens in Bezug auf die Traumwelt" obskur ist, und neben der noch offenen Frage, wie bloße Vorstellungen selbst diese Art Glauben rechtfertigen können, gibt es hier offenbar ein Problem: Der Glaube an die Wirklichkeit im Traum könnte noch im Traum mit dem ‚normalen' Glauben in Konflikt geraten. Das aber geschieht mit diesem relativierten Glauben gerade nicht; er gerät mit dem normalen Glauben während des Traums nicht in Konflikt. (Und eben darum geht es hier.) Ich mag träumen, dass ich gleich von einem Tiger angegriffen werde, und dies dementsprechend glauben. Sobald ich aufwache, bin ich erleichtert, dass dem nicht so ist. Das jedoch wäre nicht möglich, wenn der eine Glaube nicht unabhängig vom Traum mit dem anderen in Konflikt stünde. Bei dem Glauben im Traum muss es sich also um die gewöhnliche, nicht relativierte Art Glauben handeln: Ich glaube einfach im Traum, dass ich gleich von einem Tiger angegriffen werde. Darum sind meine Emotionen so, wie sie im Traum sind.[5]

Ferner könnte jemand sich auf den Begriff der „Vorspiegelung" oder eines nur „vorgetäuschten Glaubens" berufen.[6] Ihm zufolge *glaubt* man nicht wirklich etwas im Traum, sondern *macht sich vor*, die Dinge seien so und so – wie etwa ein Kind vorgibt, mit einer Kanone zu spielen. Das Problem an dieser Theorie ist, dass sie zu schwach ist: Man wacht nicht in Schweiß gebadet auf, wenn man bloß *vorgibt*, gleich von einem Tiger angegriffen zu werden. Damit muss es mehr auf sich haben. (Tatsächlich denke ich, dass diese Auffassung auf der richtigen Spur ist, aber weiter entwickelt und ergänzt werden muss.) Es gilt, die *Ernsthaftigkeit* des Glaubens im Traum zu erfassen, und die Idee der Verstellung kann dies in ihrer üblichen Form nicht leisten. Der Träumende *spielt* seinen Glauben ganz einfach nicht.

Hierauf ließe sich erwidern, dass der Träumende sich in einem Zustand extremer *Leichtgläubigkeit* befindet. Er ist wie jemand, der den Aberglauben ernst nimmt. Offenkundig ist er unverantwortlich. Vorstellungen bieten kein gutes Beweismaterial für einen Glauben, aber der Träumende ist extrem einfältig und in Glaubensfragen leicht hinters Licht zu führen. Er glaubt schlechterdings alles. Die Schwierigkeit liegt hier darin, dass selbst besonders einfältige Gläubige beim Glauben an ihre Vorstellungen eine gewisse Grenze beachten. Wo wäre der unkritische *Naivling*, der durchweg glaubt, was er sich selbst nur vorstellt? Er wäre doch eher geisteskrank als leichtgläubig. (Und genau das werde ich später nachweisen.) Wir müssen den Zustand des Träumenden anders darstellen.[7]

An diesem Punkt hat der Leser vielleicht den Eindruck, dass es an der Zeit wäre, der Wahrnehmungstheorie noch eine Chance zu geben. Und ich denke, das Problem des Glaubens an Träume ist ein ganz besonders guter Grund, um sich diese Theorie noch einmal wohlwollend anzuschauen. Denn allem Anschein nach stellt diese Theorie eine unkomplizierte und geradlinige Erklärung für den Glauben an Träume bereit. Ihr zufolge glauben wir an unsere Träume, weil die aus Wahrnehmungen bestehen, und Wahrnehmungen sind genau das, was den Glauben rechtfertigt. Der Träumende ist deshalb weder verwirrt noch irrational. Er glaubt, was er träumt, aufgrund einer guten Beweislage – nur sind seine Wahrnehmungen eben halluzinatorisch. Der Glaube eines Träumenden ist einfach deshalb stark und kräftig, weil er wie im Wachzustand auf Wahrnehmungen basiert (wenn auch auf halluzinatorischen Wahrnehmungen). Das klingt verlockend einfach, führt aber auf zwei große Probleme. Erstens ist die Wahrnehmungstheorie, wie wir gesehen haben, falsch. Zweitens können wir bei näherer Betrachtung sehen, dass sie die Grundrätsel nicht zu beseitigen vermag. Denn der Glaube, den wir im Traum entwickeln, steht im Widerspruch zu *anderen* Arten des Glaubens, die wir haben – und wird dadurch gleichwohl an seiner Entwicklung nicht gehindert. Ich habe eine ganze Reihe von Glaubensüberzeugungen hinsichtlich meiner Stellung in der Welt, und die widersprechen dem, was ein gegebener Traum mich zu glauben veranlasst –, aber dennoch glaube ich meinem Traum. Nehmen wir an, mein Traumerleben beweist mir den Glauben, *dass p*, aber all meine sonstige, im Wachzustand gesammelte Erfahrung, unterstützt ganz stark den Glauben, *dass nicht-p*. Der Glaube, *dass nicht-p* ist extrem gut abgesichert und Teil meines Glaubenssystems, das ich nur äußerst ungern aufgebe. Und doch sagt mein Traum mir, *dass p*. Was soll ich nun glauben? Da der Traum relativ isoliert ist und den Glauben *dass p* nur schwach unterstützt, sollte ich an meinem gut abgesicherten Glauben festhalten, *dass nicht-p*. Doch das tue ich nicht. Sofort und ohne Zögern glaube ich, *dass p*. Ich kümmere mich nicht einmal darum, dass dieser Glaube mit meiner übrigen Erfahrung und mit meinem sonstigen Glauben nicht übereinstimmt. Das aber kann nicht stimmen: Wenn ich nur auf der Grundlage von Beweisen zu meinem Glauben gelangte, dann müsste ich nicht in dieser Weise zum Glauben drängen. Das Problem ist, wie mein Glaube im Traum mit meinen sonstigen Glaubensüberzeugungen *koexistieren* kann. Und dieses Problem wird durch die Wahrnehmungstheorie nicht gelöst – sie verschlimmert es vielmehr. Noch immer wissen wir also nicht, wie der Glaube an Träume möglich ist. Gewiss erscheint der Glaube in Bezug auf seine Grundlage im Traumerleben rational, aber er erscheint irrational in Bezug auf andere Arten des Glaubens. Was unter den Teppich gekehrt wurde, kommt auf der anderen Seite wieder hervor. Wir brauchen also eine Theorie, die zu erklären imstande ist, wie der Glaube an Träume mit Vorstellungen *und* mit anderen, ihm widersprechenden Arten des Glaubens koexistieren kann.

Der beste Weg, dies zu erreichen, besteht darin, alle Phänomene dieses Glaubens aufzulisten, die in Träumen vorkommen, damit wir wissen, womit wir fertig werden müssen. Haben wir erst einmal diese Daten zusammengestellt, können wir fragen, welche Theorie sie am besten zu erklären vermag.

Unvereinbarkeitstoleranz

Ich glaube, ich lebe in Amerika, und dieser Glaube überdauert die Nacht. Nehmen wir nun an, ich träume, dass ich in England lebe und leite davon eine entsprechende Überzeugung ab. Revidiere ich meinen früheren Glauben im Lichte meines neuen Glaubens? Höre ich auf zu glauben, dass ich in Amerika lebe? Ich denke, das ist nicht plausibel. Bislang habe ich eine derartige Revision dieses Glaubens noch nie *erlebt*. Ich sage mir nicht: „Ich hätte geschworen, ich lebe in Amerika, doch jetzt bin ich überzeugt, dass ich in England lebe." Ich entwickle diesen neuen Glauben, ohne den alten auch nur in Betracht zu ziehen. Es ist, als stünde ich ihm indifferent gegenüber. Das legt die Vermutung nahe, dass ich an dem alten Glauben festhalte und ihm den neuen einfach hinzufüge, obwohl beide miteinander unvereinbar sind. Sie sind gegeneinander irgendwie isoliert, und ihre Unvereinbarkeit wird toleriert. Und sie sind wirklich bemerkenswert unvereinbar. Dieselbe in gleicher Weise vergegenwärtigte Proposition wird zugleich geglaubt und nicht geglaubt – bei identischer Referenz, mit gleichem Sinn und sogar in ein und derselben Sprache. Der Fall ist sogar noch extremer als Saul Kripkes Puzzle über den Glauben, da in jenem Fall London unter den Umständen, die zur Herausbildung des Glaubens führen, anders erlebt wird und die Sprachen sich voneinander unterscheiden.[8] Im Traum ist es wirklich so, als hätte ich zwei verschiedene Träumer in meinem Kopf. Wie ist das möglich? Wie können derart widersprüchliche Überzeugungen im Geist des Träumenden nebeneinander existieren? Bemerkenswert ist zudem, dass ich beim Aufwachen meinen alten Glauben wieder in Kraft setze und meinen Glauben aus dem Traum einer Revision unterziehe. Und *das* ist mir bewusst, denn ich kann sehr erleichtert darüber sein, dass das, was ich im Traum glaubte, nicht wirklich wahr ist. An diesem Punkt wird mir die Unvereinbarkeit beider offenkundig, während sie mich zuvor nicht zu beunruhigen schien.[9] Bin ich im Schlaf ganz einfach phantastisch irrational? Entgeht mir da die simpelste Logik? Leide ich in meiner Traumphase unter Amnesie?

Selektive Quasi-Amnesie

Im Laufe eines Traums „vergesse" ich eindeutig viele Dinge: sie werden beiseite gerückt und ignoriert. Ich leide im Traum nicht wirklich unter akuter Amnesie, aber der Traum verhält sich selektiv im Hinblick darauf, welche meiner Erinnerungen er sich anzuverwandeln sucht. Es gibt da Dinge, die ich sehr wohl weiß und die nicht in meinen Traum gelangen – so etwa, wenn ich träume, dass ich fliegen kann. Aber ich vergesse selbstverständlich nicht alles. Alle möglichen Informationen, über die ich verfüge, finden Eingang in den Entwurf meines Traums. Ich träume, dass ich über England fliege, und erinnere mich, wo London liegt und dass es die Hauptstadt des Landes ist. Folglich ist meine „Amnesie" selektiv. Einige Inhalte des Traums werden (im Widerspruch zu den bekannten Fakten) erfunden und andere haben eine Grundlage in der Wirklichkeit. Manche Überzeugungen meiner Erinnerung sind im Traum aktiv und manche werden in Klammern gesetzt. Dieses „Einklammern" bedarf einer weiteren Erklärung.

Kohärenz

Obwohl Träume fragmentiert und verwirrend sein können, hat in der Regel die Geschichte, die sie erzählen, eine gewisse Kohärenz. Damit hat auch der Glaube, den ich im Traum entwickle, seinerseits die Tendenz, kohärent zu sein. Ich ertappe mich nicht dabei, *innerhalb* des Traums widersprüchliche Glaubensinhalte zu vertreten. Stattdessen bringt das Traumerleben eine Welt zum Ausdruck, die einer gewissen Regelmäßigkeit gehorcht, wie verschieden die auch von der wirklichen Welt sein mag. Dies ist Teil der narrativen Struktur des Traums.

Handeln und Emotionen

Der Glaube, den ich im Traum entwickle, ist abgekoppelt vom Handeln und an Emotionen gebunden. Wenn ich etwa träume, dass ich gleich von einem Tiger angegriffen werde, verspüre ich Angst, mache aber keine Bewegung, sondern liege einfach nur da. Der Glaube hat mein affektives System in Gang gesetzt, mein motorisches System aber im Zustand der Passivität belassen. Der Glaube im Wachzustand hängt offenkundig mit beiden zusammen – Angst löst ein Handeln aus –, aber der Glaube im Traum ruft eine Emotion ohne Handeln hervor. Warum führen meine Emotionen nicht zu den erwarteten Handlungen? Und warum sehen wir keine volle motorische Reaktion in jenen Fällen, in denen das Anfangsstadium einer Handlung oder eine verkürzte Handlung zu beobachten ist – so beispielsweise das Zucken der Beinmuskeln, wenn jemand träumt, er renne um sein Leben?[10] Auch dies gilt es zu klären.

Quasi-Emotionen

Obwohl wir offenbar im Traum und zuweilen auch einige Zeit nach dem Aufwachen Emotionen verspüren, scheint es einen Unterschied zu geben zwischen diesen Emotionen und dem, was ihnen im Wachzustand entspricht. Gewiss bin ich erschrocken über den Tiger, der sich mir im Traum nähert, doch ist meine Angst wirklich *genau so,* wie sie im wirklichen Leben wäre? Bin ich in exakt derselben Weise verängstigt? Glaube ich dementsprechend an den Tiger im Traum genau so, wie ich dies im wirklichen Leben tun würde? Es gibt *ein gewisses* Einverständnis mit der Gefahr, wie meine Emotionen bezeugen, doch ist es nicht von einem regulären Einverständnis verschieden? Intuitiv möchte man diesen psychologischen Beschreibungen ein „Quasi" voranstellen. Ich habe eine *Quasi*-Angst, einen *Quasi*-Glauben etc. Es handelt sich hier nicht ganz um dasselbe, obwohl beide einander sehr nahe kommen. Was geht hier vor sich? Was hat diese Milderung von Affekt und Einverständnis zu bedeuten?

Der Traumausstieg
Gelegentlich kommt es vor, dass man im Traum von der Erkenntnis überrascht wird, dass man nur träumt. Ein solcher Traum kann entweder sehr gut oder sehr schlecht sein. Eine leise Stimme flüstert dann in unserem Inneren: „Aber dies ist ja nur ein Traum", und daraufhin wachen wir auf. Normalerweise ist man natürlich von seinem Traum absorbiert und zieht nicht die Möglichkeit in Betracht, er könne einfach nur ein Traum sein. Doch es gibt Gelegenheiten, bei denen uns der Status des Traums in dessen Verlauf offenbar wird. Ist diese Bedingung eines „Traumausstiegs" erfüllt, dann verliert der Glaube an den Traum seine Macht und wird aufgegeben. Der Traum wird dann nicht länger der Zustimmung für wert erachtet, obwohl er zuvor die Macht hatte, uns Glauben einzuflößen. Sobald das Urteil, es handele sich bloß um einen Traum, gefällt ist, schmelzen die Traumüberzeugungen dahin. Auch hier wieder brauchen wir eine Erklärung für dieses Phänomen.

Vielleicht dämmert meinen Lesern bereits, auf welche Theorie ich hinaus will; denn ich habe die eben genannten Punkte zweifellos im Hinblick auf sie formuliert. Es handelt sich im Wesentlichen um die von Sartre vorgeschlagene Theorie, die ich um einige Zusätze erweitert, verfeinert und (wie ich hoffe) klarer gefasst habe.[11] Ich bezeichne sie als Theorie vom *Eintauchen in die Fiktion.* Die Grundidee ist, dass der Traum eine Geschichte darstellt – ein Stück Fiktion –, die in sinnlich affizierten Vorstellungen (Bildern) erzählt wird, in die der Träumende ungewöhnlich tief eintaucht. Dieser Begriff des Eintauchens erweist sich als leistungsstark. Der Träumende wird von der Traumgeschichte so absorbiert, dass er mit seinen Reaktionen nachahmt, was er denken und fühlen würde, wenn er wirklich Zeuge der fraglichen Ereignisse wäre. Dieses Absorbiertsein oder Eintauchen ist uns in schwächeren Formen vertraut von unseren Reaktionen auf fiktionale Werke unterschiedlicher Art – wie Theateraufführungen, Filme, Romane usw.[12] Vereinfacht gesagt, sind die Einstellungen, die wir im Traum haben, nur ein Extremfall dessen. Mit geht es mit diesem Vorschlag nicht darum, eine gute Theorie dieses Absorbiertseins aufzustellen, sondern darum, den Glauben an Träume als einen Sonderfall dieses Absorbiertseins mit einigen besonderen Merkmalen zu begreifen. Folglich gehe ich davon aus, dass wir über eine hinreichend gute Vorstellung von dem fraglichen Geisteszustand verfügen. Es ist ganz einfach jener psychische Zustand, der uns befällt, wenn wir von einer Geschichte ganz und gar gefangen genommen sind, wenn sie uns voll in ihrem Griff hat. Und ich behaupte, dass sich der Träumende in Bezug auf die in ihm erzeugte Traumgeschichte in diesem Zustand befindet.

Die Attraktion dieser Theorie ist offenkundig: Sie versöhnt die Vorstellungstheorie des Traums mit dem Phänomen des Glaubens an Träume. Wenn ich von einem Roman absorbiert bin, unterliege ich nicht dem merkwürdigen Wahn, die Zeichen auf dem Papier seien konkrete Ereignisse, die ich beobachte. Ich weiß, dass ich nur ein Buch lese und nicht Zeuge der in ihm beschriebenen Ereignisse bin. Ebenso wenig halte ich die Vorstellungen, die sich in meinem Geist bilden, irrtümlich für Wahrnehmungen, die mich zum Glauben an sie einladen. Und doch kann ich mich in die Geschichte in solchem Maße hineinbegeben, dass ich in meinen Emotionen aufgerüttelt werde, *als ob* ich Zeuge dieser Ereignisse wäre. Vielleicht ist die Beobachtung noch näher am Traum, dass ich beim Betrachten eines Films die Bilder auf der Leinwand nicht mit realen Ereignissen verwechsle. Ebenso wenig verwechsle ich die in mir ausgelösten Vorstellungen mit der Realität.[13] Und doch kann ich so absorbiert sein, dass mein Geisteszustand wirkliche Überzeugungen und Gefühle nachahmt. Ich „trete dann ein" in die Geschichte. Ähnlich verfalle ich im Traum nicht der Täuschung, Vorstellungen seien Wahrnehmungen – mir ist implizit (in irgendeinem Sinn) bewusst, dass sie dies nicht sind. Und dennoch bin ich in der Lage, in die Traumfiktion so einzutreten, dass ich emotional betroffen werde. Ich bin nicht verwirrt in Bezug auf den Status des Traumerlebens. Es ist nur so, dass die Traumvorstellungen mich dermaßen in eine fiktionale Welt hineinziehen können, dass sie meine kognitiven und affektiven Fähigkeiten in ihren Bann ziehen. Ich bin durch die Traumgeschichte so in Anspruch genommen, dass ich ihr meine Zustimmung gebe – oder mich jedenfalls in einen Zustand versetze, der einer normalen Zustimmung sehr ähnlich ist. Das Eintauchen ins Fiktionale simuliert den Glauben.[14]

Aber ist dieses Eintauchen genug? Glaube ich nicht stärker und störrischer an meine Träume, als ich an das „glaube", was ich lese, wenn mich ein Roman fasziniert, oder was ich sehe, wenn ich von einem Film hingerissen bin? Sind meine Emotionen dann nicht realer? Ich „glaube", dass ein Schauspieler auf der Bühne gleich einen anderen Schauspieler ersticht, aber *glaube* ich das wirklich? Ich denke, das ist eine durchaus vernünftige Frage, und ich möchte sie mit zwei Argumenten beantworten, von denen das Zweite sehr viel spekulativer ist als das Erste. Das Erste stellt fest, dass ein wichtiger Unterschied zwischen dem normalen Eintauchen in die Fiktion und dem Traum darin besteht, dass die intentionalen Objekte des Traumbewusstseins die *einzigen* sind, die dem Geist während des Traums zur Verfügung stehen. Liest man beispielsweise einen Roman, so ist man sich in seiner Wahrnehmung der Worte auf dem Papier ebenso bewusst wie seiner Körperhaltung und all der übrigen Dinge, die im Bereich der Sinneswahrnehmung in Erscheinung treten können. Und zugleich ist man sich der Menschen und Orte bewusst, welche der Roman beschreibt. (Dazu bedient man sich der Einbildungskraft.) Es gibt dann also die reale Welt der wahrgenommenen Objekte und die fiktionale Welt der vorgestellten Objekte. Und die bestehen in unserem Bewusstsein nebeneinander. Es gibt zwei Ebenen der Intentionalität, die beide Teil unseres Gesamtbewusstseins sind. Und das Eintauchen, das man in einer von beiden – der fiktionalen Welt – erlebt, wird ausgelöst durch die Wahrnehmung der anderen – des künstlerischen Artefakts. Die wahrgenommenen Objekte sind stets da, um uns daran zu erinnern, dass die fiktionale Welt nicht die wirkliche ist. Sie begründen eine Art Grenze dafür, wie weit man eintauchen kann. Um so weit wie möglich einzutauchen, versucht man, die sensorischen Reize um sich her niedrig zu halten oder auszublenden. Aber selbstverständlich kann man nicht aufhören, die Buchstaben auf einer Seite oder die Bilder auf der Leinwand zu sehen – und die fungieren stets als Verankerung in der wirklichen Welt. Dasselbe gilt für alle Formen von Fiktion. Der Bereich fiktionaler Intentionalität wird mediatisiert durch die reale Welt wahrgenommener Intentionalität, so dass es nie zu einem vollständigen Eintauchen kommen kann. Die fiktionale Welt kann nie zum *einzigen* Feld der Intentionalität werden. Um in sie einzutauchen, muss man immer an der wahrgenommenen Welt festhalten. Und eben dies verhindert ein vollständiges Eintauchen.[15]

Aber im Traum wird die Wahrnehmungsfähigkeit ausgeschaltet. Es gibt in ihm kein Feld wahrgenommener Intentionalität, das von der dem Traum eigenen Intentionalität ablenken könnte. Die einzigen intentionalen Objekte sind hier diejenigen, von denen geträumt wird. Der Geist ist voll damit beschäftigt, sich diese Objekte zu vergegenwärtigen. Es gibt keine Mahnung an die wirkliche Welt, die im Gegensatz stünde zu der vorgestellten Welt. Folglich kann das Eintauchen hier ungehindert vor sich gehen. Das Bewusstsein kann voll von der Traumwelt beansprucht werden, ohne dass eine Wahrnehmungswelt lautstark auf den Titel der Wirklichkeit Anspruch erhöbe. Das Konzept der Wirklichkeit entfällt; es gibt keinen Gegensatz zwischen dem, was geträumt, und dem, was wahrgenommen wird, weil eben nichts wahrgenommen wird. Das Haupthindernis aus dem Wachzustand gegen ein volles Eintauchen in die Fiktion fehlt hier also. Es ist, als könnte man einen Roman lesen, ohne die Buchstaben auf der Seite anzuschauen, oder einen Film erleben, ohne einen Blick auf die Leinwand werfen zu müssen. In einem solchen Zustand würde unser Geist in direkten und unvermittelten Kontakt mit den Ereignissen und Objekten einer Geschichte treten. Würde dies das Eintauchen in die Fiktion nicht enorm erleichtern? Ganz ähnlich ist unser Geist im Traum ausschließlich und unvermittelt auf die Objekte und Ereignisse des Traums gerichtet – so dass man gar nicht anders kann, als voll absorbiert zu sein. Man sinkt in den Traum, lässt ihn über sich fließen, ohne dass uns etwas von den Objekten distanzierte, die in ihm vergegenwärtigt werden. Dieses Merkmal des Traums markiert einen wesentlichen Unterschied zwischen dem Eintauchen in einen Traum und dem üblichen Eintauchen in eine Fiktion im Wachzustand. Es lässt uns erkennen, wie viel tiefer das Eintauchen im Traum reicht.

Das zweite, spekulativere Argument betrifft die Hypnose. Es mag merkwürdig erscheinen, dieses Thema hier anzusprechen; doch ich muss meine Leser um Geduld mit mir bitten – da sie ja nicht wissen, was am Ende herauskommt. Der hypnotische Zustand ist wesentlich gekennzeichnet durch extreme *Beeinflussbarkeit*. Hypnotisierte sind außerordentlich, ja manchmal geradezu lachhaft geneigt, zu glauben und zu empfinden, was der Hypnotiseur ihnen suggeriert. Der Hypnotiseur macht sich eine bereits vorhandene Beeinflussbarkeit der Menschen zunutze, um sie in einen Zustand gesteigerter Suggestibilität zu versetzen. Er vollführt also mit ihnen den Übergang in einen Geisteszustand, in dem Glaubensinhalte durch simple Behauptungen des Hypnotiseurs gebildet werden. Ich gebe nun zu bedenken, ob nicht der Traumzustand dem der Hypnose analog ist. Bei beiden handelt es sich um Zustände gesteigerter Suggestibilität, in denen die übliche Vorsicht bei der Bildung von Glaubensinhalten suspendiert ist. Wir reden manchmal metaphorisch davon, durch ein fiktionales Werk „mesmerisiert" zu sein, und meinen damit, dass es unser gesamtes Bewusstsein mit Beschlag belegt und uns unerbittlich in eine Geschichte hineinzieht. Mein Vorschlag geht nun dahin, dass wir von unseren Träumen buchstäblich mesmerisiert werden. Der Verfasser des Traums wirkt auf uns wie ein Hypnotiseur. Es ist, als hätten wir einen Hypnotiseur im Kopf, der mit unserer Suggestibilität spielt und uns allerlei merkwürdige Glaubensinhalte und Emotionen beibringt. Ein Teil unseres Geistes versetzt einen anderen in hypnotische Trance.[16]

Ich weiß, dies klingt weit hergeholt. Aber wir sollten diesen Vorschlag auf seine Meriten hin prüfen. Erstens vermag diese Theorie einiges zu erklären. Denn sie legt dar, warum der Glaube an den Traum so stark sein kann, wie er augenscheinlich ist. Man vergleiche jemanden, der träumt, seine Hose stünde in Flammen, mit jemandem, den ein Hypnotiseur davon überzeugt, dass dies der Fall ist. Es gibt hier eine unleugbare Ähnlichkeit, und gleiche Wirkungen haben nicht selten gleiche Ursachen. Zweitens können wir an Hypnosen sehen, dass es Geisteszustände gibt, in denen ein Glaube an etwas aus offensichtlich unzureichenden Gründen entsteht, als Ergebnis einer inneren Beeinflussbarkeit eher als durch das Gewicht äußerer Beweise. Drittens wäre es merkwürdig, wenn der Zustand der Hypnose ganz auf das Wirken von Hypnotiseuren beschränkt wäre. Es ist doch sehr viel wahrscheinlicher, dass sie sich eine bereits vorhandene Neigung zunutze machen. Das Phänomen einer mehr oder weniger extremen Beeinflussbarkeit ist gewiss weit verbreitet und manifestiert sich vielfach auch außerhalb der hypnotischen Trance. Warum könnte es also nicht auch im Bereich der Träume seinen Platz haben? Vielleicht verdankt es in der Tat dem träumenden Geist seinen *Ursprung* – so dass Träume der erste Sitz der Suggestibilität sind. Dann wäre es korrekter zu sagen, dass die Hypnose dem Träumen ähnelt als umgekehrt.[17] Und viertens gehen Hypnotiseure in der Regel so vor, dass sie den Schlafzustand bei ihren Probanden simulieren. Sie beginnen, indem sie deren Aufmerksamkeit auf ihre Stimme zu konzentrieren suchen und damit andere Wahrnehmungen ausschalten. Dann sagen sie den Probanden, sie fühlten sich jetzt schläfrig und die Augen fielen ihnen zu. Die Probanden scheinen daraufhin einzuschlummern. Dann wird ihnen gesagt, dass sie aufwachen und den Anweisungen des Hypnotiseurs Folge leisten sollen. Sie haben nun einen glasigen Blick in den Augen, während sie veranlasst werden, eine ganze Reihe von Dingen zu glauben und zu empfinden, die ohne jede Grundlage in der Realität sind. Und wenn ihnen schließlich gesagt wird, sie sollten wieder zu sich kommen, sehen sie aus wie Menschen, die eben aus einem Traum erwacht sind – verwirrt, erleichtert und noch nicht ganz da. Dieser Vorgang ähnelt zweifellos dem Einschlafen, nur dass der „Traum" hier in den Händen des Hypnotiseurs liegt. Könnte es also sein, dass der Hypnotiseur die Rolle übernimmt, die gewöhnlich der verborgene Traum-Macher innehat? Er hat die Traummechanismen seines Probanden angezapft und sich ihrer für eigene Zwecke bemächtigt.[18] Die hypnotische Suggestibilität ist sozusagen die Suggestibilität des Traums im grellen Licht des Tages. Erklärt diese Hypothese nicht eine ganze Menge?

Sie hat zudem empirische Konsequenzen, die sich überprüfen ließen. Wir könnten durch Gehirnuntersuchungen feststellen, ob die Gehirntätigkeit eines Träumenden der eines Hypnotisierten ähnelt, etwa durch Elektroenzephalogramme, Kernspinresonanztomographie (MRI) usw. Vielleicht gibt es zerebrale Anzeichen einer erhöhten Suggestibilität. Wir könnten zudem untersuchen, ob während der Hypnose ein gesteigertes mentales Vorstellungsvermögen vorliegt und sie somit dem Geisteszustand des Träumenden ähnelt. Lösen die Anweisungen des Hypnotiseurs bei seinen Probanden eine vielfältige und starke Vorstellungstätigkeit aus? Wenn dem so ist, dann haben der Glaube an Träume und der hypnotische Glaube eine gemeinsame Grundlage in verstärkter Vorstellungstätigkeit. Zweifellos sagen wir von dem armen Hypnotisierten, dass er sich „die Dinge bloß vorstellt" – dass also seine Phantasie mit ihm durchgeht. Die vorgeschlagene Theorie ist also nicht einfach nur die Spekulation eines Philosophen ohne jeden empirischen Gehalt.

Es ging bei dieser Theorie darum zu erklären, warum das Eintauchen in die Fiktion im Fall des Traums so große Macht über die Psyche des Träumenden gewinnen kann. Möglich wird dies, weil das Eintauchen hier einhergeht mit etwas, das der hypnotischen Trance ähnelt. (Oder besser: die hypnotische Trance ähnelt dem Traumzustand – ein merkwürdiges Nebenprodukt oder ein Auswuchs unserer natürlichen Neigung, von unseren Träumen gefangen genommen oder gebannt zu sein.) Wenn ich mit meinem Vorschlag Recht habe, dann kann das Problem des Glaubens an den Traum eindeutig gelöst werden, da ein hypnotisch induzierter Glaube alle Macht hat, die man sich nur wünschen kann. Der Glaube an den Traum rührt her aus einem Eintauchen in die Fiktion *in Verbindung mit* extremer Suggestibilität. Wir sollten diese Theorie jetzt im Licht jener Daten überprüfen, die ich aufgelistet habe, um festzustellen, ob sie mit den bekannten Daten des Glaubens an den Traum vereinbar ist.

Ich denke, es ist nicht schwer zu sehen, dass sie es ist. Die Unvereinbarkeitstoleranz ist im Wesentlichen dasselbe Phänomen, das wir auch beim normalen Eintauchen in die Fiktion finden. Ich weiß sehr wohl, dass der eine Schauspieler auf der Bühne den anderen Schauspieler jetzt nicht ersticht, aber ich „glaube", dass er es tut. Ich bin hingerissen von einem Roman, in dem ein bestimmter weltbekannter Politiker ermordet wird, obwohl ich ganz genau weiß, dass das nicht stimmt. In der Hypnose bin ich bereit zu glauben, ich sei ein bellender Hund, doch ein Teil von mir weiß, dass dies Blödsinn ist. Die Unvereinbarkeitstoleranz des Träumenden ist mithin keine abnorme Irrationalität oder Missachtung der Logik, sondern einfach ein Korrelat des Eintauchens in die Fiktion. Ohne dieses Eintauchen in die Fiktion wären die Widersprüche nicht auszuhalten, aber mit ihm wird unser Glaube gegen sie isoliert und folglich geschützt. Die entsprechenden Haltungen sind beim normalen Glauben und beim Glauben während des Eintauchens in die Fiktion nicht *dieselben*, sie können daher widersprüchlichen Propositionen gegenüber eingenommen werden. Aber sie liegen eng genug beieinander, um in vielen Fällen dieselben affektiven Phänomene und Verhaltensmerkmale zu erzeugen. Selbstverständlich soll dies nicht schon eine

Theorie des Eintauchens in die Fiktion sein und folglich auch keine Theorie der Unvereinbarkeit des jeweils einen mit dem anderen Glauben. Es soll hier nur darauf hingewiesen werden, dass wir andere Beispiele solcher Toleranz haben und dass der Glaube an den Traum lediglich ein Spezialfall ist. Ich denke, es ist in der Tat sehr schwer, eine gute Theorie des Eintauchens in die Fiktion zu entwickeln. Doch ich weiß, dass sie existiert,[19] und ich versuche, sie in Gang zu bringen.

Auch für eine selektive Quasi-Amnesie gibt es Beispiele in Fiktionen. Ein Autor nimmt bekannte Tatsachen in ein Werk auf, verändert aber andere. Liest man eine Geschichte, so kommt das eigene Hintergrundwissen zum Tragen, aber man entfernt aus ihm ebenso die Teile, die nicht zur Fiktion passen – wie in den Traum manches an Wissen übernommen und anderes in ihm außer Kraft gesetzt oder mit einem Widerspruch belegt wird. In einem fiktionalen Werk ebenso wie beim Eintauchen in die Fiktion werden Erinnerungen selektiv in Anspruch genommen. Der Traum ist eine Geschichte, die an manchen Wahrheiten festhält, aber andere über Bord wirft. Und dementsprechend wird er verstanden.

Geschichten besitzen in der Regel eine innere Kohärenz – den Anschein eines Plots, Konstanz der Charaktere, elementare Ursache-Folge-Verhältnisse. Möglicherweise sind Träume eine „elementarere" Form von Fiktion mit größerer Toleranz für Wirrwarr und einem Sprung in den Glauben, doch auch sie haben eine Art fiktionaler Kohärenz. Ein Roman muss sich nicht der wirklichen Welt oder dem Lauf der Geschichte gegenüber kohärent erweisen, aber er erfordert ein gewisses Maß an eigener innerer Kohärenz, um das Verständnis des Lesers zu wecken. Und dasselbe gilt für den Traum. Träume sind kein reiner Wirrwarr. Sie haben ein Thema, eine narrative Struktur, eine emotionale Resonanz – und laden darum zum Eintauchen in ihre Fiktion ein. Träume haben etwas von *Kunst* an sich.[20]

In ein Werk der Fiktion einzutauchen, erfordert emotionale Reaktionsbereitschaft und eine stillgestellte Motorik. Während man ein Buch liest oder einen Film betrachtet, mögen die eigenen Emotionen äußerst angespannt sein – Tränen laufen einem übers Gesicht, das Herz rast oder man ist ganz rot vor Freude –, aber man bewegt sich nicht sehr. Es ist, als wüsste der Körper, dass es sich nur um eine Geschichte handelt, während der Geist dies nicht weiß. Der Geist reagiert, als wäre die Fiktion real, aber der Körper ist skeptischer. Dies gilt insbesondere für das Gefühl der Angst. Dieses Gefühl kann in einem überhand nehmen, während man ein Buch liest oder einen Film betrachtet, aber man eilt nicht zur Tür. Emotionen bleiben vom Handeln losgelöst. Aber finden wir nicht gerade dies auch bei Träumen? Da liegt man bewegungslos im Bett, ohne einen Muskel zu bewegen, und ist zugleich durch und durch voller Angst. Die Emotion ist ganz da, aber sie ist von ihrem üblichen Ausdruck abgeschnitten. Zuweilen legt das Publikum einer Fiktion eine Andeutung seines normalen Verhaltens an den Tag – indem es etwa aufspringt, wenn ihm ein Schock versetzt wird –, und auch ein Träumer kann plötzlich verkümmerte Reaktionen zeigen. Aber im Allgemeinen setzen beide Bewusstseinszustände bei fortdauernder emotionaler Aktivität das motorische System außer Kraft.[21]

Ich habe bereits darauf verwiesen, dass die Angst im Traum *nicht ganz* dieselbe ist wie wirkliche Angst. Und auch der Glaube an den Traum ist nicht ganz so verpflichtend wie wirklicher Glaube. Es gibt da eine gewisse Zurückhaltung oder Reserviertheit. Was sie genau erfordert, ist sehr schwer zu bestimmen. Worauf es mir aber jetzt ankommt, ist, dass dieselbe Zurückhaltung beim Eintauchen in eine Fiktion auftritt. Der Glaube und die Emotionen beim Eintauchen in eine Fiktion sind ein *Quasi*-Glauben und *Quasi*-Emotionen (was immer das letztlich für Folgen haben mag). Also gibt es hier eine Parallele zwischen beiden Fällen: der „Fiktionalzustand" bringt stets eine Modifizierung des psychologischen Zustands ins Spiel, eine Art Verringerung oder Umgestaltung. Sie sind noch als dieselben Emotionen erkennbar, aber sie erscheinen in anderer Verkleidung – stummere Versionen ihrer selbst. Die Traurigkeit von Träumen ist wie die Traurigkeit, die wir angesichts fiktionaler Ereignisse empfinden: sie ist wirklich genug, hat aber nicht ganz den Stachel wirklicher Traurigkeit.[22]

Der Traumausstieg hat sein Gegenstück in der plötzlichen Erkenntnis, dass man nur Zeuge eines Werks der Fiktion ist. So sagt eine Mutter ihrem schreckensstarren Kind: „Es ist doch nur ein Film" und versetzt das Kind aus seinem Eingetauchtsein in die Fiktion in einen Ausstieg aus der Fiktion. Das Eingetauchtsein kann fortdauern, aber der Ausstieg vermindert die Macht, mit der es die Psyche beherrscht. Wenn im Theater die Lichter wieder angehen, werden die Theaterbesucher veranlasst, aus der Welt der Fiktion zurückzukehren und sich durch den

Ausstieg aus der Fiktion ein Urteil zu bilden – wobei dann die noch eben empfundenen Emotionen rasch nachlassen oder augenblicklich verschwinden. Denn man kann nicht zugleich in eine Fiktion eingetaucht sein und bewusst denken: „Es ist ja nur eine Fiktion." Die Aufmerksamkeit kann nicht gleichzeitig einem Werk der Fiktion *als* Werk der Fiktion *und* der in ihm abgebildeten fiktionalen Welt gelten. Bei einem Traumausstieg tritt man auch aus der Traumfiktion heraus und lockert deren Zugriff. Das hat gewöhnlich zur Folge, dass man aufwacht und die Traumwelt vollends verlässt. Dass man dabei meist den Glauben an den Traum ablegt, spiegelt die psychische Kehrtwendung wider, zu der es kommt, wenn man ein Werk der Fiktion explizit als solches erkennt. In Träumen kann man den Begriff des Traums so lange nicht anwenden, wie man in sie eingetaucht bleiben will. Beim „Erleben" eines Werks der Fiktion darf man seinen Gedanken den Gebrauch des Begriffs Fiktion nicht gestatten.²³ Sie würde einen aus dem herausreißen, worin man bleiben will.

Vielleicht wird man gegen diese Darstellung der Parallelen zwischen Träumen und Werken der Fiktion einwenden, hier werde „etwas Obskures durch etwas noch Obskureres erklärt". Diese Parallelen, so wird man einräumen, seien zwar vorhanden, und der Traumzustand sei generell dem des Eintauchen ins Fiktionale analog – doch wir verstünden von Letzterem so wenig, dass mit dieser Erklärung kein Fortschritt erreicht worden sei. Meine Erwiderung sollte hier offenkundig lauten: Ich habe zu zeigen versucht, wie der Glaube an den Traum möglich ist, und ich bin dabei der Strategie gefolgt, andere Fälle ausfindig zu machen, die eine Struktur aufweisen, wie sie im Glauben an den Traum implizit ist. Die bloße Tatsache, dass Träume Vorstellungen enthalten, kann nicht an sich schon ein Grund dafür sein, das Problem des Glaubens an Träume für unlösbar zu halten, da wir anderswo analoge Phänomene finden. Außerdem hat die alte Maxime wenig für sich: Was wir wollen, ist eine *wirkliche* Erklärung, die einiges zu erklären vermag. Dass das *zu Erklärende* seinerseits Fragen aufwirft, ist kein Grund, seine Gültigkeit zu bestreiten. Ich entwerfe eine Art Landkarte des vorstellenden Geistes und schaffe eine Verbindung zwischen einem Ort und einem anderen. Dabei unterstelle ich nicht, dass jeder dieser Orte eine Oase der Klarheit und der theoretischen Ordnung ist. Es ging mir darum, dass die verschiedenen Phänomene des Glaubens an Träume durch das Paradigma des Eintauchens in Fiktionen einleuchtend erfasst werden können. Und wenn dies möglich ist, dann lässt sich die Vorstellungstheorie der Träume mit dem Umstand verbinden, dass wir an das glauben, was wir träumen.

Ich möchte dieses Kapitel mit einer allgemeineren Bemerkung über den Glauben und andere psychologische Begriffe beschließen. Wir sollten nicht in den Fehler verfallen, anzunehmen, dass alles, was wir als „Glauben" bezeichnen, in ein feststehendes Paradigma passt – also bei der Konfrontation mit einem Sinnenreiz einem bestimmten Satz entspricht. Der Glaube kann in vielerlei Formen auftreten: vom Glauben angesichts wahrgenommener Sachverhalte hin zu ethischen Überzeugungen, theoretischen Ansichten, religiösen Glaubensinhalten („Glaubenswahrheiten") oder dem Glauben an Träume. Ähnlich sollte ein Schirmbegriff wie der des *Begehrens* nicht die überaus vielfältigen Dinge verdunkeln, die mit diesem Namen bezeichnet werden können – vom nagenden Hunger bis hin zu ethischen Motiven. Wenn wir uns auf nur eine Art von Fällen fixieren, versagen wir diesen Namen anderen – und lassen uns sozusagen auf eine strenge polizeiliche Überwachung des Sprachgebrauchs ein. (Ein Berufsrisiko von Philosophen einer bestimmten Richtung.) Innerhalb eines solchen geistigen Rahmens könnten wir dann die Idee eines *Glaubens* an Träume – verglichen mit irgendeinem anderen Anwendungsfall dieses Begriffs – in Zweifel stellen. Wenn wir uns etwa auf wahrnehmungsgesteuerten Glauben konzentrierten, würden wir dem Begriff eines vorstellungsgelenkten Glaubens skeptisch gegenübertreten (und Ähnliches auch für Emotionen etc. in Anspruch nehmen). Doch wir sollten dieser Neigung widerstehen und die Welt nehmen, wie wir sie vorfinden. Das Beispiel des Glaubens an Träume zeigt uns ganz einfach, wie weit reichend und vielgestaltig der Begriff des Glaubens ist. Der sichere Test, dass Träume von Glauben durchsetzt sind, besteht in ihrer Fähigkeit, Emotionen zu erzeugen, die vom Glauben abhängig sind – wie etwa die der Angst und der freudigen Erregung, von denen Träume voll sind.

KAPITEL 8   Wahn

Ich habe zwei Arten unterschieden, in denen ein Glaube gebildet werden kann: als Ergebnis einer Wahrnehmung im Wachzustand und in Übereinstimmung mit Vorstellungsbildern während des Traums. Bei der Perzeption wird der Glaube verursacht durch (und gegründet auf) Wahrnehmungen, die sich aus den Verfahrensweisen der Sinne ergeben. Bei Träumen wird der Glaube durch Vorstellungen ausgelöst, die sich aus den Verfahrensweisen des unbewussten Traumagenten ergeben, und zwar durch den Mechanismus des Eintauchens in die Fiktion. Wahrnehmungen kontrollieren und verbürgen zwar den Glauben, ebenso tun dies unter bestimmten Voraussetzungen aber auch Vorstellungen. Beide können aber auch zu einem falschen Glauben führen – in der Regel im Fall von Träumen, eher als Ausnahme von Perzeptionen (durch Täuschungen und Halluzinationen). In diesem Kapitel beschäftige ich mich erneut mit dem vorstellungsgelenkten Glauben, und es ist meine These, dass der so genannte Wahn eine Sonderform dieses ‚Glaubens‘ ist. Das heißt, die psychische Struktur des Wahns im Wachbewusstsein ähnelt der des Traums. Der Wahnsinn ist also dem Traumzustand verwandt. Träumen ist Verrücktheit im Schlaf, und Verrücktheit ist, grob gesagt, ein Wachtraum.

Betrachten wir einmal den Verfolgungs- und Größenwahn. Wie entstehen diese beiden? Ich schlage folgendes Modell vor: Ein Mensch leidet unter emotionalen Störungen, die sich auf Angst oder auf gehemmte Begierden konzentrieren. Diese Emotionen reizen die Einbildungskraft und rufen Vorstellungen der Verfolgung oder Wunscherfüllung hervor. Diese Vorstellungen wirken auf die Emotionen zurück und entzünden sie weiter. Es erfolgt ein Feedback. Die Vorstellungen werden von dem Betroffenen *geglaubt*, und er ist mithin von seinem Verfolgtsein oder von seiner Größe überzeugt. Das Wesen dieses einfachen Modells besteht darin, dass der wahnhafte Glaube vom System der Vorstellungen erzeugt und vom affektiven System mit all den distinktiven Merkmalen, die wir beobachtet haben, angetrieben wird. Er wird *nicht* durch eine Fehlfunktion des Wahrnehmungssystems erzeugt (d. h. durch Halluzinationen und Täuschungen). Keineswegs funktionieren die Sinne abnorm und laden zum Glauben an ihre irrigen Übermittlungen ein; sie können in der Tat vollkommen normal sein. Das Problem liegt in der Abnormität der Einbildungskraft sowie in deren Verbindung mit dem Glauben. Die Pathologie befällt hier das System der Einbildungskraft und nicht das System der Wahrnehmungen. Dieser Unterschied der psychischen Mechanismen ergibt sich direkt aus allem, was ich bisher ausgeführt habe, weil ich die Einbildungskraft von der Perzeption scharf getrennt habe. Durch die Einbildungskraft irregeführt zu werden, ist ganz etwas anderes, als von den eigenen Sinnen irregeführt zu werden (wie wir im Fall der Träume gesehen haben).

Die Idee, dass der Wahn das Produkt einer gestörten Einbildungskraft ist, ist keineswegs neu. Hume schreibt: „Noch eine Bemerkung erscheint hier nicht unangebracht. Lebhafte Einbildungskraft artet oft in Wahnsinn oder Geistesgestörtheit aus, und zeigt [auch sonst] in ihren Wirkungen große Ähnlichkeit mit diesen Zuständen. So ist [insbesondere] auch die Wirkung auf das Urteilsvermögen bei beiden eine gleichartige; sie bedingen auf gleiche Weise unseren Glauben. Wenn die Einbildungskraft vermöge einer außerordentlichen Gärung im Blute und den Lebensgeistern eine solche Lebhaftigkeit gewinnt, dass ihre sämtlichen Kräfte und Vermögen in Unordnung geraten, so hört die Fähigkeit zwischen Wahr und Unwahr zu unterscheiden auf; jede leere Erdichtung und Vorstellung wird, weil sie denselben Einfluss auf den Geist ausübt, wie die Eindrücke der Erinnerung oder die Schlüsse des Urteilsvermögens, auch in gleicher Weise wie diese vom Geiste aufgenommen und wirkt mit gleicher Stärke auf die Affekte ein."[1]

Die Wahnbilder lassen sich also auf eine Störung der Einbildungskraft zurückführen: Folglich sprechen wir von einer „hyperaktiven Einbildungskraft" oder einer „irregeleiteten Phantasie". Normalerweise ist unser Glaube von der Einbildungskraft losgelöst und an Perzeptionen gebunden. Im Wahnsinn wird er von der Einbildungskraft gestaltet, und die Perzeption verliert ihn aus dem Griff.[2] Mir kommt es hier darauf an, dass sich diese Theorie sehr stark von der Idee unterscheidet, derzufolge solche Wahnbilder aus Wahrnehmungs*halluzinationen* entstehen – da Vorstellungen und Wahrnehmungen jeweils radikal andere geistige Zustände sind. Beim Wahn bleibt der Glaube nicht an Wahrnehmungen gebunden, die sich als halluzinatorisch erweisen. Er wird vielmehr – ganz so wie in Träumen – von Wahrnehmungen abgekoppelt und stattdessen an die Einbildungskraft gebunden.

Die Einbildungskraft kann in reinen Vorstellungen Verwendung finden oder in Episoden von vorstellungsbezogenen Sinnesempfindungen. So mag etwa im letzteren Fall ein paranoider Wahnkranker zufällig Zeuge eines harmlosen Gesprächs werden und in seiner Phantasie auf dieses Gespräch eine Verfolgungsabsicht projizieren. Er hört es als ein Komplott, durch das ihm Schaden zugefügt werden soll. Er mag aber selbstverständlich auch einfach von auditiven Vorstellungen mit verfolgendem Inhalt heimgesucht werden. Er „hört dann Stimmen" in seinem Kopf. Beide Mal liegt der Ursprung des paranoiden Glaubens in der Einbildungskraft, die für sich allein oder in Verbindung mit den Sinnen wirksam wird. Wie die Depression eine Störung des Systems der Affekte und die Amnesie eine Störung des Systems der Erinnerungen ist, so ist der Wahn eine Störung des Systems der Einbildungskraft – aber, meiner These zufolge, keine Störung des Systems der Wahrnehmungen. Selbstverständlich veranlasst eine gewisse Vagheit bei der Unterscheidung zwischen Wahrnehmungen und Vorstellungen dazu, die theoretische Differenz zu übersehen, auf der ich hier bestehe, aber insgesamt ist es mir bisher darum gegangen, diese Unterscheidung hervorzuheben. Ich wende sie jetzt an auf die Bestimmung der Wahnzustände des Wahnsinns.[3]

Ich werde drei Gründe dafür anführen, dass die Theorie derzufolge der Wahn auf die Einbildungskraft zurückzuführen ist, der anderen Theorie vorzuziehen ist, derzufolge er auf Halluzinationen basiert. Erstens hat es nichts *Irrationales*, auf der Grundlage von Täuschungen und Halluzinationen einen falschen Glauben auszubilden: Wenn es aufgrund von Wahrnehmungen so scheint, als stünde man wirklich jemandem gegenüber, der einen bedroht, dann ist es rational zu glauben, dass dem so ist – selbst wenn die eigene Wahrnehmung tatsächlich falsch ist. Aber beim Wahnkranken *stimmt etwas nicht* an der Art und Weise, wie er seine Überzeugungen bildet. Er ist irrational, und seine Irrationalität besteht darin, dass sein Glaube bestimmt wird von dem, was bloß eingebildet ist. Die Halluzinationstheorie lässt den Wahnkranken, der an seinem Glauben festhält, als *geistig allzu gesund* erscheinen, wenn sie erklärt, wie er seine Glaubenssätze bildet. Denn das Pathologische wird von ihr einfach nur auf eine Fehlfunktion der Sinne zurückgeführt. Der massiv falsche Glaube eines (isolierten) Gehirns im Tank (*brain in a vat*) ist kein Symptom einer ungesunden Irrationalität, sondern der falsche Glaube eines Schizophrenen ist von sich aus irrational. Denn es ist fraglos irrational, die eigenen Vorstellungsbilder zu verabsolutieren.

Zweitens sind Halluzinationen im engeren Sinn okklusiv, so dass die Wahnkranken unter Wahrnehmungsausfällen – unter teilweiser Erblindung oder Taubheit – leiden müssten. Während sie beispielsweise einer auditiven Halluzination unterliegen, dürften sie nicht in der Lage sein, angemessen zu hören, was um sie her vorgeht. Es müsste bei ihnen zu Wahrnehmungsstörungen kommen. Doch das scheint sich empirisch nicht zu bestätigen: Das Hörvermögen von Wahnkranken wird durch die Stimmen in ihrem Kopf nicht beeinträchtigt. Diese Stimmen übertönen die Geräusche in ihrer Umgebung nicht. Das stimmt mit der Vorstellungstheorie überein, da auditive Vorstellungen mit auditiven Wahrnehmungen koexistieren können. Solche Vorstellungen treten nicht im „Hörfeld" der Kranken auf, sondern gehören eher in den Raum ihrer Einbildungskraft. Die Kranken neigen auch nicht ihren Kopf in die Richtung der vermeintlichen Stimmen, um deren Intonation deutlicher zu hören. Sie vernehmen diese Stimmen ganz einfach wie auditive Vorstellungen. Das Besondere ist, dass sie diesen Vorstellungen Glauben schenken – ja, dass sie ihnen gestatten, ihren Glauben zu prägen. Die Kranken hören die Stimmen „in ihrem Kopf", und das ist nicht dasselbe, wie wenn sie sie irrtümlich mit ihren Ohren hörten. Auf diese Weise glauben sie, was sie sich bloß vorstellen.

Drittens gibt es im Fall des Wahnkranken einen subtilen Unterschied in der affektiven Tönung: Seine Emotionen sind nicht genau so, wie sie wären, wenn er wirklich sehen und hören würde, was er sich nur vorstellt. Der Fall liegt ähnlich wie der des Träumenden: die Angst vor einem geträumten Tiger ist nicht ganz dieselbe wie die vor einem wahrgenommenen Tiger. In den begleitenden Emotionen gibt es stets eine Andeutung von „Unechtheit".[4] Dasselbe scheint von dem Wahnkranken zu gelten: Seine Paranoia beispielsweise ist nie ganz so wirklich wie die von jemandem, der wirklich verfolgt wird und dies in der üblichen Art weiß. Der Ursprung des Glaubens in der Einbildungskraft wird vom Geist irgendwie registriert und dies verändert die Kraft der entsprechenden Emotionen.

Folglich ist da stets etwas Melodramatisches in dem irrigen Glaubenssystem und den mit ihm zusammenhängenden Emotionen der Wahnkranken – trotz der Realität ihres Leidens. Wie beim Traum fällt es auch hier schwer, den Unterschied genau zu benennen, doch man erkennt ihn, sobald man ihn sieht. Nicht dass eine Emotion unbedingt weniger stark wäre, sie ist vielmehr phantastisch – eher ein Produkt der Einbildungskraft. Zuweilen erscheint das wie ein *Spiel*, das ein Patient mit sich selbst spielt, ein innerlich inszeniertes Drama (das wir gelegentlich auch als „Psychodrama" bezeichnen), eine Flucht aus der wirklichen in eine fiktive Welt. Doch wenn der wahnhafte Geisteszustand wahrnehmungsgesteuert wäre, dann gäbe es solche Unterschiede nicht.

Ein Autor, der dies in seiner *Allgemeinen Psychopathologie* richtig erfasst, ist Karl Jaspers. Das kann kaum überraschen, da er als scharfsinniger Phänomenologe auf die Unterschiede zwischen mentalen Zuständen gut eingestimmt ist. Jaspers beschreibt eine Kategorie, die er als „Pseudohalluzinationen" bezeichnet, und bemerkt dazu: „Mit den Halluzinationen hat man lange Zeit eine Klasse von Phänomenen verwechselt, die sich bei näherer Untersuchung gar nicht als leibhaftige Wahrnehmungen, sondern als eine besonders merkwürdige Art von Vorstellungen erweisen."[5] Jaspers fährt dann fort, indem er, wie ich meine, zutreffend feststellt, dass Pseudohalluzinationen, obwohl sie machtvoll sind, mit dem „inneren Auge" aufgefasst und weder im Gesichtsfeld vergegenwärtigt werden, noch die Realität von Wahrnehmungen besitzen. Stattdessen fehlt den Pseudohalluzinationen konkrete Realität, und sie erscheinen in einem subjektiven Innenraum. Jaspers hatte zuvor eindeutig Wahrnehmungen von Vorstellungen unterschieden und ist somit in der Lage, Raum zu lassen für die Idee eines Geisteszustands, der teils wie eine Halluzination funktioniert – insofern er Glauben erzeugt –, aber andernteils doch eine Vorstellung ist. Zeitgenössische Autoren neigen eher dazu, einen sehr vage umrissenen Begriff der Halluzination zu verwenden. Sie sehen darin so etwas, „wie einen sensorischen Zustand, der Glauben nach sich zieht". Folglich sind sie nicht in der Lage, die Unterscheidung zu treffen, die Jaspers zu Recht sieht. Hier ist ein Gebiet, auf dem die phänomenologische Psychopathologie mit Unterstützung der analytischen Philosophie des Geistes einige jener Phänomene zu klären vermag, mit denen sich Psychiatrie und Psychopathologie beschäftigen.[6]

Und dies hat praktische Bedeutung, weil wir ganz offensichtlich wissen müssen, *was* im Geist eines Wahnkranken falsch gelaufen ist – welche psychischen Strukturen genau falsch funktionieren. Nur so können wir entscheiden, welche Therapie die beste wäre. Hat der Patient einen Wahrnehmungsdefekt oder eine Störung seiner Einbildungskraft? In der Praxis wird meiner Ansicht nach die erste dieser beiden Möglichkeiten selten ernst genommen, da die Sinne des Patienten normal zu funktionieren scheinen. Die übliche Beschreibung solcher Fälle aber lokalisiert dieses Problem in einer defekten Wahrnehmung – im Auftreten von Halluzinationen. Es würde der Klarheit dienen, wenn der Begriff der „Halluzinationen" nur für Fehlfunktionen der Wahrnehmung reserviert bliebe und zur Bezeichnung der merkwürdigen Zustände der Wahnkranken an seine Stelle ein anderer Begriff träte – der von „Pseudohalluzinationen" oder von „Vorstellungen, die Glauben auslösen".

Die vorstellungsgestützte Konzeption des Wahns wirft offenkundig die Frage auf: Wer oder was beherrscht und kontrolliert hier die Vorstellungen? Unterliegen sie dem Willen des Patienten? Wenn dies der Fall ist, ist ihm das vermutlich nicht bewusst; denn wenn er seine Vorstellungen bewusst und intentional wollen würde, dann wüsste er, dass sie auf diese Weise entstehen. Wie aber könnte er dann an sie glauben und die mit ihnen zusammenhängenden Emotionen entwickeln? Er kann nicht zugleich seine Vorstellungen bewusst steuern und dabei glauben, dass sie ihm mitteilen, was es mit den Dingen objektiv auf sich hat. Das würde böse Absicht und Verwirrung in kolossalem Maßstab erfordern. Ich denke, es ist plausibler anzunehmen, dass sein psychischer Zustand insofern dem eines Träumenden ähnelt, als er einer „psychischen Spaltung" unterliegt. Das heißt, eine unbewusste Komponente seines Geistes beherrscht und kontrolliert den Gang seiner Vorstellungen, so dass die ihm ohne sein Wollen zu Bewusstsein zu kommen scheinen. Daher seine Bereitschaft, an sie zu glauben. Vielleicht ist diesem Geisteszustand in der Tat, wie den Träumen, ein hypnotischer Zustand eigen. Seine Beeinflussbarkeit wird erhöht durch den unbewussten Traumagenten, der die Vorstellungen erzeugt. Dies würde gewiss das Maß seiner Überzeugtheit erklären; sein Vorstellungsvermögen hat insbesondere seinen Glauben und die Emotionen recht stark im Griff. Auf jeden Fall scheint die Verursachung von Vorstellungen nicht dem bewussten Willen des Patienten zu unterliegen. Die Verursachung von Vorstellungen ist im Wahnsinn quasi in den Untergrund gegangen, und das System des Glaubens wurde entsprechend verführt und manipuliert. Es ist, als hätte sich die Einbildungskraft (wie im Traum) den Geist, ohne dass ihm dies bewusst geworden wäre, unterworfen, und die Perzeption habe sich auf eine untergeordnete Rolle zurückgezogen – ja, sei sogar von der Einbildungskraft bei der Entwicklung des Glaubens außer Kraft gesetzt worden.

Das Bild dessen, was hier vor sich geht, gestattet eine empirische Überprüfung. Wir könnten nach Beweisen für eine Okklusion der Wahrnehmung suchen. Wir könnten experimentell überprüfen, ob bei Geisteskranken mentale Vorstellungen in stärkerem Maße vorhanden sind. Wir könnten ermitteln, ob Schizophrene Schwierigkeiten haben, ihre Vorstellungen zu kontrollieren: Sind sie in der Lage, Vorstellungen so leicht zu bilden und zu verwerfen wie Gesunde? Fallen sie einer Vielzahl unerbetener Vorstellungen zum Opfer? Sind sie generell fähig, festzustellen, was eine Vorstellung ist und was nicht? Ich vermute, dass sie bei der gewöhnlichen kontrollierten Bildung von Vorstellungen nicht so gut abschneiden wie Gesunde. Damit würden sie die Idee bestätigen, dass das System ihrer Einbildungskraft fehlgeleitet worden ist. So weit ich weiß, sind solche Untersuchungen bisher nicht unternommen worden. Das hat seinen Grund möglicherweise darin, dass die Unterscheidung zwischen Wahrnehmungen und Vorstellungen nicht klar genug durchgehalten wurde. Interessant wäre es auch, die Fähigkeit zu vorstellungsdurchsetztem Sehen und Hören zu überprüfen: Ist diese Fähigkeit für Kranke ebenso kontrollierbar wie für Gesunde? Und wie steht es mit der Fähigkeit, Vorstellungsbilder rotieren zu lassen oder im Geist zu scannen? Könnte das gesamte System der Einbildungskraft in trennbare Module zerteilt sein, von denen einige funktional intakt bleiben, während andere versagen?

Der allgemeine Begriffsapparat, den ich hier vorgeschlagen habe, legt die folgende Untersuchung nahe: Man sollte schauen, welche der verschiedenen motorischen Abnormitäten Entsprechungen im Bereich der Einbildungskraft haben. Die Zwänge, Tics, Krämpfe, stereotypen Verhaltensweisen und Lähmungen – haben sie Parallelen in Hinsicht auf die Einbildungskraft? Auf welche spezifische Weise kann die Einbildungskraft vom Willen abgekoppelt werden? Gibt es ein Tourette-Syndrom der Einbildungskraft, eine unkontrollierbare Kaskade von Vorstellungen, die sowohl verstörend wie zuweilen auch willkommen sein kann? Kann die Einbildungskraft aufhören, aktiv zu sein, wie der Körper in der Lähmung? Da es körperliche Wiederholungstics gibt, kann es nicht auch Tics des Geistes geben – plötzliche Salven von Vorstellungen, die ohne erkennbaren Grund kommen und gehen? Der Körper untersteht offensichtlich dem Willen und kann vielerlei Arten von Zusammenbrüchen seiner willkürlichen Kontrolle erleiden. Wenn dies auch für die Einbildungskraft gilt, dann sollte auch sie vergleichbare Arten von Zusammenbrüchen aufweisen. Die Einbildungskraft sollte ebenso zu triebhaften Störungen neigen wie der Körper, und sie sollte eine vielfältige Pathologie haben.

Es war im vorliegenden Kapitel mein Ziel, eine begriffliche Struktur vorzuschlagen, um solche Fragen anzugehen. Empirische Forschungen sollten sich an dieser Struktur orientieren. Wesentlich ist dabei immer wieder, an der klaren Trennung von Wahrnehmungen und Vorstellungen festzuhalten. Geschieht dies, dann erweist sich der Wahn, analog zum Traum, als Sonderfall eines Glaubens, der seine Triebgrundlage in der Einbildungskraft hat. Es muss dann keine Sinnestäuschung vorausgesetzt werden. Wahnsinn ist fehlgeleitete Einbildungskraft. Und dies bestätigt die häufig bemerkte Verwandtschaf zwischen Traum und Wahnsinn.[7]

KAPITEL 9   Die Einbildungskraft des Kindes

Wir wissen über die Phänomenologie des frühkindlichen Geistes wissenschaftlich sehr wenig; kaum etwas wissen wir darüber, wie es ist, ein Säugling zu sein. Doch wir können zumindest einige Spekulationen wagen. Vermutlich sind in diesem Alter Wahrnehmungen (besser: Empfindungen) überreichlich vorhanden, wie wenig artikuliert sie auch sein mögen. Zweifellos haben sie jene Merkmale von Wahrnehmungen, die ich in Kapitel 1 aufgeführt habe; vor allem unterliegen sie nicht dem Willen. Wann Vorstellungen beginnen, lässt sich bei unserem gegenwärtigen Kenntnisstand nur vermuten, doch wir dürfen wohl annehmen, dass sie zuerst in Form von Erinnerungsbildern erscheinen, die von früheren Wahrnehmungen ausgelöst werden. Es ist überaus zweifelhaft, dass ein Säugling diese Vorstellungen *als* Vorstellungen erkennt – sie also als das *beurteilt*, was sie sind. Sie vermischen sich wohl einfach in der phänomenologischen Suppe, die noch nicht sehr ausdifferenziert ist. Für den Säugling hängen Wahrnehmungen und Vorstellungen verschwommen miteinander zusammen.

Aus diesem Anfangszustand müssen sich drei Entwicklungsschritte ergeben, damit das System der Vorstellungen zur Reife kommt: 1) Vorstellungen müssen unter die Kontrolle des Willens gelangen. 2) Sie müssen das richtige Verhältnis zum Glauben entwickeln. 3) Sie müssen begrifflich von Wahrnehmungen differenziert werden. Das Kind muss seine Vorstellungen seinem Willen unterwerfen. Es muss wissen, dass es nicht an sie glauben darf. Und es muss in der Lage sein zu erkennen, wann es eine Vorstellung hat. Diese drei Entwicklungsschritte ergeben den „Output" des Reifungsprozesses. Aller Wahrscheinlichkeit nach gibt es eine „kritische Periode", in der dieser Prozess in Erscheinung treten muss – wie es auch eine kritische Periode für den Spracherwerb gibt. Selbstverständlich kann der Prozess unterbrochen werden, in welchem Fall die Zustände 1 bis 3 nicht erreicht werden, aber normalerweise vollzieht er sich erfolgreich: Wir werden zu Herren unserer Einbildungskraft.

Wie werden diese drei Fertigkeiten erworben? Gestatten Sie mir, darüber zu spekulieren: Nach meiner Hypothese kommt die Kontrolle zuerst, dann die korrekte Ausrichtung des Glaubens und schließlich die begriffliche Differenzierung. Ich kann dies nur anbieten als eine rationale Rekonstruktion, die sich empirisch äußerst schwer verifizieren ließe. Wir dürfen annehmen, dass das Kind an einem bestimmten Punkt seiner Entwicklung entdeckt, dass manche seiner sensorischen Inputs vom Willen gesteuert werden können und andere nicht – so wie manche seiner Körperbewegungen gewollt werden können und andere nicht. Vielleicht ist dies eine Angelegenheit von Versuch und Irrtum, oder es ist vielleicht auch die Entfaltung eines angeborenen Programms. Auf jeden Fall wird ein tief reichender Unterschied in den Sinneszuständen bemerkt, die das Bewusstsein des Kindes bedrängen. Das spiegelt unter anderem ihre je unterschiedliche Verursachung wider. Im ersten Fall dürfen wir annehmen, dass Erinnerungsbilder als kontrollierbar ausgewählt werden, während dies mit ihnen in ihrer ursprünglichen Form als Wahrnehmungen nicht geschieht. Wird das erst einmal richtig eingeschätzt, kann die Frage, was es zu glauben gilt, angegangen werden: Man kann den unwillkürlichen Wahrnehmungen, nicht jedoch den willkürlichen Vorstellungen glauben. Vielleicht wird dies an den unterschiedlichen Auswirkungen auf das Handeln evident, die der jeweilige Glaube nach sich zieht. Bei Wahrnehmungen erweist der Glaube sich als verlässlich. Bei Vorstellungen führt er zu erfolglosem Handeln. (Es nützt nichts, an die Anwesenheit der Mutter zu glauben, wenn man sich ihrer nur durch ein Erinnerungsbild zu vergewissern vermag.) Bei diesem Übergang geht es vielleicht nicht darum, den Glauben an das aufzugeben, was man sich bloß vorstellt. Es könnte vielmehr darum gehen, dass man an das zu glauben beginnt, was die Wahrnehmungen anzeigen.[1] Wichtig ist, dass der Glaube angemessen auf die Fähigkeiten von Wahrnehmungen und Vorstellungen ausgerichtet wird. Die Unterwerfung unter den Willen, so vermute ich, ist der entscheidende Punkt dieser Ausrichtung.

Das nächste Stadium bringt das Kind in den Besitz und Gebrauch der Einbildungskraft. Dies geschieht über eine Idee davon, was geglaubt werden kann und was nicht: Der Begriff der Einbildungskraft geht einher mit einem sensorischen Zustand, dem nicht geglaubt werden sollte; der Begriff der Wahrnehmung dagegen geht einher mit einem, dem geglaubt werden kann und soll. Daher ist der Begriff der Wirklichkeit Teil dessen, was erforderlich ist, um das bloß Imaginäre zu erfassen: Denn das Imaginäre ist das, was *nicht* wirklich ist. Das Kind behandelt dagegen ein Erleben als Wahrnehmung, wenn es erkennt, dass dieses Erleben einen guten Grund abgibt für den Glauben. Die Einbildungskraft hat also ihre Wurzeln in zwei vorausliegenden Konzepten: dem, das feststellt, was (und was nicht) gewollt werden kann, und dem, das feststellt, was (und was nicht) geglaubt werden kann. Das Kind durchläuft eine Willensreifung, in der sich der Bereich des Willens allmählich etabliert und konturiert, und das Bewusstsein dessen ist es, was das Konzept der Einbildungskraft erzeugt. Es folgen zwar andere Entwicklungsschritte des Imaginären, aber ich vermute, dass die Bindung an den Willen ihr anfängliches distinktives Merkmal ist: Eine Vorstellung ist (unter anderem) eine sinnliche Vergegenwärtigung, die gewollt werden kann.[2]

Kinder sind notorisch anfällig für Produkte ihrer Einbildungskraft. Sie haben oft Angst vor etwas, das sie sich nur vorgestellt haben. Darin gleichen sie sowohl dem Träumenden wie einem wahnkranken Erwachsenen. Ihr Glaube ist teils noch an ihre Einbildungskraft gebunden. Es ist nicht so, dass sie im Dunkeln *halluzinieren* und dann ihre Halluzinationen bekräftigen. Sie bilden sich eher Vorstellungen und lassen die ihren Glauben und ihre Emotionen ausgestalten. Es ist nichts verkehrt an ihren Sinnen, und ihre Phantasien okkludieren ihre Weltwahrnehmung nicht. Sie können einfach nicht anders, als zu glauben, was ihre Einbildungskraft heraufbeschwört. Besonders im Dunkeln sind Kinder für solche Irrtümer anfällig, weil ihnen ihre Sinne vermutlich keinen substantiellen Input bieten, der es mit ihrer Einbildungskraft aufzunehmen vermöchte. Ihr Bewusstsein ist voll gestopft von Vorstellungen, und es sind nur schwache Wahrnehmungen vorhanden, die sie zum Glauben ablenken. Der Traum ist seiner psychologischen Konfiguration nach eine Art nächtliche Regression in die Kindheit, und auch der Wahnsinn ist auf diese Weise regressiv.[3] Es ist, als zöge die Einbildungskraft den Glauben in naturhafter Form an sich, obwohl sie als Glaubensgrundlage nicht taugt, und nur die Kräfte von Reife, Gesundheit und Tageslicht können beide auseinander halten. (Neigten unsere fernen Vorfahren nicht stark dazu, was sie von der Welt glaubten, nach dem zu formen, was ihre Einbildungskraft erdichtete?) Traum, Kindheit, Wahnsinn und Aberglauben bilden mithin eine natürliche Familie: den von der Einbildungskraft gelenkten Glauben.

Wie können wir testen, ob bei einem Kind die Einbildungskraft bereits entwickelt ist? Psychologen haben einen so genannten „false belief"-Test entworfen, der zeigen soll, ob ein Kind schon die Fähigkeit zum Glauben erworben hat.[4] Dieser Test funktioniert, kurz gesagt, folgendermaßen: Einem Kind, dem Probanden, werden zwei Schachteln gezeigt. In eine von beiden wird eine Murmel gelegt. Dies geschieht in Gegenwart eines anderen Kindes, das dann gebeten wird, den Raum zu verlassen. Während es draußen ist, wird die Murmel, für das erste Kind voll sichtbar, in die zweite Schachtel gelegt. Das zweite Kind kommt wieder herein, und das erste Kind soll nun sagen, in welcher Schachtel sich die Murmel nach Meinung des zweiten Kindes befindet, das die Veränderung nicht mit angesehen hat. Vor dem Alter von ungefähr drei Jahren sagt der Proband, das andere Kind glaube, die Murmel sei in der Schachtel, in der sie sich nach dem Wechsel *tatsächlich* befindet, und nicht in der Schachtel, in der sie *war*, bevor das zweite Kind den Raum verlassen hat – obwohl doch das zweite Kind keinen Grund hat, anzunehmen, dass irgendeine Veränderung eingetreten ist. Das erste Kind schreibt dem anderen Kind den Glauben zu, den *es selbst* hat und ist nicht in der Lage, die Idee zu entwickeln, dass das andere Kind einen irrigen (wenn auch gerechtfertigten) Glauben hat. Damit hat das erste Kind die Fähigkeit zum Glauben noch nicht entwickelt, die die Möglichkeit eines Irrtums einschließt. Es kann noch nicht erfassen, dass Menschen einen unterschiedlichen Glauben haben können. Auf diese Weise lässt sich also überprüfen, ob die Fähigkeit zum Glauben erworben und verstanden worden ist.

Ich möchte nun einen ähnlichen Test vorschlagen, der den Erwerb der Einbildungskraft überprüfen soll. Auch hier wieder ist von zwei Kindern das eine der Proband. Das andere wird gebeten, sich eine Vorstellung von etwas zu machen, was nicht der Fall ist. („Stell dir vor, dein Vater hat einen Schnurrbart.") Der Proband ist dabei zugegen. Er wird nun gefragt, was das zweite Kind von dem Objekt glaubt, das es sich vorgestellt hat. („Glaubt er jetzt, dass sein Vater einen Schnurrbart hat?") Wenn der Proband meint, das zweite Kind glaube nun, was es sich nur vorgestellt hat, dann hat er noch nicht erfasst, dass Vorstellungen nicht schon als solche einen Glauben rechtfertigen, und hat sich der Einbildungskraft noch nicht genähert. Er hat zwischen Wahrnehmungen und Vorstellungen nicht unterschieden. Es geht hier generell darum, festzustellen, ob ein Kind lernt und versteht, dass Vorstellungen keine guten Beweise für die Wahrheit sind. Wir können also auch die Urteile des einen Kindes über den Glauben des anderen nach Maßgabe von Wahrnehmung und Vorstellung miteinander vergleichen: Versteht das eine Kind, dass das andere ein Recht hat, das zu glauben, was es *sieht*, nicht aber das, was es sich bloß vorstellt? Selbstverständlich muss ein Kind vom Konzept der Einbildungskraft genug begriffen haben, um zu verstehen, was von ihm verlangt wird – nämlich, ob die Vorstellung eines anderen Kindes den Glauben nach sich zieht. Doch ich würde annehmen, dass Kinder ab einem bestimmten Alter in der Lage sind, den Anweisungen zu folgen, und doch nicht begreifen, dass Vorstellungen nicht den Glauben an sie rechtfertigen. Auf jeden Fall ist das Problem, um das es hier geht, ein offenkundig empirisches. Es sollte mithin möglich sein, herauszufinden, ob ein Kind dieses wesentliche Merkmal der Einbildungskraft begriffen hat und erkennt, worin sie sich von der Perzeption unterscheidet.[5]

Nehmen wir an, meine Spekulationen sind auf dem richtigen Weg, dann lernt das Kind durch seine unterschiedliche willensmäßige Einstellung zu Vorstellungen und Wahrnehmungen, dass sich das Glaubenssystem zu Recht an die einen und nicht an die anderen knüpft. Was könnte diesen psychologischen Fortschritt stören oder zum Stillstand bringen? Was könnte der normalen Differenzierung zwischen Vorstellungen und Wahrnehmungen in die Quere kommen? Und was könnte das Ergebnis einer derartigen Kollision sein? Nehmen wir an, die Umgebung des Kindes ist unerträglich, so dass die wahrgenommene Welt eine ist, in der das Kind nicht leben will. Das kann auf vielerlei Weise herbeigeführt werden: durch vorsätzlichen Missbrauch, hoffnungslose Armut oder Kriegszustände. Dies alles bietet notwendig ein Ensemble von Wahrnehmungsreizen, welche ein Kind nicht glauben *will* – die es unerträglich findet und nicht akzeptieren kann. Missbrauch durch die Eltern dürfte einen der oberen Plätze auf einer Liste nicht gewollter Wirklichkeiten einnehmen. Dann könnte die Einbildungskraft – eine Welt des Imaginären – wünschenswerter erscheinen und dem Kind stärker entgegenkommen. Wäre es nicht wunderbar, wenn eine *solche* Welt die wirkliche wäre? Wir haben damit eine ganz starke Voraussetzung dafür, den Glauben an der Einbildungskraft und nicht an der Perzeption auszurichten. Unter dem Druck von Emotionen fällt es zudem viel leichter, das zu glauben, was man sich vorstellt, als das, was wahrgenommen wird. Wenn solche Voraussetzungen während der kritischen Periode auftreten, in der der Glauben zuerst an der Perzeption ausgerichtet werden muss, kann dies durchaus zu einer Entwicklungsstörung führen und das Kind in eine Verwirrung hinsichtlich des Unterschieds von Wirklichkeit und Einbildungskraft stürzen. Es kann dann durchaus auf die Einbildungskraft „fixiert" bleiben und unfähig sein, den eigenen Glauben von der erwünschten imaginären Welt zu lösen und an die wahrgenommene reale Welt rückzubinden. Es kommt zu einer Art „Realitätsinversion".[6] Wir alle haben von unglücklichen Kindern gehört, die es vorziehen, in ihrer imaginären Welt zu leben statt in der unerträglichen realen Welt um sie her. In Extremfällen bleibt das System des Glaubens dauerhaft an die Einbildungskraft gebunden und schafft nie den Schritt zur Perzeption. Die imaginäre Welt übernimmt dann, was den Glauben betrifft, im Wesentlichen den Status der realen Welt, und es kommt nie zu der entscheidenden Differenzierung von Wahrnehmung und Vorstellung. Es bedarf daher einer großen Zahl positiver Erlebnisse, um ein Kind dieser mentalen Konfiguration zu entwöhnen, und vielleicht erweist sich dies in manchen Fällen als unmöglich.

Die Ergebnisse einer solchen Bindung an die Einbildungskraft sind leicht vorherzusagen: Es sind die Wahnzustände der Geisteskranken. Wie der Glaube eines wahnkranken Erwachsenen bei entsprechend herabgestufter Perzeption von seiner Einbildungskraft geformt wird, so kann der Glaube eines Kindes durch die von ihm vorgezogene imaginäre Welt bestimmt sein. Mit anderen Worten: Der Samen des Wahnsinns kann durch die beschriebene Kollision gesät worden sein. Einfacher gesagt: Ein Faktor der Verursachung einer wahnhaften Persönlichkeitsentwicklung kann in unerträglichen Erlebnissen während der Kindheit liegen. Nun ist das gewiss keine neue Erkenntnis. Mir ging es darum, diese These vor einem konzeptionellen und theoretischen Hintergrund zu verorten – sozusagen ihre mentale Architektur näher zu bestimmen. Um das Phänomen näher zu untersuchen, müssten wir wissen, wann die kritische Periode beginnt und welche Erlebnisse besonders starken Einfluss ausüben. Meine Hypothese ist, dass die Differenzierung von

Wahrnehmung und Vorstellung recht früh einsetzt, vor dem Alter von drei Jahren, und dass sich vor allem familiäre Traumen hier sehr intensiv auswirken. Angst ist die wahrscheinlichste Ursache für den Rückzug aus der wahrgenommenen Welt. Sie wird unterstützt durch die verzweifelte Suche nach einem Ausweg, der darin besteht, den Glauben von seiner Grundlage in der Wahrnehmung auf eine Basis in der Vorstellung zu gründen. Das Ergebnis ähnelt einem Leben im Traum, außer dass es zu einer fortgesetzten Kollision mit der Welt der Sinneserfahrungen kommt – was die Verwirrung nur steigert. Wahnhafte Tendenzen sind das Ergebnis einer Einbildungskraft, die nicht erwachsen geworden ist – und noch so funktioniert wie im Traum.

Ich werde diese Spekulationen mit einer weiteren beenden, die man, so hoffe ich, nicht für frivol halten wird. Während der Adoleszenz scheint die so häufig mit der kindlichen Einbildungskraft in Verbindung gebrachte Angst erheblich zurückzugehen. Dunkelheit löst nicht länger schreckliche Phantasien aus. Warum? Nun, es beginnt zeitgleich die Pubertät mit ihren psychischen Ausdrucksformen – insbesondere dem sexuellen Begehren und den von ihm erzeugten Phantasien. Ich denke, es wird niemanden überraschen, wenn ich sage, dass die Einbildungskraft in dieser Zeit von sexuellen Vorstellungen beherrscht wird, die die früheren Angstvorstellungen an den Rand drängen. Unter dem Drang eines neuen Begehrens verlagert sich der Brennpunkt von einer Art Vorstellung auf eine andere. Nun sind es andere Dinge, die die fiebernde Einbildungskraft im Dunkeln beschäftigen. Folglich müssen wir dem Sex dankbar sein, dass er unsere Einbildungskraft von ihren kindlichen Ängsten befreit.[7]

KAPITEL 10

Kognitive Einbildungskraft

Ich habe bisher mentale Vorstellungen erörtert – also eine Art sensorischen Inhalt des Bewusstseins. Die Zuschreibung von Vorstellungen hat die sprachliche Form „X stellt sich Y vor", also die Form eines zweistelligen Prädikats (wie „X sieht Y"). Ich möchte nun einen anderen Gebrauch der Einbildungskraft erörtern, jene Form, auf die ein „dass-" Satz folgt: „X stellt sich vor, dass p." Dieser Gebrauch der Einbildungskraft gehört derselben Familie an wie andere propositionale Einstellungen, etwa der Glaube; er benötigt ein propositionales Objekt. Ich bezeichne dies als „kognitive Einbildungskraft". Sie erfordert begriffliche, nicht sensorische Bestandteile. Grob gesagt, ist sie für Vorstellungen im engeren Sinn, was der Glaube für die Perzeption ist – eine begriffliche Fähigkeit, die auf die sensorischen Inhalte bezogen sein mag, aber auf derartige Inhalte nicht reduzierbar ist. Die kognitive Einbildungskraft ist eine Art *Denken* im weitesten Sinn. Wenn ich mir vorstelle, dass ich in Paris bin, dann ziehe ich einen Gedanken in Erwägung – den Gedanken, dass ich in Paris bin. Dies mag von einer Vorstellung im engeren Sinn begleitet sein (oder nicht), auf jeden Fall handelt es sich hier um einen begrifflichen Akt mit allen Merkmalen eines solchen.

Um sich den Unterschied zwischen der sinnlichen und der kognitiven Einbildungskraft zu vergegenwärtigen, betrachte man Descartes' Beispiel des Tausendecks.[1] Descartes verwendet dieses Beispiel, um zu zeigen, dass der Verstand nicht dasselbe ist wie die Einbildungskraft, da man sich eine tausendseitige Figur denken kann, ohne allerdings in der Lage zu sein, sie sich bildlich vorzustellen. Ich denke, er hat im Wesentlichen mit dieser Argumentation Recht, aber Unrecht mit seiner Formulierung dessen, was sie zeigt. Denn was sie wirklich zeigt, ist, dass Vorstellungen nicht dasselbe sind wie ein Vorstellen-dass. Ich kann mir vorstellen, *dass* im Zimmer nebenan ein Tausendeck ist. Aber ich kann mir von ihm keine Vorstellung machen (durch die es sich von meiner Vorstellung einer 1001-seitigen Figur unterscheiden würde.) Ich kann die beiden in Frage stehenden Konzepte miteinander kombinieren und die Haltung der Einbildungskraft dem sich ergebenden propositionalen Gehalt gegenüber einnehmen. Ich kann ganz einfach meine *Vorstellung* nicht so feinkörnig machen. (Und fraglich ist auch, ob meine Wahrnehmung dermaßen feinkörnig sein könnte.) Die Lehre daraus ist, dass die kognitive Einbildungskraft in dem Inhalt, den sie zu vergegenwärtigen vermag, die sinnliche übertreffen kann. Ohne Descartes zu nahe treten zu wollen: Es ist nicht so, dass die Einbildungskraft solche Konzepte nicht zu erfassen vermag. Ich kann mir auch vorstellen, dass ich jetzt etwas Rotes sehe, aber es ist nicht klar, dass ich mir eine Vorstellung des Erlebens von Rot bilden kann, im Gegensatz zu dem, was in dem Erleben vorkommt. Vorstellungen scheinen notwendig solche von wahrnehmbaren Objekten zu sein. Ich kann mir vorstellen, dass die Demokratie über die Tyrannei triumphiert. Wie aber wäre es, sich eine Vorstellung von der über die Tyrannei triumphierenden Demokratie zu machen? Mentale Zustände und Abstraktionen sind resistent gegen eine Vergegenwärtigung mittels Vorstellungen, aber sie können ohne weiteres als Inhalte eines propositionalen Vorstellens auftreten.

Ist diese Unterscheidung erst einmal anerkannt, erhebt sich die Frage, warum wir das Wort „Einbildungskraft" in einem so umfassenden Sinn verwenden: Ist es zweideutig im Hinblick auf eine sinnliche und eine kognitive Einbildungskraft? Werden mit ihm nicht Verfahrensweisen des Geistes in einen Topf geworfen, die miteinander nichts zu tun haben? Dies ist eine vernünftige Frage, doch ich glaube, es gibt auf sie eine Antwort. Denn die beiden Arten der Einbildungskraft verwenden zwar unterschiedliche *Elemente*, erfordern aber dieselbe *Fähigkeit*. Die sinnliche Einbildungskraft bedient sich, ähnlich wie die Perzeption, sinnlicher Elemente, obwohl diese Elemente, wie ausführlich dargestellt, nicht miteinander vermischt werden dürfen.[2] Die kognitive Einbildungskraft verwendet, wie das Denken, begriffliche Elemente. Diese Elemente sind nicht intrinsisch modalitäts-spezifisch und verbinden sich miteinander, um propositionale Inhalte zu bilden. Was beide miteinander gemein haben, ist eine allgemeine Fähigkeit, die sich auf diese Elemente auswirkt – die Einbildungskraft. Sie ist im Wesentlichen eine kreative kombinatorische Fähigkeit, die sich (wie wir noch ausführlicher sehen werden) von Perzeption und Glauben unterscheidet. Mir geht es vor allem darum, dass *dieselbe* Fähigkeit sich auf unterschiedliche Arten von Elementen auswirken kann. Ihre Identität besteht darin, dass dasselbe Verfahren von einer strukturell einheitlichen Fähigkeit durchgeführt wird.[3] Wie wir sehen werden, ähnelt die kognitive Einbildungskraft in mehreren Punkten der sinnlichen. Daher tragen die beiden Arten der Einbildungskraft ihre Namen zu Recht.

Überzeugen wir uns zunächst davon, dass ein Sich-Vorstellen-dass nicht bloß eine Art Glauben ist. Die Idee, dies könne so sein, entspricht der Lehre Humes, derzufolge Vorstellungen eine Art Wahrnehmung sind. Wie Vorstellungen schwache Wahrnehmungen sein sollen, so könnte ein Sich-Vorstellen-dass ein schwacher Glaube sein. Demnach wäre die Vorstellung, dass ich in Paris bin, ein unschlüssiger oder schwacher Glaube. Dahinter steckt die Überlegung, der Glaube trete in unterschiedlichen Graden auf, vom bloßen Verdacht bis zu überwältigender Überzeugung, und ein Sich-Vorstellen-dass sei ein niedrig einzustufender Glaube, sozusagen ein Glaube mit geringer subjektiver Wahrscheinlichkeit. Leicht lässt sich nachvollziehen, dass diese Annahme falsch ist. Und zwar aus einem einfachen Grund: Ich kann mir vorstellen, dass p, ohne irgendwie zu dem Glauben zu neigen, dass p. Ich weiß sehr wohl, dass ich nicht in Paris bin, und ich habe keinerlei Hinweise, die diese Hypothese bestätigen. Doch das hält mich keinen Moment davon ab, mir *vorzustellen*, dass ich in Paris bin. Dies ist nicht unmöglicher, als zu wissen, dass ich kein berühmter Filmstar bin, und mir doch zu *wünschen*, ich wäre einer. Gerade wenn ich es mir wünsche, könnte das die Vorstellung erfordern, dass es so ist. Ich vermag mir sogar vorzustellen, dass ich nicht existiere, während ich aus cartesianischen Gründen überzeugt bin, dass ich *definitiv* existiere. Ein Sich-Vorstellen-dass ist also eindeutig kein schwacher Glaube.

Aber könnte es nicht vielleicht der Glaube sein, dass der vorgestellte Sachverhalt *möglich* ist? Das klingt zwar besser, ist jedoch ebenso falsch. Die vorgebliche Analyse unterstellt eine notwendige Bedingung des Sich-Vorstellens-dass, die es nicht hat, da ich mir vorstellen kann, dass p, aber der Frage der Möglichkeit von p gegenüber *neutral* zu sein vermag. Vielleicht kann ich mir nur vorstellen, was möglich ist, aber ich muss der Proposition nicht *zustimmen*, dass etwas möglich ist, um es mir vorzustellen. Kann ich mir nicht etwas vorstellen und fälschlich annehmen, es sei unmöglich? Der springende Punkt ist, dass ich mir oft alle möglichen Dinge vorstelle, ohne auch nur darüber nachzudenken, ob sie möglich sind oder in welchem Sinn sie möglich sind. In meinen Träumen stelle ich mir vielleicht vor, dass ich fliege, aber ich beschäftige mich nicht mit dem modalen Problem, ob das, was ich mir vorstelle, wirklich möglich ist. Wenn ich mir etwas vorstelle, führe ich nicht unbedingt eine modale Untersuchung durch oder gebe meinem modalen Glauben Ausdruck. Sich eine Möglichkeit vorzustellen, ist nicht dasselbe wie der Glaube, dass etwas eine Möglichkeit *ist*. Darum kann es mir egal sein, ob das, was ich mir vorstelle, möglich ist oder nicht. Ich kann sogar Modalkategorien skeptisch gegenüber stehen und mich davor hüten, sie je zu verwenden. Das würde mich nicht daran hindern, mir bestimmte Dinge vorzustellen. Der Glaube, etwas sei möglich, kann sich aus einem Akt des Vorstellens-dass ergeben, aber er ist nicht das, *worin* dieser Akt *besteht*.

Ein Sich-Vorstellen-dass lässt sich mit dem Äußern eines Satzes im Gegensatz zu seinem Behaupten vergleichen.[4] Wenn ich einen Satz einfach ausspreche, sagen wir im Laufe einer Sprechübung, dann vergegenwärtige ich einen Sachverhalt – eben den, der in dem Satz zum Ausdruck gelangt –, aber ich behaupte damit nicht, dass dieser Sachverhalt möglich ist. Ich bin in dieser Frage *als* Sprecher, was die Modalität angeht, neutral. Indem ich den Satz nur ausspreche, bringe ich keine modalen Verpflichtungen zum Ausdruck. Ebenso wenig behaupte ich unschlüssig oder schwach, was der Satz sagt. Ich vergegenwärtige lediglich eine Möglichkeit, ohne zu behaupten, dass sie eine Möglichkeit *ist*. Und wenn ich mir eine Möglichkeit vorstelle, glaube ich in durchaus ähnlicher Weise nicht, dass sie eine Möglichkeit *ist*. Einen Gedanken zu hegen, heißt nicht, zu seinem modalen Status Stellung zu beziehen.

Diese Argumente zeigen, dass ein Sich-Vorstellen-dass nicht unter dem Gesichtspunkt des Glaubens zu analysieren ist. Das Verbum „sich vorstellen" konnotiert eine ganz und gar andere Einstellung. Ich möchte nun einige weitere Unähnlichkeiten mit dem Glauben herausarbeiten, um hervorzuheben, dass ein Sich-Vorstellen-dass eine Einstellung *sui generis* ist. Außerdem will ich auf einige Parallelen zu Vorstellungen im engeren Sinn hinweisen.

Erstens ist ein Sich-Vorstellen-dass p eine Handlung, während ein Glauben-dass p keine ist. Genauer gesagt, unterliegt ein Sich-Vorstellen-dass dem Willen, was für ein Glauben-dass nicht gilt. Man kann eine Weile der Möglichkeit anhängen, dass p, dann in dieser Bemühung Erfolg haben, an ihr für einige Zeit festhalten und endlich beschließen, von ihr Abstand zu nehmen. Man kann versuchen, sich vorzustellen-dass und daran scheitern. Man kann große Anstrengungen auf ein Sich-Vorstellen-dass verwenden. Von manchen Dingen kann man sich zwanghaft vorstellen-dass. Der Fall ist in dieser Hinsicht ähnlich, wie wenn man sich eine Vorstellung bildet. Aber offenkundig kann man ebenso wenig beschließen zu glauben-dass, wie man beschließen kann zu sehen-dass. Glauben ist passiv, liegt nicht im Bereich des Willens.[5] Der Glaube ist eine Verpflichtung zur Wahrheit, und die Wahrheit kann nicht zu sein gewollt werden. Aber ein Sich-Vorstellen-dass ist keine Verpflichtung zur Wahrheit oder gar zu einer möglichen Wahrheit. Also gibt es kein Hindernis, es zu wollen. Sich-Vorzustellen-dass heißt einfach nur, etwas in Erwägung zu ziehen, es sich geistig vor Augen zu führen. Ein Sich-Vorstellen-dass zu beschließen, ist nicht schwieriger als zu beschließen, etwas zu lesen – unabhängig von dem Wahrheitswert dessen, was man liest. Einen Gedanken zu hegen, ist willkürlich, etwas zu glauben nicht. Die begrifflichen Inhalte mögen übereinstimmen, aber die Einstellungen sind sehr verschieden. In dieser Hinsicht steht ein Sich-Vorstellen-dass mithin in einem ähnlichen Gegensatz zum Glauben, wie das Bilden einer Vorstellung im Gegensatz zur Perzeption steht.

Damit hängt die These zusammen, dass ein Sich-Vorstellen-dass „indifferent gegen Beweise" ist, während dies für den Glauben nicht gilt. Dass es starke Beweise gegen eine Proposition gibt, hindert nicht daran, sich vorzustellen, dass sie wahr ist. Denn derjenige, der sich vorstellt-dass, hat nicht die Aufgabe, eine Untersuchung darüber anzustellen, wie die Welt ist. Aber Beweise gegen eine Proposition haben offenkundig etwas damit zu tun, ob ich sie glauben soll. Wenn es meine Aufgabe ist, die Welt zu untersuchen, achte ich auf Beweise und forme in Übereinstimmung mit ihnen meinen Glauben. Nicht aber, wenn ich mir nur vorstelle-dass. Dann bin ich dagegen indifferent, wie die Dinge wirklich sind. Dies entspricht dem in Kapitel 1 erörterten Begriff der „Beobachterperspektive", die in der Perzeption, nicht jedoch bei der Bildung von Vorstellungen vorhanden ist. Perzeption und Glaube geben vor, die Dinge im rechten Licht zu sehen, erfordern mithin Achtsamkeit auf Belege dafür. Doch Vorstellungen und ein Sich-Vorstellen-dass geben nicht vor, die Dinge abzubilden, wie sie wirklich sind. Mithin braucht man Gründe, um zu glauben, aber Gründe sind für die Einbildungs-

kraft nicht erforderlich. Ich kann mir vorstellen, dass p, und dabei keinerlei Gründe zugunsten von p haben – und muss mir dabei keineswegs
vorwerfen lassen, irrational zu sein.

Drittens gibt es keine Entsprechung zur Okklusion oder zu deren
Fehlen. Vorstellungen schließen Wahrnehmungen nicht aus. Beide können im Bewusstsein nebeneinander existieren. Ähnlich schließt ein Sich-
Vorstellen-dass den Glauben nicht aus. Ich kann mir leicht vorstellen-
dass p, während ich glaube, dass-nicht p. Nichts in dem, was ich mir vorstelle, schließt aus, dass ich irgendetwas glaube: Beides konkurriert
nicht miteinander. Selbstverständlich steht ein Glaube in Wettbewerb
mit anderen; er ist „okklusiv". Doch wie wir gesehen haben, ist ein Sich-
Vorstellen-dass keine Form von Glauben. Wäre es das, dann käme das
Sich-Vorstellen-dass p einem Glauben-dass nicht p selbst dann in die
Quere, wenn der vorgeblich vorstellende Glaube nur schwach oder unschlüssig wäre. Es scheint jedoch keine Entsprechung zu Wittgensteins
Argument zu geben, dass ich mir keine visuelle Vorstellung von einem
Objekt bilden kann, das ich gerade anschaue. Denn es scheint mir möglich, zu glauben-dass p *und* mir vorzustellen-dass p. Nehmen wir an, ich
glaube, dass es draußen regnet, obwohl ich das direkt nicht wahrnehmen kann, etwa weil die Vorhänge zugezogen sind. Ich kann mir darum
doch vorstellen, dass es regnet: Ich bilde mir einfach eine geistige Vorstellung des Regens draußen, und das genügt unter den aktuellen Bedingungen, damit ich mir vorstelle, *dass* es regnet. Selbstverständlich
wäre es im Gespräch irreführend zu sagen, „Ich kann mir vorstellen,
dass es regnet", wenn ich sehr wohl weiß, dass dem so ist – da meine Äußerung den Eindruck erwecken würde, dass ich bezweifle oder sogar
nicht daran glaube, dass es regnet. Doch ich halte dies nur für eine ge-
sprächsweise Implikation, die nicht zeigt, dass es *falsch* ist, dass ich sie
mir vorstelle. Kann ich mir vorstellen, dass ich ein Philosoph bin? Gewiss, selbst wenn ich weiß, dass ich einer bin. Es wäre irreführend, jemandem zu sagen „Ich stelle mir vor, dass ich ein Philosoph bin", der
nicht weiß, dass ich weiß, dass ich einer bin. Doch ich denke nicht, dass
dies falsch wäre. Mithin stimmen Glauben-dass p und Sich-Vorstellen-
dass p logisch überein.[6]

Viertens, etwas in Betracht ziehen hängt enger mit aufmerksamer Beachtung zusammen als mit einem Glauben. Man kann vielerlei glauben,
was man aktuell nicht beachtet. Glaubensinhalte sind „verfügbar" und

müssen dem Bewusstsein nicht jederzeit gegenwärtig sein. Noch weniger müssen sie im Zentrum der Aufmerksamkeit stehen. Deshalb kann man vieles gleichzeitig glauben, während der Fähigkeit, unterschiedliche Dinge zugleich in Betracht zu ziehen, definitiv Grenzen gesetzt sind. Man muss sich auf das, was man sich vorstellt, konzentrieren, um es sich vorzustellen, aber man muss seinen Glaubensinhalten keine Beachtung schenken, um sie zu haben.[7] Es kann durchaus wahr sein, dass man die *Fähigkeit* hat, sich etwas vorzustellen, was keinen Akt der Aufmerksamkeit erfordert, aber eine derartige Fähigkeit ist nicht schon an sich ein Sich-Vorstellen-dass. Während beim Glauben die Fähigkeit, etwas achtsam und aufmerksam zu akzeptieren, bereits der Glaube *ist*. Kurz, ein Sich-Vorstellen-dass ist aufmerksamkeitsabhängig, aber ein Glauben nicht.

Ein Sich-Vorstellen-dass unterscheidet sich also in vieler Hinsicht vom Glauben; es gehört generell in eine andere mentale Kategorie. Ich würde sagen, die allgemeine Kategorie des *Denkens* hat ebenso zwei Arten – das Glauben und das Inbetrachtziehen –, wie ich weiter oben von zwei Arten der allgemeinen Kategorie des Sehens gesprochen habe – dem wahrnehmungsbestimmten Sehen und dem geistigen Sehen.[8] Keine dieser beiden Arten sollte als begrifflich grundlegend in Hinsicht auf die andere betrachtet werden. So sollten wir insbesondere nicht annehmen, ein (aktuell präsenter) Glaube sei die grundlegende Form des Denkens und das Inbetrachtziehen sei abgeleitet oder sekundär. Wenn überhaupt, so ist es, wie wir gleich sehen werden, andersherum. Der Glaube ist nicht die paradigmatische propositionale Einstellung und das Sich-Vorstellen-dass seine blasse Kopie. Beide bilden vielmehr die Zwillingssäulen des kognitiven Lebens. Sich-Vorstellen-dass und Glaube sind in bestimmter Hinsicht *ähnlich* (insbesondere im Hinblick auf ihre begrifflichen Bestandteile), aber sie sind einander nicht anzugleichen – wie auch Vorstellungen und Wahrnehmungen in mancher Hinsicht ähnlich, aber einander nicht anzugleichen sind. Vorstellungen und Sich-Vorstellen-dass sind nicht die armen Verwandten von Wahrnehmungen und Glauben. Sie haben ihre eigenen distinkten Merkmale und ihren Ort im Geist.

Dass Einbildungskraft und Glaube getrennt sind, bedeutet nicht, dass sie sich nicht zuweilen verbinden können. Gibt es hier nicht eine Entsprechung zu den vorstellungsbezogenen Sinnesempfindungen, bei denen sich Wahrnehmung und Vorstellung verbinden? Die Einbildungskraft kann sich auf das Aussehen der Dinge auswirken. Kann sie sich auch in den Inhalt des Glaubens einschalten? Ich meine, ja – in der Erscheinung des *metaphorischen Glaubens*. Nehmen wir an, ich verwende ein Gleichnis, um meinen Glauben auszudrücken: Also sage ich, dass der Himmel wie der Ozean ist. Was ich dabei getan habe, ist, dass ich mir den Himmel *als* Ozean vorgestellt habe. Damit habe ich den Begriff des Ozeans mit dem des Himmels verbunden. Ich denke an den Himmel unter einem vorstellenden Aspekt – so wie ich ein Objekt unter einem vorstellenden Aspekt sehen kann. Der Inhalt meines Glaubens verbindet eine buchstäbliche Komponente, die dem Begriff *Himmel* entspricht, mit einer darüber gelegten vorstellenden Komponente, die dem Begriff *Ozean* entspricht. Wenn ich nun sage „Der Himmel ist ein Ozean", dann verdichte ich diese beiden Komponenten zu einer und drücke einen metaphorischen Glaubensinhalt aus. Meine Einbildungskraft hat sozusagen meinen Glauben durchdrungen – wie mein geistiges Vorstellungsvermögen in Fällen des Sehens-als meine Perzeptionen durchdringen kann. Und ist nicht dieses geistige Verfahren im Wesentlichen willkürlich? Ich kann nicht umhin zu glauben, dass der Himmel unermesslich und blau ist, aber ihn mir metaphorisch als ozeanisch zu denken, scheint Sache einer Entscheidung. Wir *entscheiden* uns schließlich für unsere Metaphern. Ich könnte entscheiden, dass die Metapher vom Himmel als Ozean banal ist und sie aus meinen Glaubensinhalten löschen. Möglicherweise entscheide ich mich stattdessen, den Himmel mit einer Wüste zu vergleichen. Denn es ist ja nicht so, dass die Tatsachen uns eine Metapher aufnötigen statt einer anderen. Eine Metapher entspringt meiner eigenen freien Kreativität. Sie ist meine *Deutung* der Tatsachen. Sie zeigt meine Entscheidung darüber, wie ich mir die (anstehenden) Fakten vorstelle. Angesichts dieses Unterworfenseins unter den Willen überrascht es nicht, dass metaphorische Glaubensinhalte beweisunabhängig sind. Es gibt keine Beweise, auf die ich stoßen könnte, die dafür sprechen, eine Metapher einer anderen vorzuziehen. Wenn ich mir einen metaphorischen Glauben bilde, warte ich nicht darauf, meine Beschreibung im Lichte weiterer Beweise zu ändern; denn ich erhebe nicht den Anspruch, festzulegen, wie die Dinge objektiv sind. Es ist nicht Aufgabe eines Dichters, widerlegbare Behauptungen über die objektive Wirklichkeit vorzulegen, wenn er eine metaphorische Beschreibung liefert. Wer verkünden wollte, er habe soeben entdeckt, dass der Himmel keine Wüste ist, wäre töricht. Der Dichter könnte ihm zu Recht antworten: „Nun, er ist es *für mich*." Metaphernbildung unternimmt nicht den Versuch, etwas objektiv richtig zu stellen – obwohl Metaphern selbstverständlich mehr oder weniger passend, mehr oder weniger vielsagend etc. sein können. Und genau dies würden wir angesichts der Rolle der Einbildungskraft bei ihrer Erzeugung erwarten. Metaphorische Glaubensinhalte bilden also in mehrfacher Hinsicht eine Entsprechung zum vorstellungsdurchsetzten Sehen. Die kognitive Einbildungskraft verschmilzt hier mit dem Glauben, wie die sinnliche Einbildungskraft beim Sehen-als mit der Perzeption verschmelzen kann.[9]

Ich habe die These vertreten, ein Sich-Vorstellen-dass sei keine Art von Glauben, und ebenso wenig ist der Glaube eine Art Sich-Vorstellen-dass. Doch diese fehlenden Entsprechungen besagen nicht, dass die Einbildungskraft nicht irgendwie am Glauben *beteiligt* – in ihn eingebettet und von ihm vorausgesetzt ist. Wie also sind beide aufeinander bezogen? Ganz offenkundig kann man sich einen Sachverhalt vorstellen, bevor man glaubt, dass er Geltung hat. Man kann durch Einbildungskraft eine Hypothese heraufbeschwören und in der Folge verifizieren, dass diese Hypothese wahr ist – so dass man schließlich glaubt, was man sich zunächst nur vorstellte. Man zieht eine Möglichkeit in Betracht und gelangt später dahin zu glauben, dass sie Wirklichkeit geworden ist. Frage: *Hört man auf*, die Möglichkeit in Betracht zu ziehen, sobald man glaubt, dass sie Wirklichkeit geworden ist, oder zieht man sie weiterhin in Betracht? Beseitigt der Glaube die Einbildungskraft oder trägt er zu ihr bei? Wenn Letzteres gilt, dann ist der Glaube *Einbildungskraft plus etwas* – wie Wissen *Glauben plus etwas* ist. Ich werde diese Position vertreten. Selbstverständlich gibt es Implikationen im Gespräch, mit denen man fertig werden muss. Unter normalen Umständen würde man nicht sagen, „Ich stelle mir vor, dass p", wenn man tatsächlich glaubt, dass p – wie man auch nicht sagen würde, dass man glaubt, dass p, wenn einem durchaus bewusst ist, dass man weiß, dass p.[10] Das würde darauf hinauslaufen, das Schwächere zu behaupten, wenn man weiß, dass das Stärkere wahr ist, und damit nahe zu legen, das Stärkere sei nicht wahr. Das wirkliche Problem ist, ob der anfängliche geistige Zustand der Einbildungskraft die Herausbildung des neuen Zustands des Glaubens überlebt: Hört man auf, eine Hypothese in Erwägung zu ziehen, wenn man anfängt, sie zu glauben? Nehmen wir an, zu einem noch späteren Zeitpunkt würde man aufhören, die Hypothese zu glauben, obwohl man sie weiterhin in Erwägung zieht. Beginnt man dann eine neue Phase des Inerwägungziehens, das durch den Glauben unterbrochen worden war? Ich denke, das ist unplausibel. Wie ich nicht aufhöre zu glauben, sobald ich anfange, etwas zu wissen (indem ich etwa eine gute Rechtfertigung des Glaubens erlange), so höre ich nicht auf, etwas in Erwägung zu ziehen, sobald ich anfange zu glauben. Glauben heißt wirklich, einen Gedanken in Erwägung zu ziehen *und* ihm zuzustimmen. Daher gibt es einen ununterbrochenen Zustand des Inerwägungziehens, der ergänzt wird durch innere Zustimmung.[11] Wenn ich glaube, dass p, dann (1) betrachte ich die Möglichkeit, dass p und (2) nehme diese Möglichkeit als wirklich an. Die Bestätigung von Hypothesen ist also die Verifizierung einer vorgestellten Möglichkeit, bei der der Akt des Sich-Vorstellens-dass nicht aufhört.

Wir müssen einige Sorgfalt walten lassen, um diesen Anspruch korrekt zu formulieren. Es ist nicht so, dass man jederzeit, wenn man etwas glaubt, die damit verbundene Möglichkeit in Erwägung zieht; denn der Glaube ist verfügbar und das Inerwägungziehen (wie oben ausgeführt) aktuell präsent. Man ist vielmehr *geneigt*, jederzeit das in Erwägung zu ziehen, was man glaubt, während man es glaubt. Anders gesagt, wann immer man aktuell glaubt, dass p, zieht man tatsächlich die Möglichkeit in Erwägung, dass p – d. h., man bedient sich der kognitiven Einbildungskraft, um sich jenen Sachverhalt zu vergegenwärtigen. Die Einbildungskraft ist das, was eine Möglichkeit vor Augen führt; der Glaube markiert sie einfach als wirklich. Man vergegenwärtigt sich eine Möglichkeit mittels seines Vorstellungsvermögens, und der Glaube besteht dann darin, das so Vergegenwärtigte zu akzeptieren. Ich ziehe diese Darstellung jener anderen Auffassung vor, derzufolge der Glaube das Inerwägungziehen auslöscht, weil die geistige Vergegenwärtigung einer Möglichkeit sowohl in der Phase des bloßen Vorstellens wie in der Phase des Glaubens vorhanden ist – und der richtige Name dafür ist ein „Inerwägungziehen/Sich-Vorstellen-dass". Zudem macht man nicht die *Erfahrung*, einen geistigen Zustand zu verlieren, wenn eine vorgestellte Hypothese bestätigt wird. Vielmehr wird dem, was zuvor vorhanden war, etwas hinzugefügt. Wie die Hinzufügung eines Objekts zu einer Halluzination, durch die eine wirklichkeitsgetreue Perzeption entsteht, die ursprüngliche Erfahrung nicht löscht, sondern ergänzt, so löscht die Hinzufügung einer Bestätigung zum Sich-Vorstellen-dass, durch die ein Glaube entsteht, nicht das Sich-Vorstellen-dass. Kurz gesagt, ich bin für eine Analyse, die diese Konzepte miteinander *verbindet*; also *konjunktivistisch* verfährt.[12] In gewisser Hinsicht ist also die propositionale Einstellung des Sich-Vorstellens-dass grundlegender als die propositionale Einstellung des Glaubens, da Letztere die Erstere als notwendige Bedingung voraussetzt (aber nicht umgekehrt).

Ich habe von der Einbildungskraft als Vergegenwärtigung des Möglichen gesprochen, und das ist selbstverständlich eine sehr vertraute Idee: Einbildungskraft ist das Vermögen, das uns mit dem Nicht-Wirklichen in Berührung bringt. Ich möchte dazu nur zwei kurze Beobachtungen anführen. Erstens gibt es hier eine Analogie mit dem Vorstellungsvermögen: Die Vorstellung vergegenwärtigt ihr Objekt als abwesend, während die Wahrnehmung es als anwesend präsentiert. Die Einbildungskraft handelt vom bloß Möglichen, während das Wissen vom Wirklichen handelt. Als anwesend vergegenwärtigt zu werden heißt, als wirklich vergegenwärtigt zu werden. Als abwesend vergegenwärtigt zu werden – d. h. als neutral im Hinblick auf Lokalisierung und Existenz – bedeutet, sich vom Wirklichen zu entfernen. Die Vorstellung befreit sich aus den Beschränkungen von Lokalisierung und Wirklichkeit. Ihr Objekt ist verortet in einer Art Niemandsland – nicht vergegenwärtigt als wirklicher Bewohner eines objektiven Raums. Die kognitive Einbildungskraft entführt uns in alternative Welten, doch schon die Vorstellung löste ihre Objekte aus den Beschränkungen der Realität. Sie befreite den Geist bereits von der Vorherrschaft der Perzeption. Es gibt mithin im Hinblick auf das Nicht-Wirkliche eine Kontinuität von der sinnlichen zur kognitiven Einbildungskraft. Die kognitive Einbildungskraft führt fort und erweitert, was die einfache Vorstellung begonnen hatte – eine Flucht aus der Welt der wahrgenommenen Wirklichkeit.[13]

Zweitens müssen wir uns Klarheit verschaffen über den Zusammenhang zwischen Einbildungskraft und modalem Wissen oder Glauben. Ich meine nicht die Frage, ob die Einbildungskraft zu verlässlichem modalem Wissen führen kann: Ich meine die Frage, welche Beziehung vorhanden ist, *wenn* sie zu modalem Wissen führt. Es ist meiner Meinung nach nicht so, dass die Einbildungskraft unser modales Wissen zum Ausdruck bringt oder mit ihm *identisch* ist. Die Einbildungskraft stellt vielmehr das *Mittel* dar, durch das wir modales Wissen erwerben. Sie funktioniert in der Weise, dass sie uns *Gründe* für modalen Glauben liefert. Also ist die Beziehung ein Folgeverhältnis und keines der Konstituierung. Ich sage dies teilweise auch im Rückgriff auf eine früher vorgetragene Argumentation, derzufolge die Einbildungskraft im Hinblick auf die Modalität neutral ist. Man kann sich etwas vorstellen und hinsichtlich seines Modalstatus keine Position beziehen. Sich-Vorzustellen-dass p bedeutet nicht grundsätzlich zu glauben, dass p möglich ist. Wenn man glaubt, dass p möglich ist, weil man sich vorgestellt hat, dass p, so ist das ein Folgerungsschritt, ein eigenständiger Schritt des Erkennens. Die Beziehung zwischen Einbildungskraft und modalem Glauben ist daher nicht direkt, sondern vermittelt – und komplex. Ich habe nicht die Absicht, mich hier auf dieses bedeutende Problem einzulassen. Ich möchte nur darauf aufmerksam machen, dass die Unterscheidung des Konzepts der Einbildungskraft von dem des modalen Glaubens die Frage nach ihrer Verbindung offen lässt. Ich würde dies gern so betrachten, dass ein modaler Glaube sich am besten als auf Schlussfolgerungen gegründet auffassen lässt. Denen geht es um die beste Erklärung im Hinblick auf Akte der Einbildungskraft – nicht um Deduktionen. Entdeckt man, dass man sich etwas konsistent vorstellen kann, und versucht man herauszufinden, welchen modalen Glauben man sich davon bilden kann, dann kann man dieses erfolgreiche Sich-Vorstellen-dass durch die Annahme erklären, dass der in Frage stehende Sachverhalt in der Tat möglich ist. Ich denke tatsächlich, dass der modale Glaube sich zur Einbildungskraft in ganz ähnlicher Weise verhält wie das Alltagswissen zur Perzeption. Wahrnehmungen ziehen keinen Glauben an die Außenwelt *nach sich*, sondern können als Daten für Schlussfolgerungen hinsichtlich ihrer besten Erklärung fungieren. Ähnlich ist die epistemische Beziehung zum Sich-Vorstellen-dass: Es kann Daten liefern, die ein System des modalen Glaubens zu erklären versucht.[14] Mit dieser kurzen Äußerung möchte ich das leidige Thema verlassen, wie modaler Glaube rational zu erzeugen ist.

KAPITEL II   Negation

In diesem kurzen Kapitel möchte ich die enge Beziehung zwischen den Konzepten der Negation und der Einbildungskraft herausarbeiten. Die Negation tritt nicht durch Perzeptionen in unser Denken, sondern mittels der Einbildungskraft. Das hat Auswirkungen auf die Herausbildung von Glauben sowie auf die Fähigkeiten, die mit dem logischen Denken zusammenhängen.

Nehmen wir an, ich bemerke, dass das Gras grün ist, und bin mir auf diese Weise darüber im Klaren, dass dem so ist. Ich könnte dann die Möglichkeit in Erwägung ziehen, dass das Gras *nicht* grün ist. Ich könnte anfangen, meinen Sinnen zu misstrauen oder einfach an andere mögliche Welten zu denken. Solche Verwendung des Konzepts der Negation bezeichnet meine Abkehr vom Wirklichen – von den Informationen, die mir meine Sinne liefern. Und indem ich so verfahre, bringe ich die Einbildungskraft ins Spiel: Ich stelle mir eine Lage der Dinge vor, bei der Gras nicht grün ist. Indem ich negiere, was ich wahrnehme, betrete ich das Reich des nur Möglichen: Ich beobachte das eine und bediene mich dann meiner Einbildungskraft, um mir mit dem Werkzeug der Negation das Gegenteil zu vergegenwärtigen. Die Negation ist nicht selbst ein möglicher Inhalt von Perzeptionen: Ich kann nicht *sehen*, dass etwas *nicht* so ist, wie ich sehen kann, dass etwas grün ist.[1] Das Nicht-Grün-Sein von Sand ist keine wahrnehmbare Eigenschaft des Sandes. Wenn ich den Sand anschaue und urteile, dass er nicht grün ist, dann ziehe ich eine Schlussfolgerung aus dem, was ich sehe – nämlich, dass Sand gelb ist. Ich habe kein ursprüngliches Erleben des Nicht-Grün-Seins von Sand. Es gibt nicht so etwas *wie* ein Erleben von Negation. Negation ist ein Konzept des Denkens, nicht der Perzeption. Tiere, die wahrnehmen, aber nicht denken, kennen das Konzept der Negation nicht. Ich will damit sagen, dass wir uns bei der Verwendung der Negation zur Erzeugung einer Alternative zu dem, was wir wahrnehmen, notwendig der Einbildungskraft bedienen, weil wir uns vergegenwärtigen müssen, was bloß möglich ist. Unser Denken des Nicht-Wirklichen ist ein vorstellendes Denken, eine Übung der kognitiven Einbildungskraft. Die Rolle der Negation bei der Erzeugung eines Denkens des Nicht-Wirklichen ist eine Errungenschaft der Einbildungskraft. Mithin ist das Auftreten von Negationen im Vernunftgebrauch oder bei der Herausbildung von Glauben stets ein Kennzeichen des Vorhandenseins von Einbildungskraft – d. h. ein Hinweis darauf, dass Gedanken in Betracht gezogen (und nicht bloß Fakten wahrgenommen) werden. Ich möchte veranschaulichen, wie dies vor sich geht.

Ich glaube, dass Gras grün ist. Das bedeutet, dass ich die Behauptung ablehne, dass es nicht grün ist. Um diese Behauptung abzulehnen, muss ich mir die *Möglichkeit* vergegenwärtigen, dass Gras nicht grün sein könnte – nur um zu verneinen, dass diese Möglichkeit Bestand hat. Die Herausbildung von Glauben ist Sache einer Ablehnung von Alternativen. Doch diese Ablehnung muss einhergehen mit einer Vergegenwärtigung dieser Alternativen – was bedeutet, dass sie in Betracht gezogen werden müssen. Wenn ich die Proposition, dass nicht-p, ablehne, muss ich diese Proposition zumindest *in Betracht ziehen*. Wenn ich verneine, dass Gras blau ist, während ich bestätige, dass es grün ist, dann muss ich zumindest die Lage der Dinge erwägen, in der Gras blau wäre – was bedeutet, dass ich mir in meinen Vorstellungen diese Lage der Dinge vergegenwärtige. Glauben ist Selektion aus vorgestellten Möglichkeiten. Wenn ich glaube, dass Gras grün ist, lehne ich die alternativen Möglichkeiten ab, die meine Einbildungskraft mir vergegenwärtigt. Ich bin dann der Auffassung, dass diese Möglichkeiten so *nicht* sind und bediene mich meiner Einbildungskraft gerade im Akt der Ablehnung. Eine Proposition zu akzeptieren heißt, ihre Negation abzulehnen, so dass das Akzeptieren voraussetzt, dass eine Negation erwogen wird. Die Einbildungskraft vergegenwärtigt den gesamten logischen Raum, und das System des Glaubens engt ihn ein. Ich ziehe viele Möglichkeiten in Erwägung, aber ich glaube nur einen Teil von ihnen. Ich kann mir vorstellen, dass Gras viele Farben hat, doch das System meines Glaubens akzeptiert nur eine.

Wenn dies richtig ist, dann geht die Einbildungskraft an zwei Punkten in die Herausbildung von Glauben ein: erstens bei der Vergegenwärtigung dessen, was geglaubt wird (und das habe ich im vorigen Kapitel untersucht), zweitens bei der Vergegenwärtigung der Negation dessen, was geglaubt wird. Wenn die Herausbildung von Glauben eine Selektion aus Alternativen ist, dann müssen diese Alternativen vergegenwärtigt werden, und das ist Aufgabe der Einbildungskraft. Glaubt man, dass p, so stellt man sich vor, dass p *und auch*, dass nicht-p. Folglich ist die Einbildungskraft zutiefst eingebettet in den Glauben; sie ist dessen *sine qua non*. Frank Ramsey sagte, ein Glauben sei „eine Landkarte, anhand derer wir unserem Weg folgen".[2] Und ich behaupte, das Terrain, durch das wir unserem Weg folgen, werde uns durch die Einbildungskraft zur Verfügung gestellt, da sie uns alles darüber mitteilt, wie die Welt sein *könnte*.

Man wird hier vielleicht einwenden, nicht jede Herausbildung von Glauben setze die Ablehnung von Alternativen voraus. Ist nicht schon der einfache Glaube an Wahrnehmungen ein Gegenbeispiel – wenn man dem glaubt, was die Sinne berührt, ohne irgendwelche Alternativen ins Auge zu fassen? Ich bin bereit einzuräumen, dass mancher Glaube auf diese Weise gebildet werden kann (und möchte dabei nicht spitzfindig über die Bedeutung des Wortes „Glaube" streiten). Mir geht es darum, dass der *rationale, reflektierende* Glaube eine Selektion aus vorgestellten Alternativen ist. In Fällen, in denen ich darüber urteile, was zu glauben ist, und in denen ich die Optionen dafür dargelegt habe, erfordert die Vergegenwärtigung *dieser* Optionen den Gebrauch der Einbildungskraft. Mir geht es darum, dass die Einbildungskraft an dieser Art selektiver Glaubensbildung entscheidenden Anteil hat; sie ist nicht irgendeine gesonderte Fähigkeit, die direkt nichts zu tun hat mit dem ernsthaften Geschäft, bestimmte Dinge zu glauben. Die Einbildungskraft existiert nicht bloß zu Zwecken der Phantasie und Zerstreuung; sie hängt eng zusammen mit gerade dem Wesen rationaler, reflektierender Glaubensbildung – und folglich mit dem Erwerb von Wissen über die Welt. In den Naturwissenschaften sagt man häufig, dass wir uns Hypothesen vorstellen und sie dann zu verifizieren suchen. Ich dagegen sage, dass dies generell für die Herausbildung von Glauben gilt – und dass wir uns *außerdem* Alternativen zu Hypothesen vorstellen (und sei es deren simple Negation). Einbildungskraft, Negation, Möglichkeit und Glaube sind insgesamt miteinander zusammenhängende Begriffe.[3]

Es ist dies, was Tieren generell fehlt, obwohl manche unter ihnen dazu in der Lage sein mögen. Tiere besitzen im Allgemeinen nicht die Fähigkeit, die Negation dessen, was sie glauben, abzulehnen. Sie treffen keine Wahl unter vorgestellten Alternativen und bedienen sich dabei des Konzepts der Negation. Es besteht daher ein großer Unterschied zwischen einem Geschöpf, dessen Glaube auf diese Weise gebildet wird, und einem, dessen Glaube (oder „Glaubensinhalte") einfach nur aus Reaktionen auf Reize besteht. Reflektierender Glaube ist eingebettet in einen anspruchsvollen Satz von Fähigkeiten, zu denen Einbildungskraft und die Vergegenwärtigung von Negationen gehören. Er ist nicht bloß die Spur eines Wahrnehmungsreizes, der auf den Sinnesapparat trifft, oder gar die isolierte Zustimmung zu einem inneren Urteil. Die interessante Frage ist nicht, ob Tiere einen Glauben haben, sondern *welche Art* von Glauben sie haben. Und ich vermute, allgemein gesagt, dass ihnen die Art von Glauben fehlt, der eingebettet ist in eine Matrix der Einbildungskraft.

Die Wirkung dieser Konzeption des Glaubens auf logische Urteile ist klar: Die Einbildungskraft muss als integraler Bestandteil solcher Urteile Verwendung finden. In der Logik fragen wir stets, was aus bestimmten Annahmen folgen würde – aber das heißt genau, wir erwägen eine Möglichkeit und bedienen uns folglich der Einbildungskraft. Der Gedanke „Was wenn?" setzt immer einen Wechsel zum bloß Möglichen voraus und also einen Rückgriff auf die Einbildungskraft. Nehmen wir an, das-und-das wäre so, was würde daraus folgen? Gerade dieser Akt des Annehmens bringt die Vorstellungsfähigkeit ins Spiel. (Frege stellte ein Behauptungszeichen oder einen Behauptungsstrich vor Propositionen, die als behauptet angesehen werden sollten; er hätte ein Vorstellungszeichen vor alle anderen stellen können.) Die Idee, dass für die Geltung einer Schlussfolgerung die Wahrheit der Prämissen nicht erforderlich ist, veranlasst dazu, sich die Prämissen als bloße Möglichkeiten vorzustellen – Dinge, die man in Erwägung ziehen kann, aber nicht glauben muss. Logisches Urteilen ist also, noch einmal gesagt, nicht etwas, das von der Einbildungskraft getrennt wäre und irgendwie antithetisch zu ihr stünde (wie dies vielleicht eine gewisse Romantik nahe legen würde). Es bedient sich vielmehr unumwunden der Einbildungskraft. Wie eine (aufrichtige) Behauptung Glauben erfordert, so erfordern Annahmen die Einbildungskraft. Es ist weithin anerkannt, dass eine Abduktion bei der Erzeugung der zu prüfenden Hypothesen Einbildungskraft erfordert. Doch ich meine, dass bei einigem Nachdenken ebenfalls offenkundig ist, dass dies auch für die Deduktion gilt. Wir könnten sogar sagen, die Deduktion erfordere eine Behandlung von Prämissen *als* Hypothesen – und auf diese hypothetische Einstellung ist die Einbildungskraft spezialisiert.[4]

KAPITEL 12   Bedeutung

Sätze vergegenwärtigen Möglichkeiten. Dass sie dies tun, macht ihre Bedeutung aus. Bedeutung und Modalität hängen wesentlich zusammen.
Einen Satz verstehen heißt, die Möglichkeit erkennen, die er vergegenwärtigt. Die Möglichkeit, die ein Satz vergegenwärtigt, ist seine Wahrheitsbedingung – sie zeigt, unter welchen Bedingungen der Satz wahr
wäre.[1] Der Satz „Schnee ist schwarz" vergegenwärtigt den möglichen
Sachverhalt, dass der Schnee schwarz wäre. Wenn man diesen Satz versteht, weiß man, dass er unter diesen Möglichkeitsbedingungen wahr
ist. Die Wahrheitsbedingung eines Satzes ist einfach die Möglichkeit,
die verwirklicht wäre, wenn der Satz wahr wäre. Wir erfassen diese
Wahrheitsbedingung, indem wir die Bedeutung der Begriffe in dem
Satz erkennen und sehen, wie sie syntaktisch zusammengestellt sind.
Damit haben wir eine schon im Satzbau begründete Erfassung der in
dem Satz vergegenwärtigten Möglichkeit. Was diese Möglichkeit ist, arbeiten wir heraus anhand der im Satz vorkommenden Worte und der
Art ihrer Zusammenstellung.

   Ich glaube, das ist bekannt und weithin akzeptiert.[2] Auf jeden Fall ist
es hier nicht meine Aufgabe, für diese Auffassung der Bedeutung eine
Lanze zu brechen. Ich werde sie daher im Folgenden einfach übernehmen. Mir geht es darum zu zeigen, wie in dieser Weise konzipierte Bedeutungen mit der Einbildungskraft zusammenhängen. Ich habe die
Rolle der Möglichkeit bei der Konstitution von Bedeutungen betont,
um eine direkte Verbindung einzufordern – denn Möglichkeiten sind
das Geschäft der Einbildungskraft. Die Fähigkeit des Geistes, die Möglichkeiten vergegenwärtigt, ist die (kognitive) Einbildungskraft. Ein Erfassen von Bedeutungen hält sich folglich an diese Fähigkeit. Im *Tractatus* (den ich hier bewusst nachgeahmt habe) schreibt Wittgenstein: „Der
Satz ist ein Modell der Wirklichkeit, so wie wir sie uns denken." (4.01)
Und selbstverständlich vertritt er auch folgende Auffassung: „Einen
Satz verstehen, heißt, wissen, was der Fall ist, wenn er wahr ist." (4.024)

Hier werden drei Themen angesprochen: die Abbildtheorie der Bedeutung, die konstitutive Verbindung von Bedeutung und Möglichkeit sowie die Rolle der Einbildungskraft bei der Vergegenwärtigung von Möglichkeiten. Die ersten beiden Themen sind breit erörtert worden, doch das dritte erfährt selten ernsthafte Aufmerksamkeit. Wittgenstein verwendet auch in der folgenden Bemerkung das Konzept der Einbildungskraft: „Wenn ich mir den Gegenstand im Verbande des Sachverhalts denken kann, so kann ich ihn nicht außerhalb der *Möglichkeit* dieses Verbandes denken." (2.0121) Wittgensteins Gedanke ist hier, dass Einbildungskraft die Fähigkeit ist, die uns in die Lage versetzt, Gegenstände zu möglichen Sachverhalten zu *verbinden*; sie erzeugt diese Sachverhalte sozusagen modal. Und da sie zugleich die Fähigkeit ist, derer wir uns bedienen, um uns zu vergegenwärtigen, wie die Welt ist, wenn ein Satz wahr ist, wird ihre verbindende Macht auch in diesem Kontext eingesetzt. Ein Satz wird Termini enthalten, die sich auf Gegenstände und Eigenschaften beziehen, und wir verwenden unsere Einbildungskraft, um neue Verbindungen dieser Gegenstände und Eigenschaften zu möglichen Sachverhalten ins Auge zu fassen. Wenn ich zum Beispiel höre: „Schnee ist schwarz", dann verbinde ich in meiner Einbildungskraft den Schnee und die Schwärze zu der Möglichkeit, dass Schnee schwarz ist. Dann fasse ich diese mögliche Verbindung ins Auge; ich ziehe sie in Erwägung, ich stelle sie mir vor. Mein Wissen von der Wahrheitsbedingung dieses Satzes gründet sich auf solche Akte des Sich-Vorstellens-dass. Um die Bedeutung eines Satzes zu erfassen, muss ich mich *meiner Einbildungskraft bedienen*. Diese Fähigkeit wird vom sprachlichen Verstehen in Anspruch genommen. Die Semantik steckt dementsprechend bis zum Hals in Akten des Sich-Vorstellens-dass. (Ich hätte dieses Kapitel auch „Wahrheit, Bedeutung und Einbildungskraft" überschreiben können.)[3] Ich möchte in ihm jene Ansicht verteidigen, die, wie ich glaube, dem Leser abwechselnd einen Schock versetzen oder als Plattitüde erscheinen wird. Sind wir denn nicht über die Abbildtheorie von Bedeutungen hinaus? Hat nicht der späte Wittgenstein selbst jede derartige Theorie widerlegt? Und ist es nicht doch eine Binsenwahrheit zu sagen, dass einen Satz zu verstehen heißt, sich die möglichen Bedingungen vorzustellen, die ihn wahr machen würden?

Anfangen sollten wir, indem wir diese Ansicht mit einer Lehre Russells vergleichen, der in einer berühmten Passage schrieb: „Jeder Satz, den wir verstehen können, muss vollständig aus Bestandteilen zusammengesetzt sein, die uns bekannt sind."[4] Der Ausdruck „bekannt sein" ist Russells Name für die Fähigkeit, die uns in einen direkten kognitiven Kontakt mit den Elementen der Realität bringt: mit Einzelnem und Allgemeinem. Sie orientiert sich an der Sinneswahrnehmung, wobei Sinnesdaten als Beispiele genommen werden für unsere Bekanntschaft mit Objekten. Sie hat nichts mit Einbildungskraft zu tun. Im Modus des Bekanntseins werden Möglichkeiten nicht ins Auge gefasst. Dies wirft die Frage auf, mit welchem Namen Russell die Fähigkeit bezeichnen würde, die uns in die Lage versetzt, jene möglichen Sachverhalte zu vergegenwärtigen, die in Sätzen ausgedrückt werden. Handelt es sich dabei noch immer nur um ein „Bekanntsein"? Es fällt schwer, diese Frage zu beantworten, weil Russell im Gegensatz zu Wittgenstein nicht mit einer modal reichen Konzeption der Satzbedeutung arbeitet. Daher führt er die Einbildungskraft nicht als jene Fähigkeit ein, die man zum Verstehen der Wahrheitsbedingungen eines Satzes braucht. Doch ich vermute stark, dass Russell implizit annimmt, Bekanntsein genüge, um ein Verstehen von Sätzen zu gewährleisten. Sind wir erst einmal mit der Referenz jedes Satzbestandteils vertraut, reicht das schon aus, um ihre Bedeutung zu kennen.[5] Wittgenstein zufolge ist dem nicht so; denn wir müssen in einem weiteren Schritt die Entitäten oder Seinsarten, die uns bekannt sind, in unserer *Vorstellung miteinander verbinden*. Und dies erfordert eine ganz neue mentale Operation: eben die der Imagination.[6] Wir müssen auf der Ebene unterhalb des Satzes mit den Termini vertraut sein *und* müssen uns auf der Ebene des Satzes der Einbildungskraft bedienen. Und diese zweite Komponente des Verstehens ist eine andere *Art* von mentalem Akt; denn Einbildungskraft ist keine Art von Bekanntsein. Sich-Vorzustellen-dass p ist kein Sonderfall des Wahrnehmens, dass p, da es überhaupt keine Art des *Wahrnehmens* ist.

Russell entgeht dies nur zu leicht, weil er zu einer mereologischen (= das Verhältnis von Teil und Ganzem betreffenden) Konzeption des Sachverhalts neigt. Er geht stillschweigend davon aus, dass ein ganzer Satz sich auf jene Entität bezieht, die ihrerseits gebildet wird aus einem Komplex von Entitäten, auf die sich die Satzbestandteile je einzeln beziehen. Das heißt, er nimmt an, dass diese komplexe Einheit einfach nur eine *Zusammensetzung* der Objekte ist, die einem bekannt sind – und da wir mit diesen Teilen vertraut sind, müssen wir das *ipso facto* auch mit dem Ganzen sein, das sie bilden. Die Satzbedeutung ergibt sich also von selbst, da alle Arbeit bereits in den verschiedenen Akten des (Wieder)erkennens von Bekanntem geleistet worden ist, die auf ein Verstehen jedes Wortes im Satz ausgelegt sind. Doch sobald wir uns von dieser Denkweise befreien, sehen wir, dass Wittgenstein etwas Wichtiges herausgefunden hat, nämlich, dass ‚Bekanntheit‘ uns nicht so weit bringt wie Möglichkeit – und in Möglichkeiten wurzeln Bedeutungen. Wir müssen auf die Einbildungskraft zurückgreifen, um den Übergang zu schaffen von der Bekanntheit wirklicher Dinge zum Erfassen einer bloßen Möglichkeit – einer nicht-wirklichen Verbindung von Objekten der Bekanntheit. Bedeutungen führen uns über das Wirkliche hinaus, aber Bekanntheit bleibt an das Wirkliche gebunden. Russells „Fundamentalprinzip" ist, zugegeben, nur als notwendige Bedingung des Satzverstehens formuliert, nicht als hinreichende Bedingung. Doch seine gesamte Erörterung lässt keinen Raum für das reichere modale Bild, das Wittgenstein entworfen hat. Wir müssen uns den Sachverhalt, den ein Satz „abbildet", vorstellen *und zugleich* mit den Objekten und Eigenschaften bekannt sein, die die Wörter im Satz anzeigen.[7] Und dies macht einen großen konzeptionellen Unterschied darin aus, wie sprachliches Verstehen zu bestimmen ist: *mit* wesentlicher Beteiligung der Einbildungskraft oder *ohne* sie.

Ich muss nun ein wichtiges Dementi von mir geben: Es geht mir *nicht* darum, dass einen Satz zu verstehen heißt, eine *Vorstellung* heraufzubeschwören – also sich der sinnlichen Einbildungskraft zu bedienen. Vielmehr bedient sich das Verstehen der kognitiven Einbildungskraft, und die ist ihrem Wesen nach nicht vorstellungsbezogen (wie ich in Kapitel 10 erklärt habe). Ich will nicht die Vorstellungstheorie von Begriffen wiederauferstehen lassen; mir geht es vielmehr darum, dass ein Sich-Vorstellen-dass im Erfassen von Bedeutungen impliziert ist. Wird diese Unterscheidung erst einmal getroffen, dann ist Wittgensteins eigene spätere Ablehnung einer Vorstellungstheorie von Bedeutungen nicht eindeutig relevant für die Theorie, die ich aus dem *Tractatus* ableite. Die folgende Bemerkung könnte wie die entscheidende Zurückweisung des frühen Wittgenstein durch den späten erscheinen: „Es ist so wenig für das Verständnis eines Satzes wesentlich, dass man sich bei ihm etwas vorstelle, als dass man nach ihm eine Zeichnung entwerfe."[8] Doch das erscheint zweifelhaft, wenn wir diese Bemerkung als Ablehnung einer

Vorstellungstheorie des Verstehens und nicht einer Theorie des Sich-Vorstellens-dass lesen. Und dass hier von einer *Zeichnung* die Rede ist, deutet auf Ersteres, nicht auf Letzteres. Es gibt an der kognitiven Einbildungskraft nichts wesentlich Bildhaftes, nicht einmal Sinnliches; sie ist ein Gebrauch von Begriffen, eine propositionale Einstellung. Daher sollten wir die Theorie der Einbildungskraft nicht deshalb zurückweisen, weil die Vorstellungstheorie falsch ist. Die Vorstellungstheorie ist in Wirklichkeit eine falsch formulierte und übersimplifizierte Version einer im Wesentlichen korrekten Idee – dass nämlich die Einbildungskraft beim Erfassen von Bedeutungen eine Rolle spielt. Indem sie keine Unterscheidung trafen zwischen Vorstellen und Sich-Vorstellen-dass, glaubten frühere Theoretiker daran festhalten zu müssen, dass jedem Akt des Verstehens eine mentale Vorstellung entspreche. Doch das ist keine Verpflichtung auf die Ansicht, dass ein Erfassen von Bedeutungen sich auf die Fähigkeit der kognitiven Einbildungskraft stützt. Einen Satz verstehen, heißt, eine Möglichkeit in Erwägung zu ziehen, und nicht, sich eine Vorstellung von etwas zu bilden. Die alte Debatte auf diese Weise zu betrachten, hat den Vorzug, hinter der Vorstellungstheorie ein Stück Wahrheit zu finden, obwohl diese Wahrheit schlecht formuliert ist. Es ist nicht so, dass die Vorstellungstheoretiker eine Theorie besaßen, die der Wahrheit nicht einmal *nahe* kam.[9]

Es ist nützlich, sprachliches Verstehen in eine konventionelle und eine nicht-konventionelle Komponente einzuteilen. Wenn wir die Bedeutung von Wörtern verstehen, dann greifen wir auf unser Wissen um bestimmte Konventionen zurück – Paarungen von Klang und Bedeutung, die im Wesentlichen beliebig sind. Dieses Wissen wird offenkundig im Langzeitgedächtnis gespeichert und begründet unsere Kompetenz in einer besonderen Sprache. Doch darüber hinaus müssen wir auf ein weiteres kognitives System zurückgreifen, in dem das Wissen um solche Konventionen keine Rolle spielt: auf unsere Fähigkeit, Möglichkeiten ins Auge zu fassen, indem wir neuartige Verbindungen von Objekten und Eigenschaften entwerfen. Diese Aufgabe wartet noch immer darauf, durchgeführt zu werden, wenn alles Wissen von Konventionen zum Tragen gebracht worden ist. Sprachliche Konventionen bringen den Geist zu den Objekten und Eigenschaften, auf die Bezug genommen wird, doch dann muss der Geist diese Objekte und Eigenschaften zu einem möglichen Sachverhalt verbinden.[10] Verstehen ist also Erinnerung plus Einbildungskraft – Erinnerung an das, was Wörter konventionell bedeuten, und Einbildungskraft in Bezug auf die Möglichkeit, die ein Satz vergegenwärtigt. Dieser zweite Bestandteil bleibt wohl über die Sprachen hinweg konstant, so dass Sprecher verschiedener Sprachen denselben mentalen Akt ausführen. Nur der erste mentale Akt wird variieren. Jeder von uns wird den Akt ausführen müssen, sich beispielsweise die Möglichkeit vorzustellen, dass Schnee schwarz ist, wenn er einen Satz versteht, der bedeutet, dass Schnee schwarz ist, obwohl dies konventionell auf sehr verschiedene Weise ausgedrückt wird. Die Kenntnis der Konventionen einer Sprache ist darum nicht genug, um zu sprachlichem Verstehen zu gelangen. Und da die Kenntnis der Bedeutung eines Wortes ein Verständnis davon umfassen muss, wie es sich mit anderen Wörtern zu einem vollständigen Satz verbindet, spielt die Einbildungskraft auch beim Verstehen der Wortbedeutung eine Rolle. Ein Sprecher muss in der Lage sein, sich vorzustellen, wie die bezeichnete Einheit sich mit anderen Einheiten verbinden kann, um mögliche Sachverhalte zu bilden.[11] (Wir sollten jedoch nicht meinen, die beiden mentalen Komponenten würden in zeitlicher Sequenzierung auftreten. Ihre Unterscheidung ist vielmehr begrifflicher Natur.)

Wittgenstein macht hierzu eine anregende Bemerkung: „Im Satz wird gleichsam eine Sachlage probeweise zusammengestellt." (4.031) Der Satz kann also mit einer *Hypothese* verglichen werden: Er vergegenwärtigt eine Möglichkeit, indem er entwirft, wie die Welt sein könnte. Wir verstehen eine Hypothese, indem wir uns vorstellen, was sie als wahr behauptet; wir verstehen einen Satz, indem wir uns seine Wahrheitsbedingungen vorstellen. In beiden Fällen haben wir es mit vorgestellten Sachverhalten zu tun und fragen uns vielleicht, ob sie wirklich sind. Eine Hypothese ist ein Satz (vielleicht ein sehr konjunktivischer); doch ein Satz ist auch eine Hypothese – wenn auch nicht immer eine sehr spannende oder wahrscheinliche. Ein Satz ist eine Art Spekulation darüber, wie die Dinge sein könnten – ein mögliches Vehikel der Wahrheit, eine Mutmaßung. Als solches fordert er einen Akt der Einbildungskraft heraus. Die Sprache besteht aus einer potentiellen Unendlichkeit kleiner (und manchmal großer) Hypothesen, und es bedarf der Einbildungskraft eines Sprechers, um die Tragweite dieser Hypothesen zu erfassen.[12]

Welche Eigenschaften würde das Verstehen haben, wenn es in einer Übung der Einbildungskraft bestünde? Wir müssen unterscheiden zwischen einem dispositionalen und einem anlassbezogenen Sinn von Verstehen: Man kann sagen, dass ich Sätze selbst dann verstehe, wenn ich sie weder ausspreche noch höre, noch mir sonst ihrer bewusst bin (der dispositionale Sinn), und man kann sagen, dass ich sie verstehe, wenn sie bei gegebener Gelegenheit geäußert werden (der anlassbezogene Sinn). Diese Unterscheidung entspricht der zwischen der Disposition, eine Möglichkeit unter bestimmten Umständen in Erwägung zu ziehen, und dem Umstand, dies tatsächlich bewusst zu tun. Von seinen Voraussetzungen her verstehe ich einen Satz, wenn ich etwa beim Hören dieses Satzes die ihm anlassbezogen angemessene Möglichkeit in Erwägung ziehen *kann*. Seine Äußerung *setzt* eine latente Vorstellungsfähigkeit *frei*. Da die Ausübung der Einbildungskraft etwas Aktives ist, führt dies zu dem Ergebnis, dass das Verstehen selbst etwas Aktives ist. Es gehört (in der Terminologie Kants) zu unserer „Spontaneität". Und wir reden hier selbstverständlich von dem *Versuch* etwas zu verstehen, so etwa wenn wir es mit einem Satz zu tun haben, der schwer oder kompliziert ist. Wir strengen uns an, seine Bestandteile zusammenzusetzen und den Sinn hinter dem Satz zu erfassen, was nicht leicht sein mag. In den meisten Fällen ist keine besondere Anstrengung erforderlich, aber dennoch bedarf es eines mentalen *Akts*, den Satz zu verstehen, selbst wenn das nicht schwerer ist als spazieren zu gehen. Dies wird deutlich, wenn dem normalen Begreifen besondere Schwierigkeiten entgegenstehen, wenn etwa ein vollkommen simpler Satz geäußert wird, während man durch etwas Anderes abgelenkt ist. Der Geist muss dann seine Anstrengungen verdoppeln, um einen zum Ausdruck gebrachten Gedanken für sich auszuarbeiten. In gleicher Weise kann es schwer sein, sich eine Möglichkeit vorzustellen, und selbst wenn dies nicht schwer fällt, wird dabei ein Akt des Geistes ausgeführt. Die aktive Natur des Verstehens findet mithin ihre Entsprechung in der Aktivität der Einbildungskraft. Es macht keinen Sinn, beim Hören und Sehen (im Gegensatz zum Schauen und Zuhören) von einer Anstrengung zu sprechen, da ich mich beim Aufnehmen visueller und auditiver Wahrnehmungen passiv verhalte. Doch es macht Sinn, von einer Anstrengung des Verstehens zu sprechen – wie es auch sinnvoll ist, von einer Anstrengung des Vorstellens zu sprechen. Konzeptionell ist also das Verstehen anders als das Sehen und Hören; es ist dem Vorstellen ähnlich.

Sprachliches Verstehen wird oft als schöpferisch, kombinatorisch und produktiv beschrieben. Wir können eine potentiell unendliche Zahl von Sätzen verstehen, und jeder Akt des Verstehens ist ein kleines Beispiel genuiner Kreativität. Das mag übertrieben erscheinen, solange man sprachliches Verstehen als Knacken syntaktischer Symbole begreift, als bloße Befolgung grammatischer Regeln. Doch angesichts der reicheren Auffassung des Verstehens im Gefolge einer Theorie der Einbildungskraft erscheint solche Rede als buchstäblich wahr: Die Einbildungskraft ist die Quelle der Kreativität, und sie spielt eine konstitutive Rolle beim Begreifen neuer Sätze. Darüber hinaus ist die Einbildungskraft die kombinatorische Fähigkeit par excellence; ihre Leichtigkeit beim Hervorbringen neu in den Blick zu nehmender Möglichkeiten entspricht voll und ganz der Erzeugung neuer Akte des Verstehens. Einen neuartigen Satz zu verstehen heißt, eine neu zum Ausdruck gebrachte Möglichkeit zu erfassen. Und die Einbildungskraft ist in ihrem Element bei der Vergegenwärtigung von Möglichkeiten. Die Produktivität des Vorstellungsvermögens ist der sinnliche Vorläufer einer solcherart produktiven kognitiven Einbildungskraft, und vielleicht sind frühere Theoretiker durch diese Eigenschaft des Vorstellungsvermögens ermutigt worden, eine vorstellungsbezogene Konzeption der Bedeutung zu vertreten. Wenn dem so war, dann haben sie etwas Brauchbares spitzgekriegt, selbst wenn Vorstellungen nicht die richtigen Produkte der Einbildungskraft sind, auf die man sich hier berufen sollte.[13] Die Freiheit der Einbildungskraft, neue Vergegenwärtigungen aller Arten intentionaler Objekte zu erzeugen, ist genau das, was die Sprache selbst an den Tag legt. Daher kann es nicht überraschen, wenn die Einbildungskraft der Kreativität zugrunde liegt, die sich im Sprachgebrauch manifestiert.

Gelegentlich verschränkt sich die Einbildungskraft mit der Perzeption, so bei vorstellungsbezogenen Sinnesempfindungen. Es kann kaum überraschen, dass wir auf dieses Phänomen beim sprachlichen Verstehen stoßen. Ich sehe einen gedruckten Satz oder höre einen, der geäußert wird. Dabei handelt es sich um reine Wahrnehmungen, die mit einem völligen Mangel an Verstehen einhergehen können (so etwa, wenn ich die betreffende Sprache nicht spreche). Doch solche Wahrnehmungen können auch von einer *Interpretation* überlagert sein. Dann werden die Wörter gesehen oder gehört *als* dies oder das bedeutend. Ich meine, nicht sehr originell, dass es sich dabei um vorstellungsbezogene Sinnesempfindungen handelt: ein Akt der Einbildungskraft wird mit einer

Wahrnehmung verbunden, um diese merkwürdige Hybridisierung hervorzubringen – ein Sehen-*als* oder Hören-*als*. Dies ähnelt dem Sehen von
Bildern. Die durch ein Bild vergegenwärtigten Eigenschaften werden
von der Einbildungskraft erfasst, die ein sinnlicher Impuls auslöst. Ähnlich werden die semantischen Eigenschaften eines Satzes von der Einbildungskraft erfasst (die in Abstimmung mit dem gespeicherten Wissen
sprachlicher Konventionen tätig wird), wobei die Perzeption des Satzes
als Mittler fungiert. Der daraus resultierende psychische Status – das
verstehende Hören des Satzes – verbindet Wahrnehmung und Einbildungskraft in genau derselben Weise, wie dies in anderen Fällen von vorstellungsbezogenen Sinnesempfindungen geschieht. Dies wird besonders deutlich bei zweideutigen Sätzen, bei denen wir sogar nach Belieben
von einer Bedeutung zur anderen wechseln können. Ich höre den Satz
„Ich gehe jetzt zur Bank" mal so und mal so. Wie bei Kippfiguren erlaubt
der Wahrnehmungsreiz konkurrierende Deutungen, und die Einbildungskraft hat hinsichtlich dieser Deutungen freies Spiel. Sie ist hier besonders eindeutig dem Willen unterworfen. Der Reiz wird passiv in der
Wahrnehmung aufgenommen, muss aber aktiv verarbeitet werden, um
als bedeutungsvoll vergegenwärtigt zu werden. Und genau dabei kommt
die Einbildungskraft ins Spiel. Wenn ich höre „Ich gehe jetzt zur Bank",
dann kann ich mir den möglichen Sachverhalt entweder so vorstellen,
dass der Sprecher sich auf ein Gartenmöbel oder auf ein Geldinstitut bezieht. Und darum höre ich, was er sagt, mal so, mal so. Auch hier wieder
spiegeln und erklären sich die Besonderheiten des Verstehens in dem
und durch das, was wir bereits von der Einbildungskraft wissen.

Man hört oft, sprachliches Verstehen müsse als „praktisches Vermögen" aufgefasst werden.[14] Dieser Hinweis ist meist durch eine Neigung
zum Behaviorismus motiviert, in diesem Fall können wir darüber hin-
weggehen. Aber es scheint Sinn zu machen, Verstehen als eine *Fähigkeit*
zu begreifen. Doch eine Fähigkeit *wozu*? Die übliche Antwort lautet, es
sei eine Fähigkeit, einen Satz zu verifizieren oder zu falsifizieren – oder
mit seinem Wahrheitswert etwas anderes anzufangen. Ich möchte diese
Ansicht hier nicht kritisieren, obwohl es wichtig ist, festzuhalten, dass
sie offenkundig Probleme mit sich bringt beim Verstehen jener Sätze, bei
denen der Sprecher nicht über Mittel der Verifizierung oder Falsifizie-
rung verfügt. Ich möchte auf eine alternative Fähigkeit aufmerksam machen: die Fähigkeit, sich den angemessenen Sachverhalt vorzustellen.

Dies ist eine rein mentale Fähigkeit, nämlich die Fähigkeit, eine bestimmte Art von mentalen Akten auszuführen. Sie hat nichts Behavioristisches an sich (sie ist ein Vorzug und kein Mangel). Sie ist eine mentale Fähigkeit wie die Fähigkeit, Hypothesen zur Erklärung erhobener Daten zu bilden, oder wie die Fähigkeit, ein mentales Scanning der Objekte der eigenen Vorstellungen durchzuführen, oder schließlich wie die Fähigkeit zum Tagträumen. Im Falle von Bedeutungen ist es die Fähigkeit, sich die einschlägigen Möglichkeiten vorzustellen. Ohne diese Fähigkeit wäre ein Verstehen nicht möglich, da wir uns Alternativen zum Wirklichen vergegenwärtigen müssen – und das ermöglicht die Einbildungskraft. Ich meine, diese Fähigkeit ist anders als andere (wie etwa die Fähigkeit zur Verifizierung) für ein Verstehen wesentlich. Die Einbildungskraft sagt uns, *was* wir verifizieren – für oder gegen welchen möglichen Sachverhalt wir Beweise entdecken. Sie ist konstitutiv für das Verstehen. Die Fähigkeit, einen Satz zu verifizieren, sich relevant zu äußern oder Schlussfolgerungen zu ziehen, ist eine Folge der grundlegenden Erfassung der Wahrheitsbedingung eines Satzes, und diese Möglichkeiten werden von der Einbildungskraft ins Auge gefasst. Selbstverständlich wird diese Art von Fähigkeit diejenigen nicht zufrieden stellen, die sich nach etwas stärker Reduzierendem oder Beobachtbarem sehnen, doch ich versuche nicht, ihren Erwartungen entgegenzukommen. Ich mache vielmehr darauf aufmerksam, dass wir auf ein „praktisches Vermögen" anderer Art verweisen können. Damit konzedieren wir ihrer nachdrücklichen Forderung nach einer Verbindung zum Handeln ein Körnchen Wahrheit – obwohl es dabei um *mentales* Handeln geht. Einen Satz zu verstehen erfordert die Fähigkeit, einen mentalen Akt auszuführen – und ist es nicht gerade das, was wir erwarten sollten?[15]

Chomsky hat schon vor längerer Zeit darauf verwiesen, dass der Sprachgebrauch nicht durch Stimuli determiniert wird – d. h., der Gebrauch einzelner Wörter wird nicht durch äußere Reize ausgelöst, wie das bei einem konditionierten Reflex der Fall ist.[16] Eindeutig können wir über entfernte und abwesende Objekte sprechen, vom Nichtexistenten, von der Vergangenheit und Zukunft usw. Eine Äußerung ist keine automatische Reaktion auf etwas, das uns in unserer Umwelt zufällig begegnet. In dieser Hinsicht ist sie überhaupt nicht mit einer Wahrnehmung zu vergleichen, die natürlicherweise *nicht* frei von Stimuli ist. Selbstverständlich ist Reizfreiheit eine Spezialität der Einbildungskraft; sie erstreckt sich auf Abwesendes, Nichtexistentes, Revidierbares, ja neu zu Erfindendes. Wir könnten sogar sagen, es gehe der Einbildungskraft vor allem darum, der Herrschaft von Reizen zu entfliehen – das (zeitlich und räumlich) Vorhandene zu transzendieren. Die Einbildungskraft befreit den Geist von dem, was auf ihn übergreift. Sie ist in der Tat Teil dessen, was uns zu Trägern freien Handelns macht.[17] Die für die Sprache charakteristische Reizfreiheit ist genau erfasst, wenn wir der Einbildungskraft eine zentrale Rolle beim Verstehen zuweisen.

Schließlich möchte ich anmerken, dass eine Bindung der Einbildungskraft an Bedeutungen unsere Auffassung dessen erweitert, was Bedeutungen umfassen: Die Sprachfähigkeit ist damit verlässlich eingebettet in die Fähigkeiten der Einbildungskraft, und zwar mit all ihren Implikationen. Die Sprachfähigkeit hat mithin Teil an den Fähigkeiten, die bereits in Vorstellungen und Träumen, in der Herausbildung von Glauben und im Entwurf von Theorien etc. Anwendung finden. Sie ist kein isoliertes Modul, das mit anderen Systemen nicht verbunden ist. Der menschliche Trieb zur Sprache ist eng verknüpft mit dem Trieb zur Einbildungskraft. Das heißt, die semantische Komponente der Sprachfähigkeit ist unentwirrbar verschränkt mit dem Vorstellungsvermögen.[18] Dies könnte kaum „mentalistischer" sein. Verstehen ist (oder umfasst) ein bewusstes Inerwägungziehen imaginärer Sachverhalte. Es besteht nicht aus einer Kollektion von Veranlagungen zur Reaktion auf angemessene „Reizbedingungen" oder dergleichen.

Ich muss nun auf einige geläufige Einwände eingehen, die nicht durchweg leicht zu beantworten sind. In Kapitel 1 habe ich argumentativ gezeigt, dass Begriffe keine Vorstellungen sein können. Dieser Argumentation zufolge lassen sich Begriffe zwar leicht auf Objekte anwenden, die durch Wahrnehmung vergegenwärtigt werden, aber es ist (nach einer Bemerkung Wittgensteins) nicht möglich, sich eine Vorstellung von eben dem Objekt zu bilden, das man gerade sieht.[19] Dies könnte den Verdacht auslösen, dass etwas Ähnliches auch den hier gemachten Vorschlag ereilt: Man könnte sich dann nicht etwas vorstellen, von dem man schon weiß, dass es wahr ist. Wenn dem so wäre, dann wäre es unmöglich, sich einen Sachverhalt vorzustellen, der einem Satz entspräche, von dem man weiß, dass er wahr ist – und folglich wäre es auch unmöglich, ihn zu verstehen. Nun habe ich diese Frage bereits in Kapitel 10 aufgeworfen, doch sie muss wegen ihrer Relevanz für die aktuelle

Diskussion noch einmal aufgegriffen werden. Es wäre offenkundig desaströs für die Theorie der Einbildungskraft, wenn sie sich nur auf solche Sätze anwenden ließe, von denen man nicht glaubte, dass sie wahr sind. Glücklicherweise erweist sich diese Besorgnis als haltlos, sobald wir Implikationen von Folgen unterscheiden. Es ist durchaus wahr, dass es potentiell hochgradig irreführend ist, wenn man *sagt*, dass man sich einen Sachverhalt vorstellt, von dem man sehr wohl weiß, dass er Bestand haben wird, weil dies nahe legt, dass man *nicht* weiß, dass er Bestand haben wird. Doch daraus folgt nicht, dass es *falsch* ist, etwas Derartiges zu sagen. Und ich denke, es ist ganz und gar möglich, sich vorzustellen, dass p, wenn man sehr wohl weiß, dass p. Ich habe in der Tat die Auffassung vertreten, dass dieser Vorstellungsakt *Teil* eines entsprechenden Glaubens ist.[20] Ich weiß, dass der Satz „Schnee ist weiß" wahr ist. Das hindert mich nicht daran, mir vorzustellen, dass Schnee weiß ist. Ich kann dies ganz einfach tun, indem ich mir die richtige Vorstellung bilde.[21] So kann ich mir den Sachverhalt vorstellen, der einem Satz entspricht, von dem ich zufällig weiß, dass er wahr ist. Jeder Schein des Gegenteils ergibt sich aus Fragen nach der Implikation.

Eine sehr viel verzwicktere Frage betrifft notwendige Falschheiten. Bei ihnen handelt es sich um Sätze, die offenbar verstanden werden können, die aber unvorstellbare Sachverhalte zum Ausdruck bringen. So beispielsweise „Farblose grüne Ideen schlafen heftig" oder „2 + 2 = 5". Dies sind korrekt gebildete Wortfolgen, die wir zu verstehen scheinen. Doch können wir sagen, dass wir in der Lage sind, uns die Sachverhalte vorzustellen, die ihnen entsprechen? Um damit umgehen zu können, müssen wir eindeutig die Einbildungskraft von den konkreten Möglichkeiten lösen – auf die Gefahr hin, die Sätze dann buchstäblich sinnlos zu machen. Nun ist dies von solchen Sätzen gewiss gesagt worden, aber nur vor dem Hintergrund einer tendenziösen Theorie der Bedeutungshaftigkeit. Im herkömmlichen Sinn scheinen diese Sätze bedeutungsvoll zu sein. Ich spreche mich hier dafür aus, dass wir uns unmögliche Sachverhalte vorstellen *können* – d. h., wir können sie uns denken, wir wissen, woraus sie bestehen würden, und wir ziehen sie in Erwägung. Zuweilen stellen wir uns wohl etwas vor und wissen oder glauben nicht, ob oder dass es möglich ist. Die Verpflichtung aufs Mögliche ist also nicht Teil des Vorstellungsakts. Auch zu unmöglichen Sachverhalten haben wir durchaus eine intentionale Beziehung – wir können sie uns mental vergegenwärtigen – und in diesem Sinn sind wir in der Lage, sie mit unseren Vorstellungen in den Blick zu nehmen. Ganz anders liegen die Dinge bei einer vollkommen ungrammatischen Wortfolge, bei der wir keine Idee haben, *was* wir uns vorzustellen versuchen sollen. Aber in den Beispielen, die grammatisch korrekt sind, kann die Einbildungskraft meiner Meinung nach die zum Ausdruck gebrachten unmöglichen Sachverhalte vergegenwärtigen, da wir wissen, was wir uns geistig vor Augen stellen sollen.

Vielleicht sollten wir hier eine starke von einer schwachen Vorstellbarkeit unterscheiden. Die starke unterstellt, dass das, was vorstellbar ist, wirklich möglich ist. Die schwache setzt nur voraus, dass ein (grammatisch) kohärenter Gedanke gebildet werden kann – dass die Begriffe zusammenhängend zu einem Satz gefügt werden können. Notwendige Falschheiten, so ließe sich folglich sagen, entsprechen schwach vorstellbaren Sachverhalten. Schwach vorstellbare Sachverhalte können Gegenstand von Mutmaßungen und mithin von Folgerungen sein – wie etwa „Wenn farblose grüne Ideen heftig schlafen, dann schlafen eben einige Ideen". Und das zeigt, dass derlei Sätze Propositionen zum Ausdruck bringen, die in Erwägung gezogen werden können. An ihnen ist eindeutig etwas falsch – und es ist viel philosophische Anstrengung darauf verwendet worden, festzustellen, was genau das ist –, daher sollten wir uns nicht wundern, wenn sie Bedeutungstheorien Schwierigkeiten bereiten, die unabhängig davon attraktiv erscheinen. Wir könnten meinen, sie verhielten sich den stark vorstellbaren Fällen gegenüber in dem Sinne parasitär, dass ihr Anspruch auf Bedeutungshaftigkeit von ihrer grammatischen Ähnlichkeit mit gewöhnlichen, bedeutungsvollen Sätzen abhängt. Und sie scheinen sich als unvermeidliche Folge der Tatsache zu ergeben, dass Grammatikalität Sache der Syntax ist, nicht der Metaphysik. (Die Syntax ist sozusagen modal blind.) Es wäre auf jeden Fall töricht, diese anomalen Fälle über das Schicksal einer im Übrigen brauchbaren Theorie entscheiden zu lassen. Sie sind hinreichend merkwürdig und problematisch, um billigerweise zu Ausnahmen deklariert zu werden. Ich denke, die Einbildungskraft kann dazu gebracht werden, auf ihren Inhalt zu reagieren und ihn angemessen zu vergegenwärtigen, selbst wenn sie gegen diese Aufgabe rebelliert. Doch sie verarbeitet sie immerhin – denn wie *sonst* könnten solche Sätze behandelt werden? Ich ziehe dieses Verfahren der alten drakonischen Maßnahme vor, sie als ganz und gar bedeutungslos mit einem Bann zu belegen. Eindeutig haben wir damit eine Reihe von Optionen – von denen vielleicht keine rundheraus angenehm ist – um sicherzustellen, dass Bedeutungshaftigkeit und Vorstellbarkeit nicht auseinander fallen.

Dieser letzte Punkt zeigt zumindest, dass die vorliegende Theorie nicht trivial ist, da es ihr einigermaßen schwer fällt, sich den Daten anzupassen. Doch in anderer Hinsicht ist sie vielleicht zu anspruchslos, zu wenig erklärend und zu dünn. Versucht sie nicht, etwas Dunkles durch etwas ebenso Dunkles zu erklären? Bedeutungen sind schwer zu bestimmen, problematisch und gespenstisch. Doch gilt das (und noch mehr) nicht auch für die Einbildungskraft? Welchen Fortschritt haben wir gemacht, wenn wir eine mysteriöse geistige Fähigkeit ins Zentrum einer anderen stellen? Was wir brauchen, ist eine Theorie, die Bedeutungen mit etwas Soliderem in Verbindung bringt – also beispielsweise mit Verhalten, mit Gehirnzuständen, funktionalen Rollen, Kausalbeziehungen zur Umwelt oder biologischen Zwecken. Wenn wir eine Wissenschaft von Bedeutungen entwickeln wollen, erzielen wir keinerlei Fortschritt, solange wir Bedeutung auf Einbildungskraft gründen; denn wo bleibt dann die Wissenschaft von der Einbildungskraft? Kurz gesagt, welche Hilfestellung bietet die Theorie der Einbildungskraft bei der *Naturalisierung* von Bedeutungen? Meine Reaktion auf derlei Befürchtungen ist entschieden: Ich habe mit solchen reduktionistischen und naturalisierenden Tendenzen nichts zu tun. Ich denke, wir sollten Bedeutungen vielmehr mit geistigen Fähigkeiten in Verbindung bringen, die ihr wissenschaftlich problematisches Wesen *widerspiegeln* – die so kompliziert und verwirrend sind wie sie selbst. Auf diese Weise werden wir den Phänomenen gerecht, statt sie versuchsweise dazu zu bringen, sich fehlgeleiteten reduktionistischen Ambitionen zu unterwerfen. Reduktionen mögen durchaus ihren Ort haben, aber sie sind keine Frage des Dogmas, und zuweilen ist die erhellendste Darstellung die am wenigsten reduktionistische. Ich meine also, dass der „Mentalismus" der Theorie der Einbildungskraft kein Einwand gegen sie ist – sondern angesichts des Wesens von Bedeutungen und der Art, wie sie sich darstellen, für sie spricht. Bedeutungen sind bemerkenswerte Phänomene, und sie müssen mit einer geistigen Fähigkeit in Verbindung gebracht werden, die ebenso bemerkenswert ist. Es geht nicht an, sie auf etwas zu reduzieren, das ihrer Einzigartigkeit nicht gerecht wird. Selbstverständlich können wir versuchen, die Einbildungskraft zu erklären oder zumindest zu erläutern – wie ich das im vorliegenden Buch getan habe –, doch wir sollten ihre Theorie nicht ablehnen, weil wir die Einbildungskraft nicht dazu bringen können, sich szientistischen Vorgaben unterzuordnen. Bedeutungen sind schließlich auch an Bewusstsein gebunden, und Bewusstsein ist der Gipfelpunkt (oder Nullpunkt) des Mysteriösen. Ich folgere daraus, dass der Vorwurf, hier werde das Dunkle durch etwas Dunkles erklärt, wenig Überzeugungskraft besitzt. Ich meine in der Tat, dass in dieser Hinsicht die Anspruchslosigkeit der Theorie zu ihren Gunsten spricht. Bedeutungstheorien neigen dazu, in ihren Erklärungen überehrgeizig und reduktionistisch zu sein. Die Theorie der Einbildungskraft ist auf anspruchslose Weise nicht-reduktionistisch. Sie nennt einfach die Fähigkeit, die das Sprachverstehen erzeugt, bei ihrem richtigen Namen. Sie verortet Bedeutungen innerhalb der verschiedenen Fähigkeiten, die den Geist ausmachen.

Die Fähigkeit, die sprachliches Verstehen liefert, steht deshalb in engem Zusammenhang mit anderen Leistungen des Geistes. Kognitive Einbildungskraft ist an der Vergegenwärtigung von Möglichkeiten und folglich auch an modalem Denken beteiligt, ferner an der Bildung negativer Gedanken, an logischen Urteilen sowie an der Herausbildung von Glauben. Das Verstehen von Sätzen hängt also mit diesen anderen Fähigkeiten zusammen. Darüber hinaus hängt die kognitive Einbildungskraft ihrerseits eng mit der sinnlichen zusammen; sie ist eine begriffsbasierte Version derselben grundlegenden Fähigkeit. Mithin sind Bedeutungen letzten Endes von Vorstellungen doch nicht so weit entfernt. Es könnte sogar sein, dass ohne Vorstellungsvermögen sprachliches Verstehen nicht möglich wäre, weil die kognitive Einbildungskraft ihrerseits auf Mechanismen und Prozessen beruht, die in der sinnlichen Einbildungskraft ihren Ursprung haben. Allerdings ist das Sich-Vorstellen-dass nicht auf sinnliche Vorstellungen reduzierbar, aber es kann immerhin ein Ergebnis der Bildung von Vorstellungen sein – also dessen, was mit der sinnlichen Einbildungskraft geschieht, wenn sie begrifflich gefasst wird. Die Wurzeln von Bedeutungen könnten in der Bildung von Vorstellungen liegen, obwohl die Bedeutungen selbst über diese Wurzeln hinausreichen. Vorstellungen gehen Bedeutungen gewiss ontogenetisch (und wahrscheinlich auch phylogenetisch) voraus, und ihre kombinatorischen und schöpferischen Eigenschaften lassen die (andersartigen) kombinatorischen und schöpferischen Eigenschaften der Sprache erahnen.[22] Die „arme" Vorstellung sollte nicht verachtet oder geschmäht werden, obwohl sie in weiten Teilen der neueren Philosophie eine so schlechte Presse hat.

KAPITEL 13   Das Spektrum der Einbildungskraft

Dieses Buch, so könnte man sagen, hat sich von den simpelsten Beispielen der Einbildungskraft emporgearbeitet zu ihren kompliziertesten Erscheinungsformen. Ich habe mit einfachen Vorstellungen angefangen und bin über die Träume bis zum sprachlichen Verstehen vorgestoßen (ohne Ansehen der Rolle der Einbildungskraft in den Künsten und Wissenschaften sowie in der Philosophie). Die Übergänge von einem Thema zum nächsten sind, so denke ich, organisch vonstatten gegangen. Um nun all dies zusammenzubringen und konkret vorhandene Kontinuitäten darzustellen, möchte ich eine Art Diagramm des vorstellenden Geistes präsentieren. Mein Ziel ist es, eine Ordnung der verschiedenen Arten von Vorstellungen vorzuschlagen, die sowohl im Blick auf deren zeitliche wie auf deren begriffliche Folge gelesen werden kann. Wollte man ein Wesen entwerfen, das mit Vorstellungen ausgestattet ist, dann wären dies die Schritte, nach denen ein solches Wesen zu programmieren wäre. Nichts von all dem ist besonders exakt oder durch empirische Untersuchungen bestätigt, aber ich glaube, es bietet ein brauchbares Gesamtbild des Gebiets, das wir abgedeckt haben, und der Beziehungen zwischen den verschiedenen Phänomenen der Einbildungskraft. Hier also ist mein „Spektrum der Einbildungskraft":

Wahrnehmung ... Erinnerungsbild > vorstellungsbezogene Sinnesempfindungen > produktive Vorstellung > Tagtraum / Traum > Möglichkeit und Negation > Bedeutung > Kreativität

Ich möchte dies im Folgenden erläutern. Fangen wir mit der ersten Wahrnehmung an, die noch unbeeinträchtigt ist von Vorstellungen – mit der Einwirkung der Welt auf die Sinne des Säuglings. In diesem Stadium ist noch nichts vorhanden, das einer Vorstellung ähnelt. Die punktierte Linie verweist dann auf einen Übergang und auf die wichtige Diskontinuität zum Erinnerungsbild, das zwar aus der Wahrnehmung abgeleitet wird, aber keine *Art* der Wahrnehmung ist. In diesem Frühstadium tritt eine bedeutende Umwandlung zutage. Mit dem Heraufkommen des Erinnerungsbildes sind viele distinktive Merkmale der Einbildungskraft bereits im Spiel (auf die ich in Kapitel 1 verwiesen habe). Eine neue Ära der Psyche ist angebrochen. Das Subjekt kann sich jetzt etwas vorstellen, das nicht anwesend ist, sowie sehen, was ist. (Diese Fähigkeit ist unabhängig von der Verfügung über begriffliches Denken.) Sobald wir Erinnerungsbilder haben, ist der Weg frei für vorstellungsbezogene Sinnesempfindungen, die eine Verbindung bilden aus Wahrnehmungen und Vorstellungen. Die visuelle Wahrnehmung evoziert ein Erinnerungsbild, und beide verschmelzen zu einem Sehen-als.[1] Die produktive Einbildungskraft ist unserem wachsenden Geist noch nicht zugänglich, weil sie eine schöpferische Rekombinierung von Elementen erfordert – und folglich eine stärker ins Weite führende Bewegung weg von dem im strikten Sinn Sinnlichen. Wir können uns den Menschen, dessen Vorstellungskraft heranreift, so denken, dass er diese Macht, etwas zu schaffen, in sich entdeckt – kraft einer augenblicklichen Entdeckung. Nun kann er neue Vorstellungen erzeugen und die Welt neu arrangieren, wie es ihm passt; er ist nicht länger ein Sklave des jeweils Wirklichen. Und mit der jetzt aus dem Modell der Wahrnehmung befreiten Vorstellung steht der Weg offen zu einer temporalen Sequenzierung solcher produktiven Vorstellungen – also zu den Träumen (des Tages und der Nacht). Der Mensch kann nun seine Vorstellungen, und zwar sowohl die ihm in Form von Erinnerungsbildern gegebenen wie die produktiven, so aneinander hängen, dass sie Strukturen bilden. Und diese Strukturen ähneln Geschichten, die von der objektiven Entwicklung der Welt abweichen. Er hat das Fiktionale entdeckt.[2] Mit dieser Entwicklung kommt es zur Idee von Alternativen zum Wirklichen – zur Idee dessen, was bloß möglich ist. Damit betritt der Vorstellende den Bereich des Modalen, also dessen, was sein könnte: der Traum vergegenwärtigt, wie die Dinge sein könnten, und öffnet damit ein Fenster auf mögliche Welten. Der Traum schafft quasi eine alternative Weltgeschichte und lässt damit die Gedanken der Kontingenz und des Hypothetischen zu.[3] Damit hängt die Negation zusammen, weil Negationen aus Wirklichkeiten Möglichkeiten erzeugen. Das (bloß) Mögliche ist das, was sich *nicht* als wirklich so beobachten lässt. Werden aber Möglichkeiten erst einmal erfasst, werden Bedeutungen denkbar, da Sätze vergegenwärtigen, was sein *könnte*. Alle Bedeutung handelt von möglicher Wahrheit (und Falschheit). Nun kann der Geist eine Unzahl möglicher Sachverhalte betrachten, von denen jeder einem bedeutungsbezogenen Satz entspricht; er hat das Sinnliche hinter sich gelassen. Und damit erreichen wir die letzte Stufe in dieser Progression, die genuine Kreativität auf hohem Niveau. Sie tritt hervor, sobald der Geist in der Lage ist, sich vorzustellen, wie die Welt sein könnte, und diese Vorstellungen so einzusetzen, dass sich aus ihnen neue Gedanken bilden. Unbeeinträchtigt vom tatsächlichen Geschichtsverlauf kann der Romanautor eine fiktive Narration entwerfen, und der Wissenschaftler kann spekulativen Theorien darüber nachhängen, wie die Welt objektiv konstituiert ist. Jetzt lassen sich alternative „Weltsichten" entwerfen, die sich aller Ressourcen menschlicher Kreativität bedienen. Auf diese Weise führt ein einfaches Erinnerungsbild über eine Reihe von Stufen zu den Höhenflügen schöpferischer Einbildungskraft. Am Anfang stand die frühkindliche Vorstellung vom Gesicht der Mutter (oder wohl auch von ihrer Brust), und nun steht vor uns der voll entwickelte *Hamlet*.

Doch ich möchte nicht missverstanden werden: Ich behaupte nicht, dass irgendeiner der genannten Übergänge automatisch oder nach den strengen Regeln der Logik erfolgt. Ebenso wenig behaupte ich, dass zur Herstellung anderer Beziehungen nicht alternative Anordnungen zu entwerfen wären. Ja, ich behaupte nicht einmal, dass meine Anordnung einer konkreten Abfolge in der Zeit entspricht. Mir geht es vielmehr darum, eine nachvollziehbare Geschichte darüber zu entwerfen, wie ein jedes dieser Phänomene sich gedanklich aus den anderen ergeben könnte – ausgehend vom primitivsten bis hinauf zum raffiniertesten. Die Entwicklung geht hier gewiss nicht bruchlos vor sich, aber ich denke, sie ist psychologisch plausibel. Denn in dieser Weise *hätte* die Einbildungskraft sich entwickeln können. Wie die Eichel sich über Zwischenstufen zur mächtigen Eiche entwickelt, so ist das Erinnerungsbild der Samen, der eine beständige Abfolge von Entwicklungen initiiert – bis wir die Wunder menschlicher Kreativität erreichen. Teil meiner Argumentation ist es hier, dass dieser letzte Schritt nicht der Sprung in ein vollkommen unbekanntes Gelände ist, als der er zuweilen dargestellt wird. Seine Grundlagen sind vielmehr in anderen Erscheinungsformen der Einbildungskraft bereits gelegt. Aus einer übergeordneten Perspektive gesehen, trat der große Bruch schon viel früher auf – nämlich als die Vorstellung zum ersten Mal in Erscheinung trat. Der Schritt von der Wahrnehmung zur Vorstellung ist wirklich (ohne Hume zu nahe treten zu wollen) ein qualitativer Sprung. Mit ihm wird ein fundamental neues Phänomen in den menschlichen Geist eingeführt. Selbst das elementare Erinnerungsbild ist „kreativ", verglichen mit der Wahrnehmung, die es auslöst, da es nur durch dramatische mentale Umgestaltungen möglich wird (insbesondere, indem es unter intentionale Kontrolle gelangt). Hat sich das Erinnerungsbild erst einmal im Geist etabliert, sind die grundlegenden Materialien für andere Arten der Einbildungskraft an ihrem Platz. Es bedarf dann nur noch einer Rekombinierung, um die Einbildungskraft auf ihre Reise in das weite Feld der Möglichkeiten zu schicken. Selbstverständlich setzen spätere Stadien ihrerseits große Entwicklungssprünge sowie eine von außen kommende Unterstützung durch andere Errungenschaften des Geistes voraus, doch wir sollten nicht unterschätzen, wie weit uns die simple Vorstellung hinausgehoben hat über ihre Wurzeln in der Wahrnehmung.

Der Übergang von der sinnlichen zur kognitiven Einbildungskraft ist eindeutig ein wichtiger Schritt. Bis zu diesem Punkt war die Einbildungskraft mit dem von den Sinnen bereitgestellten Material tätig, obwohl dieses Material eine andere Form angenommen hat als in der Wahrnehmung. Sobald aber Begriffe zum Medium der Einbildungskraft geworden sind, befinden wir uns in einer veränderten Landschaft – in der die Befreiung von den Sinnen vollendet ist. Wir sehen dann nicht einfach mehr mit dem geistigen Auge, sondern denken auf eine Art und Weise, die über das Wirkliche hinausgeht: Wir sind in der Lage, Urteile zu suspendieren und endlose Möglichkeiten wirksam zu überblicken. Es ist zweifelhaft, dass andere Tiere dies tun können. Auf jeden Fall stellt dies einen Schritt auf eine ganz andere Stufe dar. Doch auch dieser Schritt, und darauf habe ich insistiert, hat seine Wurzeln in dem, was ihm vorausgegangen ist. Er kommt nicht von nirgendwo. Letzten Endes besteht der größte Teil der Einbildungskraft bei Erwachsenen in einem fließenden Übergang zwischen dem sensorischen und dem begrifflichen Modus. Das Sehen mit dem geistigen Auge erscheint eingebettet in den Gebrauch von Begriffen, welche die Reichweite und Bedeutung des Vermögens der Einbildungskraft erweitern. Das Sich-Vorstellen-dass wird verbunden mit der Hervorbringung von sinnlichen Vorstellungen. Diese Vorstellungen verleihen der Einbildungskraft Fleisch und Blut, während die kognitive Einbildungskraft den Vorstellungen neue Bedeutsamkeit verschafft. Wenn ich mir also von einer bestimmten Person eine Vorstellung mache, kann mit dieser Vorstellung ein ganzer Komplex von Gedanken einhergehen – von Gedanken, welche die Möglichkeiten vergegenwärtigen, die ich mit der vorgestellten Person assoziiere. Das Spektrum der Einbildungskraft ist sozusagen an beiden Enden miteinander verbunden. Ich könnte sogar auf der Grundlage meiner Erinnerungsbilder einen Roman schreiben, in welchem Fall die Kreativität und die Erinnerungsbilder ihre Kräfte vereint hätten.[4]

Es sollte, so hoffe ich, klar geworden sein, dass die Einbildungskraft ein allgegenwärtiges und zentrales Merkmal des Seelenlebens darstellt. Sie ruht und rastet nie, weder bei Tag noch bei Nacht. Die Einbildungskraft ist kein eitel luxurierendes oder epiphänomenales Beiprogramm, mit dem man an langweiligen Nachmittagen die Zeit totschlagen kann. Sie spielt eine konstitutive Rolle in der Erinnerung, in der Wahrnehmung (als Sehen-als), im Traum, im Glauben und in Bedeutungen – sowie in der Kreativität auf hohem und höchstem Niveau. Stets machen wir von unserer Vorstellungsfähigkeit Gebrauch. Ohne sie wäre das Leben (milde gesagt) sehr viel weniger interessant. In jeder Darstellung des menschlichen Geistes muss der Einbildungskraft mehr Aufmerksamkeit geschenkt werden. Im vorliegenden Buch habe ich versucht, ihr die Anerkennung zu verschaffen, die sie verdient.[5]

Anmerkungen

Einleitung

1 Einen umfassenden und soliden Überblick über die Geschichte der Theorien zur Einbildungskraft bietet Brann, *The World of the Imagination*.

2 Kürzlich sah ich eine Sondersendung im Fernsehen über unsere hominiden Vorfahren. In ihr wurde behauptet, der Grund dafür, dass wir überlebt haben, während dies anderen Hominiden nicht gelang, liege in der Macht unserer Einbildungskraft. Ein faszinierender Gedanke, der die Einbildungskraft zum Schlüssel für unser Überleben machen würde – ganz zu schweigen von unserer Zivilisation: Einbildungskraft, die größte evolutionäre Entdeckung seit der Entwicklung der Warmblütigkeit (obwohl zweifellos auch die Quelle vieler Gefahren).

KAPITEL I **Vorstellungen und Wahrnehmungen**

1 Hume, *Ein Traktat über die menschliche Natur*, Buch I–III, S. 8–10.

2 Ebd., S. 11.

3 Ebd., S. 12.

4 Ebd., S. 10.

5 Vgl. hierzu Berkeley: „Die Ideen der Sinne sind kräftiger, lebhafter und bestimmter als die Ideen der Einbildungskraft. Es eignet ihnen ferner eine gewisse Beständigkeit, Ordnung und Kohärenz; sie werden nicht blindlings hervorgerufen wie so oft diejenigen, welche das Ergebnis menschlicher Willenstätigkeit sind." Berkeley, *Eine Abhandlung über die Prinzipen der menschlichen Erkenntnis*, § 29, S. 39. Sowie ferner: „Die Vorstellungen der Einbildungskraft sind schwach und unbestimmt und außerdem in völliger Abhängigkeit vom Willen. Aber die sinnlich vorgenommenen Vorstellungen, d. h. wirkliche Dinge, sind lebhafter und klarer; und da sie dem Geist durch ein von uns verschiedenes Seelenwesen eingeprägt werden, sind sie nicht in gleicher Weise von unserem Willen abhängig." Berkeley, *Drei Dialoge zwischen Hylas und Philonous*, S. 105.

6 Hier hilft eindeutig auch kein Verweis auf ein *Detail* einer Wahrnehmung; denn manche Vorstellungen sind, was ihren Inhalt angeht, sehr viel detaillierter als

184

manche Wahrnehmungen. Daher kann die Lebhaftigkeit im *Detail* nicht den Unterschied ausmachen.

7   Wir können an dieser Stelle auf Humes vergleichbare Sorglosigkeit bei der Annahme einer fehlenden Abschattung der Farbe Blau verweisen. Hume führt mit dieser Annahme ein entschiedenes Gegenbeispiel zu seinem eigenen Grundprinzip an und fährt dann mit eben diesem Grundprinzip fort: „Doch ist dieses Beispiel so speziell und einzigartig, dass es unserer Beachtung kaum wert ist und jedenfalls nicht verdient, dass wir seinetwegen unser allgemeines Prinzip ändern sollten." Hume, a. a. O., S. 15.

8   So weit ich weiß, zitiert Wittgenstein bildliche Vorstellungen nie explizit als Beispiele für fehlgeleitete begriffliche Angleichungen. Doch handelt es sich bei ihnen um das beste Beispiel hierfür, das ich gefunden habe. Ich akzeptierte Humes Unterscheidung bei meiner ersten Lektüre als offensichtlich und betrachtete sie als durchaus evident. Es war ein regelrechter Schock für mich, als mir klar wurde, wie falsch sie in Wirklichkeit ist. Dieser Fall zeigt, wie leicht Begriffe uns austricksen können.

9   Ludwig Wittgenstein, *Zettel*, zweispr. Ausg., Nr. 621.

10   Ebd., Nr. 633.

11   Ebd., Nr. 637.

12   Vgl. Williams, „Deciding to Believe".

13   Lassen sich visuelle Vorstellungen also besser als eine Art Schauen beschreiben statt als Sehen, da dies ihr Gewolltsein erfasst? Wir schauen mit dem Auge des Geistes, wie wir mit dem des Körpers schauen. Doch so reden wir nicht. Für meine Zwecke sind beide Redeweisen ausreichend. Was das Auge des Geistes angeht, so gibt es keinen Unterschied zwischen Sehen und Schauen, da hier alles Sehen dem Willen unterliegt.

14   Das Thema der visuellen Vorstellungen hat in der Handlungstheorie neben den mentalen Akten im Allgemeinen kaum Beachtung gefunden. Ich meine, dass es in der Philosophie des Handelns ernsthafte Untersuchung verdient.

15   Vgl. O'Shaughnessy, *The Will*.

16   Wir sollten hier nicht jene Vorstellungen übersehen, die uns unaufgefordert und zuweilen unerwünscht, wie man so sagt, „plötzlich durch den Kopf schießen". Sie entstehen zwar nicht aus Intentionen, aber sie sind in Bezug auf ihren Verlauf und ihre Beendigung doch dem Willen *unterworfen*. Eine vom Willen ausgehende Verursachung kann sie prinzipiell in den Griff kriegen – anders als normale Wahrnehmungen.

17   Berkeley hat dies schon vor langer Zeit bemerkt, vgl. Anm. 5. Zur weiteren Erörterung dieses Problems vgl. Budd, *Wittgenstein's Philosophy of Psychology*, Kap. 5 und O'Shaughnessy, *Consciousness and the World*, Kap. 11.

18 Es ist also nicht so, dass wir bemerken, dass eine geistige Gegebenheit eine Vorstellung ist, und dann folgern, dass sie gewollt werden kann. Vielmehr hängt der Umstand, dass wir sie als Vorstellung klassifizieren, von unserem Bewusstsein ab, dass sie gewollt werden kann. Nicht, dass es keine anderen Kriterien gäbe, deren wir uns bedienen, um etwas als Vorstellung zu identifizieren. Vgl. den Rest dieses Kapitels.

19 Es fällt schwer, dies präzise zu formulieren, doch die Labilität und Flüchtigkeit von Vorstellungen lässt auf ihr Gewolltsein schließen. Ihre „Leichtigkeit" passt zu den Launen des Wollens. Zudem enthalten sie häufig Momente, die ans Begehren erinnern – das Zeichen des Willens. Vorstellungen präsentieren sich, wenn mir diese metaphorische Rede gestattet ist, als Marionetten des Wollens – als wären sie entworfen zur intentionalen Kontrolle und Handhabung. Auch die Finger der Hand sind für den Willen entworfen, anders als beispielsweise der Hinterkopf.

20 Wittgenstein, *Zettel*, sec. 621.

21 Ebd., sec. 627.

22 Ebd., sec. 632.

23 Sartre, *Das Imaginäre*, S. 50.

24 Ebd., S. 50f.

25 Ebd., S. 52.

26 Dies gilt in besonderem Maße für produktive Vorstellungen, die sich aus einer Kombination von Elementen ergeben. Richtig ist aber auch, dass Erinnerungsbilder dem, was sich bereits im je eigenen Vorrat an Kognitionen befindet, nichts hinzufügen können. Zu ergänzen ist darüber hinaus, dass die These, Vorstellungen seien nicht informativ, sich auf die *tatsächlichen* und nicht auf die *modalen* Eigenschaften von Objekten bezieht. Es geht darum, dass ich mich nicht (ganz von neuem) über die tatsächlichen Eigenschaften eines Objekts informieren kann, indem ich es mir vorstelle, obwohl ich mein Vorstellungsvermögen verwenden kann, um herauszufinden, welche Eigenschaften ein Objekt haben *könnte*. Das Vorstellungsvermögen ist keine Fähigkeit, der sich die tatsächlichen Eigenschaften der Dinge neu enthüllen. Es ist im Wesentlichen reproduktiv oder fingierend. Eine Vorstellung zu haben, führt nicht dazu, dass man angespannt darauf wartet, dass die Welt sich offenbart, indem Objekte ihre bisher unbekannten Eigenschaften darbieten.

27 Vgl. Kosslyn, *Image and Brain*, insbes. Kap. 10.

28 Darum wirken sich objektive Veränderungen im vorgestellten Objekt nicht auf dessen gegenwärtige Vorstellung aus – wie dies offenkundig bei der Perzeption der Fall ist. Bildliche Vorstellungen erfordern keine *fortwährende* kausale Interaktion zwischen Objekt und geistiger Verfassung. Selbstverständlich können Vorstellungen alle Arten von Information über die eigene Persönlichkeit, das eigene Begehren usw. enthalten, so dass sich psychologisches Wissen aus ihnen ableiten lässt, aber sie taugen nicht, krude gesagt, um damit Physik oder Geschichtswissenschaft zu betreiben. Man muss sich der Perzeptionen bedienen, um empirische Informationen über die Welt zu erhalten. Vorstellungen sind nicht *investigativ*.

29 Erinnerungsbilder rufen Überzeugungen hervor, aber nur weil sie frühere Wahrnehmungen beschwören. Auf jeden Fall rufen sie – im Unterschied zur Perzeption – keine Überzeugung vom *gegenwärtigen* Stand der Dinge hervor. Nur weil Erinnerungsbilder Prototypen in der Wahrnehmung haben, können sie das Erinnerungswissen freisetzen.

30 Selbstverständlich kann ich Überzeugungen von der Lokalisierung der Objekte haben, die ich mir vorstelle, aber eine Vorstellung spezifiziert nicht von sich aus irgendeine Lokalisierung. Das Gesichtsfeld dagegen verweist exakt darauf, wo im (ich-zentrierten) Raum die gesehenen Objekte lokalisiert sind. Es bedarf zum Erhalt dieser Information keiner zusätzlichen Überzeugungen.

31 Selbst das am stärksten wahrnehmungsbasierte Erinnerungsbild weist als Vorstellung diese Art von Selektivität auf – das Abstrahieren des vorgestellten Objekts von seiner kontingenten Umgebung. Wahrnehmungshalluzinationen sind dagegen ebenso nicht-selektiv wie wirklichkeitsgetreue Wahrnehmungen. Die geistige Löschung bestimmter Aspekte ist ein besonders charakteristisches Merkmal von Vorstellungen und ein Kennzeichen der ihnen innewohnenden Kreativität. Weniger ist in bestimmter Hinsicht eben mehr. Zu den Unterschieden zwischen Halluzinationen und Vorstellungen vgl. Casey „Comparative Phenomenology of Mental Activity", der einige derselben Argumente vorbringt, die auch ich verwende. Vgl. zudem seine scharfsinnige Untersuchung *Imagining: A Phenomenological Study*, insbes. Teil 3, auf die ich während meiner eigenen Forschungen erst spät gestoßen bin. Vgl. ferner Warnock, *Imagination*, Teil 4, „The Nature of the Mental Image". Zu den Unterschieden von Vorstellungsbildern und Nachbildern vgl. James, *The Principles of Psychology*, Kap. 17.

32 Vgl, Casey, *Imagining*, insbes. Kap. 5.

33 Ist dies der Grund, warum die neuere Philosophie des Geistes das traditionelle Thema der Vorstellungen vernachlässigt hat? Vielleicht. Darüber hinaus erscheint denen, die vom Behaviorismus und der Kognitionswissenschaft beeindruckt sind, das hier notwendige Vertrauen auf phänomenologische Untersuchungen anrüchig oder zwielichtig. Ich bin ganz dafür, jede Methode zu verwenden, die mir in den Sinn kommt – und Introspektion, so meine ich, ist noch immer der beste Weg, zum Wesen des Vorstellungsvermögens (und ich meine hier selbstverständlich nicht, zu dessen sub-personalen Mechanismen) vorzudringen.

34 Vgl. Armstrong, „What Is Consciousness?"

35 Das Thema des Verhältnisses von Intentionalität und Aufmerksamkeit ist noch nicht zureichend erforscht. Wie grundlegend ist Aufmerksamkeit für Intentionalität? Könnte es Wesen geben mit Intentionalität, aber ohne die Fähigkeit zur Aufmerksamkeit? Wie wichtig ist die Willensbezogenheit der Aufmerksamkeit für die Intentionalität? Wie unterscheiden sich aufmerksame und der Aufmerksamkeit vorausgehende Intentionalität? Ist der aufmerksame Charakter der Intentionalität des Denkens etwas, das zu einer schon vorher existenten Intentionalität hinzukommt oder ist er für sie konstitutiv? Und so weiter ...

36 Vgl. O'Shaughnessy, *Consciousness and the World*, S. 486.

37 Vgl. Dretske, „Conscious Experience".

38 Sartre, *Das Imaginäre*, S. 57.

39 Dies könnte ohne Zweifel cartesianische Spekulationen über die entkörperte Natur des vorstellenden im Gegensatz zum wahrnehmenden Geist in Gang setzen. Doch ich meine, wir sollten diesen Weg nicht einschlagen. Die „Entkörperung", von der ich spreche, ist ganz auf der Ebene der Intentionalität angesiedelt. Es geht ihr darum, wie die Dinge zu sein scheinen, nicht wie sie wirklich sind. Aus dem Umstand, dass ich meinen Körper bei einer bestimmten Art der Intentionalität nicht vergegenwärtige, folgt keineswegs, dass ich tatsächlich ohne Körper auskommen und doch solche Intentionalität aufrechterhalten könnte.

40 Sartre, *Das Imaginäre*, S. 50.

41 Man bemerke, wie sonderbar es wäre, zu sagen: „Sie glauben, Sie haben über Ihre Mutter nachgedacht, in Wirklichkeit aber haben Sie über jemanden anders nachgedacht" – als würde Ihre Intention beim Nachdenken über jemanden keine Rolle dabei spielen, festzustellen, an wen Sie dachten. Im Gegensatz dazu könnte meine Intention, meine Mutter zu *sehen*, ganz und gar scheitern – wenn etwa jemand sich vor sie stellt. Es ist Sache der Natur, wen ich sehe, aber es ist meine Sache, über wen ich nachdenke (oder wen ich mir vorstelle) – wie es meine Sache ist, welchen Finger ich beuge.

42 Eine Vorstellung zu haben ist in der Tat eine *Art* Nachdenken über ein Objekt. Daher ist es nicht überraschend, dass dieses Denken mit anderen Arten des Denkens in Wettbewerb tritt. Wahrnehmungen hingegen sind nicht von sich aus Arten des Nachdenkens über die Dinge. Sie sind ein *Beiwerk* und eine *Begleiterscheinung* des Denkens. Gewiss kann man viele Dinge sehen, über die man gerade nicht nachdenkt, nicht aber Vorstellungen.

43 Dasselbe lässt sich über das Denken sagen: Es gibt die wahrnehmungsbezogene Strömung und die gleichlaufende, auf das Denken bezogene Strömung (wobei letztere mit der vorstellungsbezogenen zusammentrifft). Am Denken ist im Blick auf die Perzeption nichts okklusiv! Im Fall des Vorstellungsvermögens haben wir zwei *sensorische* Strömungen, nicht bloß eine kognitive und eine sensorische. Denn Sehen und Visualisieren können simultan und unabhängig voneinander ablaufen.

44 Dies ist ein durchaus bemerkenswertes Phänomen: Die dem Willen gegenüber zunächst äußerst resistente Wahrnehmung wird zu einem Spielball des Willens verändert. Auf diese Weise werden wir in die Lage versetzt, uns unserem Sinnenleben zuzuwenden. Es ist ein Wunder, dass Wahrnehmungen ihre sensorische Identität bei dieser drastischen Veränderung behalten, dass gerade diese Wahrnehmung, die ich gestern hatte, jetzt in Form eines Erinnerungsbildes zu mir zurückkehrt – nur eben durchaus nicht mehr als Wahrnehmung.

45 Vgl. Pylyshyn, „The Imagery Debate".

46 Vgl. hierzu Budd, *Wittgenstein's Philosophy of Psychology*. S. 110. Die Angelegenheit ist jedoch schwierig, weil wir eindeutig ein und dasselbe Objekt gleichzeitig wahrnehmen und *denken* können – und das Denken ist aktiv, während das Wahrnehmen passiv ist. Um solche Gegenbeispiele zu vermeiden, müssen wir uns nachhaltig auf die These vom selben geistigen Inhalt stützen und bestreiten, dass Gedanken und Wahrnehmungen den genau gleichen Inhalt haben können. Wahrnehmungen und Vorstellungen haben *visuelle* Inhalte, doch es ist vielleicht nicht durchweg klar, warum dies Aktivität und Passivität im Blick auf den gemeinsamen visuellen Inhalt ausschließt. Ich unterstütze daher versuchsweise die Erklärung von Budd.

47 Dieses Argument taucht in Wittgensteins klassischer Erörterung der auf Vorstellungen bezogenen Theorie der Begriffe in den *Philosophischen Untersuchungen* nicht auf, obwohl es eindeutig für sie relevant wäre.

48 Die Idee, dass Vorstellungen einen „nicht-begrifflichen Inhalt" haben, wird diejenigen nicht überraschen, die anerkennen, dass Wahrnehmungen einen derartigen Inhalt haben. Der Schritt von der Wahrnehmung zur Vorstellung ist gewiss nicht derselbe wie der Schritt vom Nicht-Begrifflichen zum Begrifflichen. Selbstverständlich werden Vorstellungen vom System der Begriffe, sobald es sich etabliert hat, angeworben, doch erscheint es zweifelhaft, ob sie *konstitutiv* begrifflich sind. Gewiss geht das Vorstellungsvermögen einher mit dem Fehlen von allem, was den Namen Überzeugung oder Argumentationsfähigkeit verdient.

49 Wir können nicht einfach sagen, dass sowohl Wahrnehmungen wie Vorstellungen Form und Farbe vergegenwärtigen, weil das auch Gedanken tun. Ebenso wenig können wir sagen, dass beide in ihrem „qualitativen Charakter" identisch sind, weil sie das nicht sind. Mithin ist der genaue Sinn, in dem Sehen und Visualisieren „visuell" sind, alles andere als unmittelbar offenkundig. Und es bedarf einiger Arbeit, um ihn zu verdeutlichen.

KAPITEL 2 **Das geistige Auge**

1 Dasselbe gilt *mutatis mutandis* für die anderen Sinne.

2 Es mag eine funktionale Analogie geben zwischen der Arbeitsweise des äußeren Auges einerseits und dem, was die Intention, etwas zu visualisieren, in eine tatsächliche visuelle Vorstellung umwandelt, andererseits. Die Intention verursacht die Vorstellung mittels einer bestimmten physiologischen Maschinerie, wie das Licht ebenfalls mittels einer bestimmten physiologischen Maschinerie die Wahrnehmung verursacht. Folglich existiert ein Umwandlungsmechanismus, der die Intention an die Vorstellung bindet und funktional ähnlich jenem Mechanismus des Auges ist, der Lichtmuster an Wahrnehmungen bindet. Wenn dem so ist, dann gibt es eine engere Analogie zwischen innerem und äußerem Auge: Das innere Auge ist das Organ, das uns in die Lage versetzt, zu visualisieren, was wir visualisieren wollen; das äußere Auge ist das Organ, das uns in die Lage versetzt, zu sehen, was das einfallende Licht zu sehen erlaubt.

3 Nämlich die simultane Vergegenwärtigung von Farbe, Form und Tiefe (oder vielleicht noch mehr). Obwohl dies eine notwendige Vorbedingung des Visuellen ist, ist es strittig, ob sie als Bedingung hinreicht. Denn es ist denkbar, dass irgendein anderer Sinn gerade diese Qualitäten zu vergegenwärtigen vermag, ohne visuell zu sein – etwa die von Fledermäusen ausgesendeten Ultraschallwellen, deren Echo diesen Tieren zur Orientierung dient. Wenn wir hinzusetzen „im Modus des Visuellen", verzichten wir eindeutig auf jeden Versuch einer nicht-zirkulären Analyse. Dennoch haben beide Arten des Sehens Vergegenwärtigungen eines Ensembles von Qualitäten gemein.

4 Hier stimme ich nicht mit O'Shaughnessy überein, der in *Consciousness and the World*, S. 363 schreibt: „Vorstellungen ‚nähren' sich also notwendig von anderen psychischen Phänomenen oder sind deren ‚Schatten'. Und diese Phänomene kommen ihrerseits auch ohne sie aus." O'Shaughnessys Auffassung läuft auf die Aussage hinaus, Vorstellungen seien so etwas wie ein „Quasi"-Sehen, sie seien begrifflich dem regulären Sehen gegenüber parasitär. Ich meinerseits finde die Idee nicht inkonsequent, dass es ein Wesen gibt, welches visualisiert, aber nie etwas sieht (oder gar halluziniert).

5   Wenn wir die Passivität zu einem Teil der *Definition* visuellen Erlebens machen würden, dann wären wir nicht in der Lage, das Visualisieren als visuelles Erleben zu begreifen – was sowohl dem normalen Sprachgebrauch wie der Phänomenologie zuwiderliefe. Das zeigt, dass wir uns eine eher neutrale Auffassung des Visuellen zu Eigen machen müssen. Ich glaube indes nicht, dass *jede* landläufige Verwendung des Wortes „sehen" und seiner Verwandten buchstäblich genommen werden sollte – so beispielsweise in Wendungen wie „Ich sehe die Antwort auf dieses Problem" oder „Ich sehe, was Sie sagen wollen" (solange es sich in dem, wovon die Rede ist, nicht um visuelle Vorstellungen handelt). In *manchen* Wendungen wird „sehen" sicher metaphorisch oder im übertragenen Sinn gebraucht – wie die Phänomenologie in aller Regel zu bezeugen vermag.

6   Ich bin hier zugegebenermaßen leicht unernst. In dem Sinn, in dem wir ein inneres Auge haben – d. h. ein zerebrales System zur Visualisierung –, haben wir auch nur ein „äußeres" Auge, den Teil des Gehirns, der dem normalen Sehen dient. Im alltäglichen Sprachgebrauch reden wir jedoch von zwei äußeren Augen. Da nichts dafür spricht, die Zahl der inneren Augen zu verdoppeln, erscheint mir die Zahl drei vertretbar.

KAPITEL 3   **Vorstellungsdurchsetztes Sehen**

1   Vgl. Budd, *Wittgenstein's Philosophy of Psychology*, Kap. 4 und Scruton, *Art and Imagination*, vor allem Kap. 8.

2   Wittgenstein, *Philosophische Untersuchungen*, S. 235.

3   Ebd., S. 242.

4   Ebd., S. 249.

5   Wie ich in Kap. 1 ausgeführt habe, ist die Wahrnehmung passiv, mit einem Gesichtsfeld ausgestattet und von einer Beobachtungshaltung begleitet etc., während die Vorstellung aktiv und ohne Gesichtsfeld ist sowie ohne Beobachtungshaltung auskommt etc. Doch im Erlebnis des Sehens-als scheinen wir auf ein phänomenales Loch zu treffen, die Einheit einer wahrnehmenden Vergegenwärtigung – als würden die beiden Arten des Erlebens sich anziehen und aneinander festhalten, statt sich gegenseitig abzustoßen.

6   Vgl. zu weiteren Erörterungen Budd, *Wittgenstein's Philosophy of Psychology*, Kap. 4; O'Shaughnessy, *Consciousness and the World*, Kap. 13; Scruton, *Art and Imagination*, Kap. 8 und 9; Strawson, „Imagination and Perception"; Wollheim, *Art and Its Objects*, secs. 11-14.

7   Vgl. Wittgenstein, *Philosophische Untersuchungen*, S. 228.

8 Die Vereinigung von vorstellungsbezogenem und wahrnehmungsbestimmtem Raum ist besonders verwirrend; vgl. das nächste Kap. über den Raum des Vorstellungsvermögens. Das intentionale Objekt der Vorstellung verschmilzt mit dem von der Wahrnehmung ausfindig gemachten Objekt, als wären die Objekte der Einbildungskraft vorübergehend konkret geworden.

9 Der vorgestellte Aspekt wird durch einen Reiz nicht auf den neuesten Stand gebracht, obwohl dies bei der Wahrnehmung der Fall sein mag, sobald ein Reiz sich ändert. Wenn sich folglich ein Aspekt verändert, hängt dies damit zusammen, was derjenige, der eine Vorstellung hat, bei dem Zusammentreffen einbringt, und nicht damit, was der Reiz seinerseits darbietet. Eine Änderung des Aspekts ist keine Änderung *an* dem wahrgenommenen Reiz. Das ist schon alles. Ich sitze nicht wie auf Kohlen und warte darauf zu sehen, ob der *Reiz* sich vom Enten- zum Hasenkopf ändert. Einem Wechsel des Aspekts gegenüber nehme ich ebenso wenig die Haltung eines Beobachters ein – wie wenn ich von einer bloßen Vorstellung zu einer anderen wechsle.

10 Man könnte sagen, das Sehen-als sei vorstellend, *weil* es mit gleichzeitig auftretenden Vorstellungen im Konflikt steht: Der Test, ob eine gegebene Wahrnehmung die Beimischung einer Vorstellung mit sich bringt, besteht darin, ob das Subjekt eine gleichzeitig auftretende Vorstellung heraufbeschwören kann. Das lässt selbstverständlich die meisten Wahrnehmungen nicht-vorstellend erscheinen.

11 Der vorgestellte Aspekt steht in dieser Hinsicht im Kontrast sowohl zur Halluzination wie zum Nachbild. Beim Nachbild etwa ist die erlebte Farbe als reale und verwirrende Präsenz wirklich in einem Teil des eigenen Gesichtsfelds verortet. Aber der vorgestellte Aspekt wird als etwas erlebt, das vom Subjekt kommt, als eine Art Interpretation oder Projektion. Dennoch ist diese Angelegenheit heikel, da das Sehen-als *quasi* eine Ortszuweisung vornimmt. Es ist, als hätte das abgebildete Objekt den *Körper* einer an einem bestimmten Ort ausgemachten Einzelheit angenommen, ohne wirklich dieser Körper zu werden.

12 Ich kenne meine Interpretation der Dinge kraft der Autorität der Ersten Person. Mithin weiß ich unverbesserlich, unter welchem Aspekt ich etwas sehe. Es gibt keinen objektiven Aspekt eines Reizes, der nicht zu der Interpretation passen würde, die ich ihm auferlege – als ob es wirklich das Bild eines Entenkopfes *ist* und nicht das eines Hasenkopfes. Anders gewendet, der Reiz *hat* jeden Aspekt, den ich ihm gerade zuweise.

13 Dies geht gegen das, was viele wahllos und unterschiedslos über Perzeptionen sagen – dass sie nämlich stets den Einsatz der Einbildungskraft erforderten, weil der Geist zu dem ankommenden Reiz seinen Beitrag leisten müsse. Wir können hier zwar zustimmend anmerken, dass alle Perzeption in diesem Sinn „konstruktiv" ist. Denn die Reizung der Retina entspricht nicht der endgültigen Wahrnehmung. Aber trotzdem sollten wir die Unterscheidung zwischen vorstellungsdurchsetztem Sehen und normalem Sehen nicht preisgeben. Beide Arten des Sehens sind eindeutig durch das Unterworfensein unter den Willen voneinander unterschieden, und man kann nicht annehmen, dass alle Perzeption *Vorstellungsvermögen* erfordert. Sich auf die „Einbildungskraft" zu berufen, die alle bei der Perzeption erforderlichen Konstruktionsprozesse umfassen soll, verwischt einfach die Unterschiede. So beispielsweise den Unterschied zwischen: ich sehe den Himmel bloß als blau und: ich sehe das Schilf in meinem Garten als Hühnerbeine. Nur bestimmte *Arten* des Sehens sind vorstellungsdurchsetzt wie die zuletzt angeführte. Weniger allgemein gesprochen ist es regelrecht falsch, den Begriff „Einbildungskraft" in einem so weiten Sinn zu verwenden, wie dies viele tun. (Sie sagen beispielsweise: „Die ganze wahrgenommene Welt ist nur ein Produkt der Einbildungskraft.") Selbstverständlich führt diese Redeweise zu einem Skeptizismus hinsichtlich der Perzeption als Quelle objektiver Erkenntnis, auf den Leute, die sich als „Vertreter der Postmoderne" bezeichnen, hinarbeiten. Aber ich schweife ab.

14 AdÜ.: *Brain in a vat* oder dt.: Gehirn im Tank – eine Gedankenfigur des extremen Skeptizismus in der zeitgenössischen angelsächsischen Philosophie. Ihr zufolge kann ein Gehirn nicht erkennen oder gar wissen, ob nicht ein bösartiger Wissenschaftler es seinem Träger entnommen und in einen Behälter mit einer Nährflüssigkeit gelegt hat und es nun durch implantierte Elektroden von außen steuert. Die aktuelle Variante von Descartes' Hypothese eines *malin génie*.

KAPITEL 4   **Der Raum des Vorstellungsvermögens**

1   Wittgenstein, *Zettel*, Nr. 622.

2   Wittgenstein, *Zettel*, Nr. 628.

3   Wittgensteins Erklärung passt zu der behavioristischen Darstellung, die er meist von Begriffen des Geistigen gibt. Ich bevorzuge hingegen eine reine Phänomenologie.

4   Wie beispielsweise in der von Strawson in seinem Buch *Individuals* und anderswo verteidigten Spielart des Neukantianismus.

5   Es scheint auch korrekt zu sagen, dass Vorstellungsobjekte aus einer bestimmten Perspektive vergegenwärtigt werden – von vorn, um das Mindeste zu sagen. Eine Vorstellung vergegenwärtigt zugleich auch den räumlichen Zusammenhalt eines Objekts mit seinen Teilen. Wenn wir uns ein vorgestelltes Objekt als los-

gelöst von dem Raum denken, in dem es zunächst erschien, von ihm weg abstrahiert, dann können wir sagen, dass in dieser Vorstellung noch immer ein *Rest* an Raum vergegenwärtigt wird. Aber eine Vorstellung kann sich nie voll und ganz vom Raum lösen, weil die simultan auftretenden Merkmale, die sie vergegenwärtigt, stets räumlich aufeinander bezogen sein müssen. Stets gibt es diese Merkmale einerseits und ihre räumliche Anordnung andererseits. Eine Vorstellung ist immer „raumbezogen" – wie dies ihr Gegenstück in der Wahrnehmung sein muss –, doch solches Bezogensein ist sozusagen halbherzig. Das Denken dagegen kann im Geist äußerster Indifferenz gegenüber der räumlichen Anordnung seiner Objekte verfahren: Ein Objekt mag etwa als rot gedacht werden, ohne dass damit seine Form, seine Größe oder das Arrangement seiner Teile festgelegt wären. Das gilt nicht für die Vorstellung von etwas Rotem.

6   Die Frage wäre äußerst befremdlich, *wo* eine Vorstellung ihr Objekt als seiend vergegenwärtigt. Ebenso befremdlich wäre es, wenn wir nach dem „Raum des Vorstellungsvermögens" im Gegensatz zum „Raum der Perzeption" fragten. Doch es ist immer sinnvoll zu fragen, wo eine Wahrnehmung ihr Objekt lokalisiert, selbst wenn die Antwort auf irreduzible Weise egozentrisch ist („einige Meter vor mir, leicht oberhalb meines Kopfes"). Eine Vorstellung ist hinsichtlich solcher Fragen einfach nicht auskunftsfähig und leer. Sie hält sich an ihre gewollte Neutralität in Bezug auf die Verortung ihrer Objekte, wie konkret und greifbar (sowie zweifellos irgendwo *im* Raum) die auch sein mögen.

7   Ich war angenehm überrascht, einen weiteren Autor zu entdecken, der bereit ist, dieses quälende und verlockende Phänomen anzuerkennen und zu erörtern: Edward Casey (*Imagining* 53–56). Er bezeichnet den Rahmen als „Vorstellungsrand" und behandelt sowohl dessen phänomenale Wirklichkeit wie dessen äußerste Unbestimmbarkeit.

8   Themen der Nicht-Räumlichkeit von Vorstellungen überschneiden sich mit cartesianischen Fragen nach der Nicht-Räumlichkeit des Bewusstseins und können sie ohne Zweifel anregen und unterstützen. Wenn man uns sagt, unser Bewusstsein sei nicht-räumlich, könnten wir Unterstützung für diese Idee in der Phänomenologie des Vorstellungsraums finden und mithin für die Idee eines Quasi-Raums, der irgendwie mit dem physikalischen Raum des Körpers in Verbindung steht. Zweifellos ist all dies schrecklich konfus, aber es ist dennoch philosophisch mächtig. Frage: Welcher Anteil einer pro-dualistischen Empfindung wurde erzeugt durch 1) Perzeption, 2) Denken und 3) Vorstellungen? In mancher Hinsicht scheinen Vorstellungen am schwersten von diesen dreien in einen materialistischen Rahmen

zu passen, da sie zwar „qualia-beladen", aber doch nicht so „verkörpert" sind wie
Zustände der Perzeption. Aber ich werde auf diese Dinge nicht weiter eingehen.

KAPITEL 5   **Die Abbildtheorie von Vorstellungen**

1   Vgl. zu einer historischen Erörterung Brann, *The World of the Imagination*,
insbes. Teil 3. Das Buch bietet einen nützlichen und ausführlichen Überblick über
Arbeiten aus Vergangenheit und Gegenwart zum Thema der Vorstellung.

2   Vgl. zu diesem Einwand Sartre, *L'imaginaire. Psychologie phénoménologique de
l'imagination*, Kap. 2 sowie Tye, *The Imagery Debate*, Kap. 7.

3   Vgl. Tye, ebd., Kap. 1.

4   Es ist nicht hilfreich zu sagen, dass wir ein mentales Bild „erfassen", statt es
buchstäblich zu betrachten; denn wenn eine Vorstellung wirklich ein *Bild* ist, das
wir innerlich sehen, dann *müssen* wir in der Beziehung des Betrachtens zu ihr
stehen. Für jede Galerie gesehener Bilder muss es einen Betrachter geben. Die
Abbildtheorie hat die Tendenz, sich von der buchstäblichen und wörtlichen
Deutung ihrer Schlüsselbegriffe zurückzuziehen. Dann aber läuft sie Gefahr,
Binsenwahrheiten über Vorstellungen als substantielle theoretische Thesen aus-
zustaffieren. So erfasse ich ganz gewiss das Objekt meiner Vorstellung, und meine
Vorstellung ist gewiss visuell, das aber ist weit entfernt von der Aussage, die
Vorstellung sei ein Bild, das ich mit meinem geistigen Auge sehe. Und ich befinde
mich sicher nicht in so etwas wie der Beziehung eines Betrachters zu meiner Vorstellung (im Unterschied zu dem, *was* in meiner Vorstellung erscheint) – was nicht
heißen soll, dass ich eine Vorstellung nicht *introspektiv beobachten* kann.

5   Dies ist nur das alte Homunculus-Poblem in neuer Aufmachung: Wenn eine
Vorstellung mit dem Auge des Geistes gesehen wird, dann muss es ein Sehen einer
Vorstellung geben. Die aber wäre die Vorstellung einer Vorstellung, die weiteres
Sehen erforderte usw. Wir erhalten eine Abfolge gesonderter Homunculi, wenn
wir die Abfolge mentaler Bilder sehen, die sich aus diesem Regress ergeben.

6   Vgl. Kosslyn, *Image and Brain*.

7   Kosslyn schreibt (ebd., S. 12): „Eine Abbildungstheorie postuliert eine abbil-
dende Vergegenwärtigung (die Struktur) und ein inkrementelles Scanning, das die
Aufmerksamkeit über diese Abbildung wandern lässt (den Prozess)." Sein Kap. 10
trägt den Titel „Inspecting and Transforming Visual Images" („Prüfung und
Umwandlung visueller Vorstellungen"). Eindeutig sind die Aufmerksamkeitspro-
zesse bei diesen Experimenten auf die Vorstellung selbst als eine innere Vergegenwärtigung gerichtet. Und doch schreibt Kosslyn (S. 327) auch Folgendes: „Gefragt,

ob Frösche kurze, stummelartige Schwänze haben, antworten viele Leute, dass sie einen Frosch visualisieren, ihn im Geist auf seine von ihnen abgewandte Seite ‚rotieren' und dann sich auf sein Hinterteil ‚zoomen', um zu ‚sehen', ob da ein Schwanz vorhanden ist." Hier ist das Objekt der Prüfung, wie gesagt wird, der Frosch und nicht die Vorstellung von einem Frosch. Zuweilen spricht Kosslyn davon, „Objekte in Vorstellungen" zu scannen, ein Ausdruck voll jener Zweideutigkeit, auf die ich mit Nachdruck aufmerksam machen möchte. Wir werden sehen, wie außerordentlich wichtig diese Zweideutigkeit ist.

8 Also ergreife ich nicht die Partei von Polyshyn im Hinblick auf die Bedeutung dieser Studien. Vgl. seinen Aufsatz „The Imagery Debate: Analogue Media versus Tacit Knowledge".

9 Vorstellungen versetzen mich in die Lage, Objekte mit dem Auge meines Geistes zu prüfen, so etwa, wenn ich mir eine Folge von Vorstellungen eines Objekts aus unterschiedlichen Blickwinkeln mache. Aber ich prüfe dann nicht die Vorstellung selbst – diese innere Einheit –, was einen ganz anderen mentalen Akt erfordern würde. Zweifellos kann ich diesen Akt unter gewissen Voraussetzungen ausführen, etwa indem ich meine Aufmerksamkeit in einem Akt der Introspektion der Vorstellung selbst zuwende – so wie ich meine Wahrnehmungen introspektiv beachten kann, wenn ich das will. Doch im normalen präreflexiven Bewusstsein liegt mein Schwerpunkt auf dem Erfassen äußerer Objekte.

10 Merkwürdigerweise sehen Anhänger der Abbildtheorie nicht, dass diese Analogie *gegen* die Abbildtheorie spricht. Ja, es gibt große Ähnlichkeiten zwischen Vorstellung und Wahrnehmung, vor allem im Blick auf ihre intentionalen Objekte. Aber nein, sich etwas vorzustellen, ist so wenig das Betrachten eines inneren Bildes wie etwas wahrzunehmen. Vorstellungen richten sich intentional auf abwesende Objekte, während sich Wahrnehmungen intentional auf anwesende Objekte richten. Es handelt sich um dieselben Objekte, aber um unterschiedliche intentionale Relationen. Ich kann mit dem Auge meines Geistes genau *die* Objekte überprüfen, die ich mit dem Auge meines Leibes überprüfe. Es ist nicht so, dass sich meine Überprüfung bei Vorstellungen nach innen wendet.

11 Sartre besteht auf dieser stark an Austin erinnernden These und nennt die gegenteilige Auffassung die „Täuschung der Immanenz". Vgl. *L'imaginaire. Psychologie phénoménologique de l'imagination*, Kap. 1.

12 Ich habe keine fixierte Vorstellung, die ich in aufeinander folgenden mentalen Akten sukzessiv scanne, wie die Abbildtheoretiker gern annehmen. Es gibt vielmehr ein fixiertes Objekt, das ich vermittels einer Serie distinkter Vorstellungen scanne – gerade so, wie ich ein fixiertes Objekt durch eine Serie distinkter Wahrnehmungen scannen kann. Und was ergäbe sich aus dem angeblich fortlaufenden Scannen einer fixierten Vorstellung wenn nicht weitere mentale Vorstellungen – mit dem daraus folgenden Regress?

13 Die zunehmende kalkulatorische Komplexität kann einfach die Form einer größeren Zahl aufeinander folgender Vorstellungen annehmen, sobald das Auge des Geistes in größerer Weite über das Objekt schweift.

14 Wir wissen, dass die Teile des Gehirns überlappen, die jeweils beim Sehen und Visualisieren aktiviert werden, so dass an ihnen dieselben zerebralen Mechanismen beteiligt sind; vgl. Kosslyn, *Image and Brain*, Kap. I. Dies stützt in keiner Weise die Abbildtheorie. Tatsächlich ist das Gegenteil der Fall, da es bei Wahrnehmungen keineswegs um das Betrachten innerer Bilder geht.

15 Ohne Berufung auf ein Sehens-als, das auf ein inneres Bild gerichtet ist, bleibt diese Theorie in Bezug auf Abbildungen so unwirksam – wie es ein äußeres Bild ist, wenn es nicht in der Vorstellung gesehen wird. Das innere Betrachten eines vorgeblich vorhandenen mentalen Bildes kann daher nicht frei von Vorstellungen sein. Abbildtheoretiker machen sich folglich die Einbildungskraft zu Eigen, während sie vorgeben, sie zu erklären.

16 Auch Wahrnehmungen sind zusammengesetzt, doch das sollte nicht zu der allzu buchstäblichen Deutung Anlass bieten, sie seien Abbilder von Dingen. Ich vermute, wir bedienen uns der Bild-Metapher für Vorstellungen auch deshalb, weil Vorstellungen wie Bilder abwesende Objekte zum Gegenstand haben. Man muss sich ja kein Bild machen von etwas, das man direkt sehen kann. Selbstverständlich hat zumindest *ein* Philosoph genau diese Ansicht von sprachlicher Abbildung vertreten (Wittgenstein im *Tractatus*), und seine Auffassung der Abbildung handelt von Abwesenheit. Das Bild ist vielleicht unsere augenfälligste und klarste Form von Vergegenwärtigung. Daher neigen wir dazu, überall nach Bildlichem zu suchen – vor allem, wenn die Gegenstände so schwer greifbar sind wie etwa Vorstellungen.

KAPITEL 6   **Was sind Träume?**

1 Wir müssen uns selbstverständlich erinnern, dass Vorstellungen keine besondere Art von Halluzinationen sind, vgl. Kap. 1.

2 Obwohl selbst das vielleicht nicht so unkompliziert ist, wie es klingt. Es kann sehr gute Gründe geben, warum diese Merkmale zusammengehören. Wie könnten beispielsweise Vorstellungen aufmerksamkeitsabhängig sein, ohne willkürlich zu sein, da Aufmerksamkeit selbst willkürlich ist?

3 Das längere Schließen der Augen während des Schlafs kann wohl als Voraussetzung dafür angesehen werden, der Einbildungskraft ihre ganz und gar uneingeschränkte Freiheit zu gestatten – als würde der Geist sich auf eine lange und komplizierte Reise vorbereiten und keine Unterbrechungen dulden.

4 Wir haben in unseren Träumen auch keine weit von ihnen abweichenden *Gedanken*, wie wir im wachen Wahrnehmungserleben an etwas denken können, das weit entfernt ist. Dies ist durchaus erwartbar, wenn Träume aus Vorstellungen bestehen, wäre aber anomal, wenn sie aus Wahrnehmungen bestünden. Das Traumbewusstsein hat im Vergleich mit dem Wachbewusstsein eine so bemerkenswerte Einheitlichkeit und Vollständigkeit wie eine zielstrebig mit voller Kraft arbeitende mentale Fähigkeit. Das Wachbewusstsein dagegen ist ein unablässiger Kampf um Aufmerksamkeit, ein ständiger Wechsel des Fokus, während die Sinne und andere Fähigkeiten um die begrenzten Ressourcen der Aufmerksamkeit konkurrieren. Der Traum verbraucht jedes Atom an Aufmerksamkeit für sich selbst. Der Träumer ist ein Monomane. Hat man deshalb im Traum einen so starken Sinn für die eigene Identität als einheitliches Bewusstsein? Beim Träumen steht im Vordergrund stets das *Ich*.

5 Ich meine hier selbstverständlich nicht, dass ich keinen Traum haben kann, in dem ich in der Nähe des Eiffelturm surfe. Ich meine vielmehr, dass ich nicht eine Vorstellung vom Eiffelturm über einen Traum vom Surfen in Bali schieben kann. Ich kann nicht beide Arten des visuellen Erlebens zugleich als Neben- und Mitbewohner meines Bewusstseins auftreten lassen.

6 Träume sind also wie Tagträume und Gedanken. Wir können im Geist nicht von ihnen abschweifen, sie dabei intakt erhalten und fröhlich ihres Weges ziehen lassen. Jede Abschweifung der Aufmerksamkeit käme ihrer Zerstörung gleich. *Könnte* man doch nur den Gedanken freien Lauf lassen (um z. B. die Steuererklärung überschlägig zu kalkulieren), während man seinen Geist spannenderen Themen zuwendet! Sowohl Wahrnehmungen wie Körperempfindungen können erfolgreich ignoriert werden, ohne damit gleich beendet zu sein. Und das bietet ja immerhin einigen Trost, wenn man etwa im Stau steht.

7 Vor allem sei hier empfohlen: Sartres Erörterung des Träumens in seinem Buch *L'imaginaire. Psychologie phénoménologique de l'imagination.*

8 Man stelle sich jemanden vor, der die Welt ausreichend wahrnimmt, der aber keine Einbildungskraft besitzt. Auch so jemand „lebt" in nur einer Welt (vielleicht sind die meisten Tiere in dieser Weise modal beeinträchtigt). Die Einbildungskraft setzt uns von der wahrgenommenen Welt frei, doch sie kann uns nicht von sich selbst freisetzen. So ist auch das Bewusstsein des Träumenden voll und ganz von einer Vorstellungswelt durchdrungen. Wir fühlen uns vom Traum *gefangen gehalten* und besessen. Er verschließt uns den Raum der Logik.

9   AdÜ: vgl. Kap. 3, Anm. 14.

10 Was ist der Halluzinationstheorie des Träumens zufolge der bewusstseinslose Zustand des Traumschlafs? Wir können nicht sagen, es sei die Abwesenheit eines Wahrnehmungsbewusstseins, was offenkundig meist zuerst gesagt wird. Es ist gewiss kein bloßes Fehlen von Motorik, da eine Lähmung dem Zustand ohne Bewusstsein durchaus nicht ähnelt. Die Halluzinationstheorie schildert das Träumen, als wäre es ein ganz normales Wachbewusstsein, außer eben dass die Augen geschlossen sind und nichts Wirklichkeitsgetreues in sie Eingang findet. Es ist zugegebenermaßen schwer zu sagen, woraus Wachheit besteht, aber das Vorhandensein eines voll entwickelten Wahrnehmungserlebens erscheint zumindest als großer Teil von ihr – und reicht meist für sie aus. Die bloße Wirklichkeitstreue einer Sequenz von Erlebnissen genügt zur Bestimmung der Wachheit offenkundig nicht, da man beispielsweise träumen kann, man schlafe, und eine Menschenmenge schaue zu – während dies faktisch stimmt.

11 Während wir ohne Bewusstsein sind, sind wir uns auch unserer sichtbaren Umgebung nicht so bewusst, wie wir es wären, wenn Träume Halluzinationen wären – obwohl sie sich dann auf eine nicht-existente Umgebung beziehen würden. Wir haben nicht diese egozentrische Intentionalität, sondern vielmehr die für die Einbildungskraft charakteristische Intentionalität, bei der der Körper nicht die zentrale Koordinate ist (bei der es keine „Gegenwärtigkeit-für-mich" gibt). Der Raum des Vorstellungsvermögens ist kein Raum, in dem (wie im Raum der Perzeption) immer *ich* in meiner Verortung vergegenwärtigt bin.

12 Man denke, wie absonderlich es klingen würde zu sagen: „Du dachtest letzte Nacht, du würdest von deinem Vater träumen, aber faktisch war dem nicht so." Nicht unsinnig wäre es dagegen zu sagen: „Du glaubtest gestern Nacht, deinen Vater zu sehen, aber es war jemand anderes." Der Traum ist so immun gegen die Irrtümer einer Fehlidentifizierung, wie es Vorstellungen generell sind. Niemand kann einen, indem er sich verkleidet, so sehr täuschen, dass man glaubt, von jemand anderem zu träumen! Ebenso wenig kann man sich in einer solchen Angelegenheit selbst täuschen. Wenn man von X zu träumen scheint, so bedeutet dies, dass man von X träumt, während wenn man X zu sehen scheint, dies nicht bedeutet, dass man X sieht.

13 Ich träume oft, dass ich mich zu einer harmlosen Fahrt ins Auto setze und mich dann haarsträubenden Abenteuern ausgesetzt finde. Eindeutig bereiten diese Träume mich auf ein Angsterlebnis vor. Es ist nicht so, dass sie ganz ohne die

Intention beginnen, Angst auszulösen, und dass dies dann auf einmal zufällig im weiteren Verlauf geschieht. Sie sind vielmehr von vornherein darauf angelegt, zu angstauslösenden Episoden zu führen.

14 Wenn wir vom Traum sagen, er entwerfe eine imaginäre Welt, dann müssen wir ihn als aus Vorstellungen gebildet betrachten, da Wahrnehmungen keine imaginären (im Gegensatz zu illusionären) Welten schaffen. Mit anderen Worten, wenn das Träumen eine Übung der Einbildungskraft ist, dann muss es die der Einbildungskraft angemessenen Materialien verwenden – eben Vorstellungen und nicht Wahrnehmungen. Die auf Geschichten angelegte Form von Träumen ermutigt ganz entschieden dazu, das Konzept der Einbildungskraft auf sie anzuwenden. Natürlich benutzen wir ihr Konzept meist auf diese Weise: Ich versuche, zu seinen Wurzeln zurückzufinden – eine solide Begründung für das zu entdecken, was wir intuitiv spüren.

15 Es mag für Träume eine Regel der Minimierung geben – eine Art Ockhamsches Rasiermesser – nur so viele Details aufzunehmen, wie für den jeweiligen affektiven Zweck nötig sind – eine Regel, der wir bei anderen narrativen Gattungen (Romanen, Filmen etc.) folgen. Die normale Perzeption trifft keine auf diese Weise affektbezogene Auswahl.

16 Stimmt man dahingehend überein, dass es sich hier um einen Fall von vorstellungsbezogenen Sinnesempfindungen handelt, dann lässt sich kaum nachvollziehen, wie das Traumerleben generell seiner Natur nach nicht vorstellungsbezogen sein soll, da beide nahtlos miteinander verwoben sind. Das Hören des Weckers als Hochzeitsglocken passt dann zu anderen Erlebnissen, die in diesem Traum auftreten. Eine Vorstellung hat sich mit dem Wahrnehmungsreiz verbunden – eine Vorstellung, die mit dem allgemeinen Fluss des Traums übereinstimmt. Bemerkenswert ist zudem, wie rezessiv der Außenreiz ist: das Erleben wird in erster Linie angetrieben von der Einbildungskraft. Der Geist hat einfach nur einen Außenreiz in seinen Vorstellungsstrom aufgenommen.

17 Es gibt eine Quelle der *Kontinuität* zwischen dem Traumbewusstsein und anderen Formen vorstellungsbezogenen Handelns – die Einbildungskraft, die sich zu unterschiedlichen Zeiten und in verschiedenartigen Bewusstseinszuständen manifestiert. Bildlich gesprochen: Die Einbildungskraft schläft nicht, wenn wir schlafen. Und ihre Aktivitäten zu unterschiedlichen Zeiten gehen ineinander über, so wenn wir von derselben Sache tagträumen und träumen.

18 Eine andere Möglichkeit bestünde darin, Traumvorstellungen für über-zwanghaft zu erklären, so dass es Sinn machen würde, sie zu kontrollieren, obwohl es – wie bei manchen Formen zwanghaften Verhaltens – außerordentlich schwer fällt,

dies zu erreichen. Doch das, so meine ich, überdehnt das Problem. Gewiss *fühlt es sich* passiv und nicht manisch oder unkontrollierbar aktiv an, Gegenstand eines Traums zu sein.

19 Das mag auch für die Vorstellungen gelten, die einem während des Tages „plötzlich in den Sinn kommen". Freud hätte dies angenommen. Das Unbewusste hat, zweifellos nicht ohne Motiv und Absicht, ein Steinchen in den Tümpel des Bewusstseins geworfen. Ein Neurotiker kann das Opfer verstörender Vorstellungen sein, die aus dem Nirgendwo zu kommen scheinen, die sich aber tatsächlich als durch seine unbewussten Wünsche verursacht nachweisen lassen. Dann sind sie aber schließlich doch (unbewusst) von jenem anderen abgetauchten Selbst gewollt. Weniger phantasievoll gesagt: Ich kann entdecken, dass eine wiederkehrende Vorstellung von jemandem tatsächlich dadurch ausgelöst wird, dass ich über diese Person nachdenken *will* – obwohl mir dies zunächst nicht ersichtlich war.

20 Ich spiele hier auf die „Design-These" an, derzufolge wir eine aktive Intelligenz postulieren müssen, um das Vorhandensein eines Designs bei Organismen zu erklären. Bei Organismen haben wir immerhin die von Darwin nachgewiesene Alternative. Zur Erklärung des Designs von Träumen hingegen haben wir nichts Vergleichbares. Das Traumdesign braucht keine rationale Verursachung wie das Design von Romanen u. a. Vgl. zur Erörterung des Traumdesigns Flanagan, *Dreaming Souls*.

21 Ich glaube, sie sind vielleicht die *Grundlage* des Geschichtenerzählens. Die erste Fiktion war ein Traumbericht, und die Erinnerung an unsere Träume macht uns als erstes mit der Vorstellung vertraut, dass wir uns aus der Tatsachengeschichte entfernen. Kindheitsträume bereiten uns vor auf Märchen und dergleichen, indem sie uns ersten fiktionalen Erlebnissen aussetzen.

22 Das wirft die Frage auf, ob es einen Träumer geben *könnte*, der sich der wahren Ursachen seiner Träume stets voll bewusst wäre, in dem es keine psychische Spaltung und kein verborgenes Handlungsvermögen gäbe. Ein derart transparenter Träumer würde einem luziden Träumer ähneln – jemandem, der den Ablauf seiner Träume bewusst kontrolliert. Es scheint gewiss möglich, dass ein fremder Träumer sich dermaßen durchsichtig sein könnte – wie wir es in unseren Tagträumen schon ganz schön sind. Die Frage ist, was bei dieser Art Transparenz verloren ginge. Was *leistet* die Undurchsichtigkeit der Träume für die Psyche?

23 Das rührt an die strittige Frage, warum wir überhaupt träumen – zu der ich wenig mehr zu sagen habe, als dass ich für unangemessen halte, was normalerweise dazu gesagt wird.

24 Die fehlende Verortung des Selbst im Traumbewusstsein ist äußerst bemerkenswert. (Sie steht im Gegensatz zur Verortung *innerhalb* des Traums.) Sie führt zu einer Täuschung in Bezug auf die Präsenz der Objekte, von denen geträumt wird, da diese Objekte nicht als von dem Ort abwesend gegeben sind, der *ich* bin. Die Selbstwahrnehmung ist nur ein weiterer jener Perzeptionsmodi, die im Schlaf verschlossen sind. Man ist sich seiner selbst mit seiner Lokalisierung in der räumlichen Mannigfaltigkeit nicht bewusst. Das Subjekt des Bewusstseins ist nicht länger ein Objekt des Bewusstseins.

25 Dies ist das Thema des nächsten Kapitels – die Überzeugungskraft von Träumen.

26 Freud zufolge wurde diese Ansicht von vielen seiner Vorläufer vertreten, die somatische Empfindungen als den Hauptauslöser von Trauminhalten betrachteten. Vgl. die *Traumdeutung*, Kap. 1. Freuds Überblick über frühere Arbeiten zu Träumen ist sehr lesenswert und ganz unabhängig von seinen eigenen Theorien.

27 Eine derartige Theorie könnte durch die Idee nahe gelegt werden, dass das Träumen eine interpretative Tätigkeit im sensorischen Kortex mit sich bringt – als würden Empfindungen eine Reihe von (möglicherweise zufälligen) Wahrnehmungen liefern, die dann vorstellungsbezogen zu irgendeiner narrativen Struktur arrangiert würden. Dann *bestünden* Traumerlebnisse einesteils aus einem sensorischen Kern und anderenteils aus einer darüber liegenden Vorstellungsschicht. Angesichts der enormen Plastizität der Trauminhalte scheint dies jedoch keine sehr plausible Theorie zu sein. Tagträume gehen nicht so vor sich, warum also sollten nächtliche Träume so funktionieren?

KAPITEL 7 **Der Glaube an Träume**

1 Weder Wahrnehmungen noch der Glaube unterliegen dem Willen. Beide müssen unabhängig vom Willen der Welt entsprechen, wie sie ist. Vorstellungen sind nicht verpflichtet zu enthüllen, wie die Dinge objektiv sind, und folglich gibt es keine Bedenken, sie so zurechtzurücken, wie es einem passt. Eine Vorstellung erscheint oft nur so, wie man die Dinge *gern hätte*, und das ist auch nicht verkehrt. Genau das Gegenteil gilt für die Wahrnehmung und den Glauben. Für die beiden letzteren fungiert die Wahrheit als Norm, aber nicht für Vorstellungen. Wer folglich glaubt, was er sich nur vorstellt, versäumt, dieser Norm gerecht zu werden.

2 Sartre, *Das Imaginäre*, S. 260f.

3 Das heißt zu dem, was wir als Wissensvorrat in die Nacht mitnehmen. Ich träumte neulich, dass ich mit meiner Katze in einem Restaurant saß und mich mit ihr unterhielt. Ich fand nichts Anomales an der Situation, als meine Katze mit mir über Alltägliches plauderte. Die Katze war im Traum meine Frau – wohlgemerkt: die Katze selbst, nicht meine Frau als Katze verkleidet. Ich dachte mir, während sie sprach, dass wir wenig miteinander gemein hätten und dass es bedauerlich sei, dass ich eine Katze geheiratet hatte. Andere Männer, so dachte ich, haben Menschenfrauen, warum nicht ich? Die Katze plauderte weiter und kümmerte sich nicht um meine ehelichen Sorgen. (Sie war mir erst kürzlich wiedergebracht worden und klammerte sich nun ungewöhnlich stark an mich.) Eindeutig verstieß dieser Traum gegen alles, woran ich in der Welt glaube, und doch war ich von seinem Inhalt ganz gebannt. Ich glaubte absurde Dinge, die entschieden dem widersprachen, was ich sehr wohl weiß –, und ich glaubte sie ganz ohne einen Anflug von Anstrengung oder Ungläubigkeit. Ich war wirklich von dem Glauben durchdrungen, mit einer redenden Katze verheiratet zu sein. Und genau so stellt sich uns das Problem des Glaubens im Traum.

4 Emotionen sind tatsächlich ebenso sehr *Teil* der Träume wie ihr sensorisches Material. Wir stellen uns nicht vor, *dass* wir eine bestimmte Emotion haben, während wir träumen, wie ich mir jetzt vorstellen könnte, Angst zu haben. Wir haben diese Emotion wirklich. Wenn dem nicht so wäre, hätten wir eine leichte Antwort auf Descartes' Skepsis in Bezug auf den Traum, nämlich: Ich weiß, dass ich jetzt nicht träume, weil ich weiß, dass ich gerade wirkliche Emotionen empfinde und dass die im Traum nicht auftreten. Aber es ist genau die konkrete Präsenz von Glauben und Emotionen, die Descartes' Problem Biss verleiht.

5 Wenn ich aufwache und auf den Traum zurückblicke, glaube ich, dass ich im Traum von einem Tiger angegriffen worden bin. Bemerkenswert aber ist, dass ich *dann* keinerlei Emotion empfinde. Ein Glaube mit einem relativierten Inhalt löst also nicht die entsprechende Emotion aus. Warum sollte er sie dann *im* Traum auslösen? Selbstverständlich greife ich hier nicht auf das Konzept eines Traums im Traum zurück. Täte ich es, hätten wir erneut eine zu leichte Antwort auf Descartes, nämlich: Man kann feststellen, ob man träumt oder nicht, indem man fragt, ob man sich eines Traums bedient, um seinen Glauben zu formulieren. Der Umstand, dass wir hier wie dort denselben Glauben haben, erzeugt erst das Problem des Skeptizismus.

6 Vgl. zu einer einlässlichen Erörterung dieser Begriffe Walton, *Mimesis as Make-Believe*.

7 Auch hier wieder gilt, dass diese Idee nicht auf einer ganz falschen Fährte ist, wie wir binnen kurzem sehen werden. Sie ist bloß in der vorliegenden Fassung allzu krude.

8 Vgl. Kripke, „A Puzzle about Belief".

9 Es liegt hier mithin eine merkwürdige Asymmetrie vor. Wenn ich meinen Glauben aus dem Traum im Wachzustand aufgebe, spüre ich die Unvereinbarkeit beider und löse sie auf zugunsten des Traums, an dem ich tagsüber festhalte. Demgegenüber mache ich mir im Traum einen neuen Glauben zu Eigen, dessen Unvereinbarkeit mit meinem sonstigen Glauben mich unbeeindruckt lässt. Es ist, als würde ich meinen Tagesglauben voll und ganz in Klammern setzen, wenn ich meinen Glauben im Traum entwickle, aber mein Tagesglauben wird im vollen Bewusstsein jenes Glaubens entwickelt, den ich im Traum habe. (So weit ich ihn erinnere.)

10 Es kann sich damit nicht einfach so verhalten, dass motorische Reaktionen den Schlafenden aufwecken würden, was Emotionen nicht tun. Man denke an das Schlafwandeln. Ich suche hier im Übrigen nach einer psychologischen und nicht nach einer physiologischen Erklärung. Ich möchte den Geisteszustand (und den Körperzustand) des Träumenden *begreifen*. Es muss eindeutig *irgendeinen* physiologischen Mechanismus geben, der die scheinbare Lähmung des Schlafenden verursacht.

11 Vgl. Sartre, *L'imaginaire*, Teil 4, Abschn. 4.

12 Walton möchte dieses Phänomen mit den Begriffen der „Vorspiegelung" oder eines nur „vorgetäuschten Glaubens" erklären (vgl. Anm. 6). Nach meiner Überzeugung sind diese Begriffe nicht stark genug, das Eintauchen in die Fiktion in seiner vollen Tiefe zu erfassen – obwohl ich zur Konstitution dieses Eintauchens nichts Besseres anzubieten vermag.

13 Ich beabsichtige, in einer späteren Arbeit ausführlicher auf den Zusammenhang von Filmen und Träumen einzugehen.

14 Die Fähigkeit von Kindern, in Fiktionen einzutauchen, bietet ein gutes Vorbild. Und der Traum ist im Wesentlichen regressiv und kindlich. Die natürliche Skepsis der Erwachsenen fehlt sowohl Kindern wie Träumenden. Daher die Neigung, aufgesogen, überwältigt, besessen, in Trance versetzt oder in Bann geschlagen zu werden. Es ist, als könnte ein Werk der Fiktion sich in unserem Kopf niederlassen und sich unseren Glauben aneignen. Wir werden weniger von einer Geschichte absorbiert, als dass die Geschichte sich in uns absorbiert.

15 In einer bestimmten Perspektive kann das Kunstwerk den Eindruck erwecken, dass es sich auf ein unmögliches Projekt einlässt: Es muss der Einbildungskraft einen wesentlichen Reiz bieten und sich dabei zugleich selbst auslöschen. So ist beispielsweise der Roman ein wahrgenommenes Objekt, das zu einer Reaktion der Einbildungskraft einlädt, aber seine Wahrnehmung muss stets den freien Flug der

Einbildungskraft hemmen. Das Kunstwerk *als* wahrgenommenes Objekt sucht sich selbst zu minimieren, um transzendiert zu werden von der Reaktion der Einbildungskraft, die es hervorruft. Aber selbstverständlich kann es sich nicht ganz durchstreichen und dabei noch ein Kunstwerk bleiben. Gerade sein Erfolg ist seine eigene Auslöschung. Doch es kann nicht ganz aus dem Feld der Intentionalität verschwinden. Das abstrakte Ideal der Kunst, so könnten wir sagen, wäre es, einen Reiz darzustellen, der auf die Einbildungskraft gewaltige Auswirkungen hätte, aber in sich unerreicht simpel wäre. Und zwar so sehr, dass er kaum bemerkt würde, wenn er die Einbildungskraft in Gang bringt. Sozusagen eine simple Linie, welche die ganze Welt zusammenfasste. Die Tragödie der Kunst besteht darin, dass sie dies nie erreichen kann, sondern verdammt ist zu Bedeutung und Komplexität. Die Kunst muss stets auf sich als ein wahrgenommenes Objekt aufmerksam machen und folglich ihr höchstes Ziel verfehlen. Sie ist dazu verdammt, ein Kompromiss zu sein zwischen Wahrnehmung und Einbildungskraft. Das Ziel der Einbildungskraft wird sowohl vereitelt wie erleichtert durch die Mittel der Wahrnehmung.

16 Die Idee einer Selbst-Hypnose ist selbstverständlich keineswegs unbekannt. Man denke an die verschiedenen Arten der Meditation – ganz zu schweigen von den Mantras, Therapien und Gruppengesängen. (Dabei spielen Drogen häufig eine Rolle.) Gerade wenn man sich selbst hypnotisiert, ist der Hypnotiseur der natürliche Feind des Skeptikers in einem. Er sucht den Widerstand in Glaubensdingen zu brechen. Im Traum kann der Auto-Hypnotiseur, der in uns steckt, uns dazu bringen, praktisch alles zu glauben. Man braucht also nicht immer eine andere *Person*, um die eigene Schwelle in Glaubensfragen abzusenken.

17 Die Hypnose wäre dann eine Aktivierung des Traumbewusstseins im Wachzustand, ein Anzapfen der psychischen Mechanismen, die den Glauben an Träume erzeugen. In mancher Hinsicht erscheinen Träume in der Tat als Paradigma der Beeinflussbarkeit – das Szenarium, in dem sie am geschmeidigsten funktioniert. Könnte sich doch Big Brother nur die Empfänglichkeit der Träumer jederzeit von neuem zu Eigen machen! Man stelle sich eine Droge vor, die Menschen sofort dazu brächte, an ihre Wachträume zu glauben, so dass jede Phantasie oder jeder Hinweis unmittelbar von ihrem Glauben Besitz ergriffe ...

18 Es gibt ein ganzes Spektrum der Beeinflussbarkeit. Es reicht vom überzeugenden Redner oder Werbefachmann bis zum Traum selbst. In diesem Spektrum erreicht die Schwelle der Leichtgläubigkeit eine jeweils verschiedene Höhe. Dementsprechend gibt es unterschiedliche Arten von unbegründetem Glauben. Obwohl hier offensichtlich Gefahren lauern, ist dies keineswegs nur zu bedauern.

Wenn wir anderen Menschen Informationen mitteilen oder unseren Kindern nützliches Wissen beibringen, müssen wir uns auf eine Neigung zu glauben verlassen, gerade wenn wir keine vollgültigen Beweise vorbringen können. Es ist auf lange Sicht wahrscheinlich nützlicher, leichtgläubig zu sein als skeptisch, da ein Leben ohne Glauben unmöglich ist. Wir erben eine Anlage, dem Zeugnis anderer ohne allzu viele Rückfragen zu vertrauen. Und die Suggestibilität ist Teil dieser Anlage. Wenn dabei etwas schief geht, handelt es sich um einen Fall des im Allgemeinen nützlichen Prinzips, dass die Dinge an ihren Rändern unangenehm werden.

19 Ich finde den Gedanken attraktiv, dass das Eintauchen in die Fiktion als ein Geisteszustand *sui generis* und nicht als Spezialfall von etwas anderem betrachtet werden sollte wie in Waltons Theorie des Make-Believe. Es ist jener Geisteszustand, in dem als solche erkannte Fiktionen einige der funktionalen Merkmale bekannter Tatsachen übernehmen und in dem Produkte der Einbildungskraft als genuine Erlebnisse fungieren. Aber es fällt mir schwer, etwas Erhellenderes zu sagen als dies. Vielleicht kann hier eine Metapher mehr leisten: Das Eintauchen in die Fiktion tritt auf, wenn ein Werk sich als Wirklichkeit *verkleidet*, ohne je die Tatsache zu verbergen, dass es bloße Verkleidung ist. Es ist, als würde mir jemand als ein anderer verkleidet entgegentreten. Ich weiß zwar, dass es sich um eine Verkleidung handelt, aber diese Verkleidung ist so gut, dass ich vor ihr kapituliere. Ich lasse vorübergehend eine Wahrscheinlichkeit die Rolle der Wahrheit spielen.

20 Und auch das lässt sich umkehren: Kunst hat etwas vom Traum an sich. Das heißt, möglicherweise übernimmt und externalisiert die Kunst viel eher Strukturen des Traums und Anklänge an ihn, die sie angemessen diszipliniert und umgestaltet, als dass der Traum den Charakter vorab verfertigter Kunst übernimmt. Das würde zu der bereits erwähnten Idee passen, dass wir durch den Traum in die Fiktion eingeführt werden, wobei dann der Traumbericht die *Ur*-Geschichte wäre. Ich glaube, dass vor allem die Filmkunst in starkem Maße das Traumbewusstsein beschwört, was viele Kommentatoren seit ihren Ursprüngen vermutet haben. Auf alle Fälle ist die visuelle und narrative Kunstfertigkeit vieler Träume nicht zu leugnen.

21 Selbstverständlich hat diese Außerkraftsetzung eine physiologische Grundlage, die sie in mancher Hinsicht einer Lähmung ähnlich erscheinen lässt. Das widerspricht jedoch nicht dem psychologischen Vorschlag, den ich hier mache. Mir geht es darum, dass die Haltung eines Eintauchens in die Fiktion dem Außerkraftsetzen der Motorik einen *Sinn* verleiht, da diese Haltung sich ganz entschieden vom normalen Glauben und den üblichen Emotionen unterscheidet. Im Traum erleben wir nicht *genau* das, was wir erleben würden, wenn uns eine Situation durch unsere Wahrnehmungen vergegenwärtigt würde – dann *müssten* wir schon ganz gelähmt sein, um nicht sofort aus dem Bett aufzuspringen! Dass es bloß Vorstellungen sind, die den Glauben an den Traum auslösen, registriert der Träumende, wie der Theaterbesucher registriert, dass er nur eine Bühne vor sich hat – obwohl dieses Registrieren vielleicht nur an den Rändern eines fiktional absorbierten Bewusstseins vor sich geht. Es ist nicht einfach bloß eine unvernünftige Tatsache, dass der Schlafende bewegungslos ist, eine unvermeidliche Konsequenz seiner simplen Unbewusstheit. Es steht vielmehr angesichts der psychischen Struktur, die den Traum konstituiert, zu erwarten. Und selbstverständlich stimmt es ganz einfach nicht, dass jemand, der schläft, sich nicht bewegen *kann*.

22 Dies stimmt damit überein, dass Emotionen im Traum – wie mir scheint – dank der Ausnutzung der Suggestibilität und wegen der Aufhebung des normalen Wissens einen Grad an Reinheit und Prägnanz erreichen können, der im wirklichen Leben nicht zu finden ist. Die Psyche ist sozusagen im Traum besonders anfällig für Emotionen. Doch diese Emotionen sind von nicht ganz derselben Art wie die des wachen Lebens. Denn schließlich sind Emotionen durch den psychischen Kontext getönt, in dem sie auftreten. Die Art und Weise, in der sie im Traum akzentuiert werden (falls dies hier das richtige Wort ist), spiegelt wider, wie prägnant sie sein können, wenn sie durch Fiktionen ausgelöst werden. Dies gilt etwa für den hartgesottenen Burschen, der zwar im Kino, aber nie im Alltagsleben weint. Fiktionen können wie Träume und mehr als wirkliche Ereignisse mit unseren Emotionen *spielen* – indem sie sie zu geschmeidigen und kraftvollen Entsprechungen der üblichen Gefühle verwandeln. Die Emotionen der Fiktionen und Träume sind keine Fälschungen wirklicher Emotionen, sondern deren destilliertes Wesen. Die Idee von Quasi-Emotionen wird erörtert bei Walton, *Mimesis as Make-Believe*, Kap. 7.

23 Wir können das Eintauchen in die Fiktion in mancher Hinsicht mit dem Wunschdenken vergleichen. Für beide gilt im Wesentlichen, dass auf das, was vor sich geht, nicht ausdrücklich Bezug genommen wird. Man wird Zeuge von etwas, das man nur als Fiktion begreift, und man bildet sich einen Glauben als Ergebnis eines Wunsches und nicht aufgrund eines soliden Beweises. Wird dieser Vorgang bewusst erkannt, ist das Spiel aus. Also muss er implizit bleiben (was immer das jeweils bedeutet). Es muss also bei beiden ein gewisses Maß an Selbsttäuschung eine Rolle spielen. Wenn ich mithin, was den Traum angeht, Recht habe, so muss auch bei ihm Selbsttäuschung gegeben sein: Wir täuschen uns selbst, indem wir mit Hilfe unserer gesteigerten Suggestibilität Vorstellungen als Gründe für unseren Glauben ansehen. (Vielleicht ist der Traum in der Tat der Ursprungsort der Selbsttäuschung.) Beim Eintauchen in die Fiktion, beim Glauben an unsere Träume sowie beim Wunschdenken täuschen wir uns also dahingehend, das zu glauben, von dem wir recht gut (wenn auch „implizit") wissen, dass es nicht wahr ist. Selbsttäuschung ist natürlich ein hervorstechendes Merkmal des Menschenwesens im Allgemeinen. Sie tritt in unterschiedlichen Graden und Formen auf. Folglich sollte man nicht überrascht sein, dass sie in den genannten Bereichen eine Rolle spielt. Darüber hinaus haben die Typen des Glaubens, die sich aus einer Selbsttäuschung ergeben, ein Unterscheidungsmerkmal, das in aller Regel bei normalem rationalem Glauben nicht in Erscheinung tritt: Sie haben eine schrille Unaufrichtigkeit an sich sowie einen verzweifelten Dogmatismus. Das Wunschdenken hat mit dem Glauben an Träume das Charakteristikum gemein, nicht ganz genuin zu sein, ein Simulakrum des Wirklichen (weshalb es jedoch nicht weniger Macht besitzt). In Träumen nimmt unser Glaube ein falsches Crescendo an, einen augenblickshaften Glanz, der seinen irrationalen Ursprung verrät. Er ist dann etwas *allzu* dringlich, unbeherrscht und unempfindlich. Am Glauben an einen Traum wird nicht mit weniger Überzeugung festgehalten als am normalen Glauben. Es handelt sich um eine qualitativ verschiedene Art des Glaubens – wie sie meiner Meinung nach auch die des Wunschdenkens vorstellt. Und es ist ganz und gar nicht erstaunlich, dass die sehr unterschiedlichen Ursachen dieser Glaubensarten sich auch auf ihren spezifischen Charakter auswirken.

KAPITEL 8   **Wahn**

1   Hume, *Ein Traktat über die menschliche Natur*, Buch I–II, S. 167.

2   Folglich gibt es bezeichnenderweise *zwei* Defekte bei der Glaubensbildung im Wahnsinn: der eine erlaubt der Einbildungskraft, den Glauben zu gestalten, und der andere verweigert der Perzeption ihre normale Rolle beim Zustandekommen des Glaubens. Es findet ein Wechsel statt vom normalen rationalen Modus der Herausbildung eines Glaubens zur irrationalen Methode des Glaubens an die Produkte der Einbildungskraft. Selbstverständlich ist es durchaus möglich, dass nur eine dieser beiden Verwirrungen auftritt oder dass eine von beiden systematischer auftritt als die andere. Zusammen stellen sie einen radikalen Bruch mit der Wirklichkeit dar.

3   Es hat sich als Standard herausgebildet, den vage definierten Begriff „Halluzination" zur Klassifizierung der Pathologie von Wahnkranken zu verwenden. Da dieser Begriff jedoch nicht ausdrücklich auf nicht-wirklichkeitsgetreue Vergegenwärtigungen von Wahrnehmungen beschränkt wird, ist sein Gebrauch unsicher. Ich bezweifle, dass diejenigen, die ihn verwenden, ihn in genau der präzisen Weise begreifen, wie ich es hier tue, nämlich als objektlose Wahrnehmung. Man kann

nicht sagen, ein Psychotiker sei buchstäblich wie ein körperloses Gehirn, das in einem Behälter mit einer lebenserhaltenden Flüssigkeit aufbewahrt wird und von jemandem außerhalb Befehle empfängt (*brain in a vat*, vgl. Kap. 3, Anm. 14)! Der Begriff „Halluzination" wird vielmehr locker verwendet.

4 Sartre geht in seiner Erörterung der Geisteskrankheit ausführlich (vielleicht zu ausführlich) auf diesen Punkt ein, vgl. Sartre, *L'imaginaire. Psychologie phénoménologique de l'imagination*, Teil 4, Abschnitt 3.

5 Jaspers, *Allgemeine Psychopathologie*, S. 58. Mir scheint, die phänomenologische Psychopathologie wird gegenwärtig vernachlässigt. Möglicherweise ist dies der Fall, weil sie nicht dem herrschenden „medizinischen Modell" entspricht.

6 Ich unternehme hier also offensichtlich nicht den Versuch, so etwas wie eine vollgültige Darstellung des Wahns zu geben. Das würde sehr viel mehr an empirischen Daten erfordern, als ich zu liefern vermag. Mit geht es vielmehr darum, die Relevanz der begrifflichen Unterscheidungen nachzuweisen, die ich bisher in diesem Buch getroffen habe.

7 Ich nehme den Fall des Wahnsinns als Test für meine zunächst dargestellte Theorie des Traums. Es wäre theoretisch unerwünscht zu folgern, Träume bestünden aus Vorstellungen, die einen Glauben auslösen, während der Wahnsinn aus halluzinatorischen Wahrnehmungen bestehe, die ihrerseits Glauben auslösen. Besser ist es, über eine Theorie zu verfügen, die beide angesichts ihrer offenkundigen Affinität vereinheitlicht. Ebenso wäre es unbefriedigend, sich auf eine Halluzinationstheorie des Traums und auf eine vorstellungsbezogene Theorie des psychotischen Wahns festzulegen. Letzten Endes meine ich, wir sollten jede Anwendung der vorstellungsbezogenen Theorie im Lichte der anderen Anwendungen bewerten, um festzustellen, ob diese Theorie die beste zusammenhängende Darstellung zu liefern vermag. (Dabei sollte, wie ich bereits angemahnt habe, keine einzelne Erwägung apodiktisch sein.) Haben wir erst einmal begriffliche Klarheit über die Unterscheidung von Vorstellungen und Wahrnehmungen gewonnen, dann geht es mir vor allem darum, dass sich substantielle Fragen nach dem Wesen von Phänomenen wie Träumen und Wahnsinn ergeben – von Fragen also, die nicht durchweg leicht zu beantworten sind. Ich möchte hier auf das Buch von Currie und Ravenscroft, *Recreative Minds*, vor allem auf dessen Kap. 8, verweisen, das den Wahn ebenfalls als vorstellungsbezogene Fehlfunktion begreift. Unglücklicherweise erschien dieses Werk zu spät, um von mir noch ausführlich berücksichtigt zu werden, obwohl es eine Reihe von Überschneidungen zwischen ihm und dem vorliegenden Buch gibt.

1   Gewiss werden in der kindlichen Entwicklung Wahrnehmungen nicht schon von Beginn an als Rechtfertigung des Glaubens betrachtet. Vielleicht müssen wir unseren Wahrnehmungen ebenso zu trauen lernen, wie wir lernen müssen, unseren Vorstellungen zu misstrauen. Es ist durchaus denkbar, dass das Kleinkind anfänglich eine Art Agnostiker in der Frage ist, welchen von beiden es glauben kann. Es wird ihm nicht gleich phänomenologisch evident sein, dass Wahrnehmungen mentale Zustände sind, an denen es seinen Glauben festmacht. Dies zu entdecken ist eine *Aufgabe*.

2   Das Wirkliche ist das, was nicht (direkt) gewollt werden kann, da es vom Subjekt unabhängig ist. Das Konzept der Objektivität hat also seine Wurzeln (teilweise) im Begriff dessen, was das wollende Subjekt zu kontrollieren und nicht zu kontrollieren vermag. Anders gesagt, die objektive Welt ist das, was nicht empfänglich ist für das Begehren. Wenn der Glaube vom Begehren losgelöst wird, erreicht er seine wahre Bestimmung – dem zu entsprechen, was außerhalb der Psyche liegt. Das Konzept der Wirklichkeit steht im Gegensatz zu dem des Scheins, aber auch – und entscheidend – zu dem, was ich *wünsche*. Das Kind muss die schmerzhafte Lektion lernen, die aller Pädagogik eingeschrieben ist, dass die Welt nicht immer so ist, wie es sie gern hätte. Die Objektivität beginnt, wo der Wille zur Macht aufhört. Daher sind Wahrnehmungen Vehikel des Objektiven, während Vorstellungen dies nicht sind. Wahrnehmungen zwingen uns Objektivität auf, gerade weil sie nicht dem Willen unterliegen; Vorstellungen verwöhnen uns in einem glücklichen Solipsismus, in dem wir ganz von uns selbst absorbiert sind. Die imaginäre Welt ist die, in der wir ungehinderte Macht genießen. Das Begehren nach unumschränkter Macht ist das Begehren danach, dass die eigene Einbildungskraft Wirklichkeit werden soll. Auf diese Weise verschmelzen Megalomanie und Wahn. Die sehr Mächtigen leben in der Tat oft in einer „Phantasiewelt".

3   Die psychischen Verbindungen von Kindheit, Traum und Wahn waren selbstverständlich eines der Themen Freuds. Wie ich es sehe, geht es dabei um eine psychologische Architektur – vor allem im Hinblick darauf, wie der Glaube gebildet wird. Dabei handelt es sich stets um ein Scheitern der Rationalität, in dessen Verlauf die Einbildungskraft die Kontrolle über den Glauben gewinnt. In einem Diagramm würden die Pfeile der Verursachung von den Produkten der Einbildungskraft zur Sphäre des Glaubens führen und nicht von der sensorischen Aufnahme zum Glauben.

4   Vgl. Astington, Harris and Olson (Hg.), *Developing Theories of Mind*.

5   Ein Test wie dieser wäre auch bei Psychotikern zu verwenden mit der Frage-stellung: Können Psychotiker erkennen, dass die Einbildungskraft keine akzeptable Grundlage für den Glauben bietet?

6   Freuds so genanntes Realitätsprinzip ist daher im Wesentlichen eine Bindung des Glaubens an die Perzeption und seine Loslösung von der Einbildungskraft, die dem „Lustprinzip" folgt, d. h. dem Diktat des Begehrens. Gesundheit und Reife bestehen in der richtigen Handhabung des Glaubens angesichts der Verführungen einer vom Begehren getriebenen Einbildungskraft.

7   Obwohl ich im vorliegenden Kapitel die Auffassung vertreten habe, dass die Einbildungskraft des Kindes dessen Glauben irrational formen kann, möchte ich nicht den Eindruck verbreiten, die Einbildungskraft spiele im seelischen Leben eines Kindes keine positive Rolle oder Kinder seien unterhalb eines bestimmten Alters in der Regel unfähig, Phantasie und Realität auseinander zu halten. Es ist nur so, dass sie leicht von ihrer Einbildungskraft „hin- und weggerissen" werden. Eine ausgezeichnete und von empirischem Material gestützte Darstellung der kindlichen Einbildungskraft bietet Harris, *The Work of Imagination*. In diesem Buch wird die alles durchdringende Rolle der Einbildungskraft in der Arbeitsweise des Geistes betont – ein Thema, auf das es auch mir ankommt.

KAPITEL 10   **Kognitive Einbildungskraft**

1   Vgl. Descartes, *Meditationen über die Grundlagen der Philosophie*, Sechste Meditation, S. 131.

2   Es kann durchaus sein, dass Vorstellungen, wie Wahrnehmungen, „nicht-begriffliche" Inhalte in dem Sinn haben, dass sie intrinsisch glaubensabhängig sind. Gewiss umfassen beide „qualia", also subjektive Qualitäten bewussten Erlebens.

3   Die Elemente verbinden sich auch miteinander, um ein je anderes Ganzes zu bilden. Im Fall von Vorstellungen ist das Ganze ein quasi-räumlicher Komplex, ein Ensemble von sensorischen Qualitäten; im Fall der kognitiven Einbildungskraft ist das Ganze ein propositionaler Komplex, eine Struktur begrifflicher Bestandteile.

4   Scruton entwickelt diese Analogie in *Art and Imagination*, S. 88.

5   Vgl. Williams, „Deciding to Believe".

6   Ein Glauben-dass p *zieht*, wie ich zeigen werde, ein Sich-Vorstellen-dass p *nach sich*. Stellen wir einmal ein Glauben-dass p und ein Hoffen-dass p gegenüber: Letzteres widerspricht zweifellos Ersterem (zumindest in der richtigen Deutung), da man nicht hoffen kann, dass p, ohne zu bezweifeln, dass p.

7 Der Glaube unterscheidet sich vom Denken oder von Gedanken in folgender Hinsicht: Um einen (aktuell präsenten) Gedanken von etwas zu haben, muss man diesem Etwas (nicht dem Gedanken) Aufmerksamkeit schenken. Denken *ist* eine in besonderer Weise gerichtete Aufmerksamkeit, eine Fokussierung des Geistes. Glauben dagegen ist wie die Perzeption nicht von Natur aus aufmerksamkeitsabhängig. Man kann Glauben in Bezug auf Dinge hegen, denen man keine Aufmerksamkeit schenkt – sonst wäre unsere Aufmerksamkeit *sehr* überfüllt.

8 Vgl. Kap. 2. Als kritische Philosophen scheinen wir sehr viel eher bereit, mit dem Wort „denken" sowohl das In-Betracht-Ziehen wie das (aktuell präsente) Glauben zu bezeichnen, als wir bereit sind, das Wort „sehen" sowohl für das Visualisieren wie für das reguläre Sehen zu verwenden. Es gibt nicht denselben Widerstand von Philosophen dagegen, das erste Paar als zwei Arten derselben Gattung anzusehen wie im Fall des zweiten Paars. Nach meiner Auffassung sind die beiden Fälle einander gleich, wie auch die Alltagssprache nahe legt. Visuelles Erleben ist *visuelles Erleben*, ob nun mit den Augen des Gesichts oder des Geistes (vgl. Kap. 2). Aber Philosophen scheinen ein Vorurteil dagegen zu haben, das Visualisieren als ein Sehen zu akzeptieren – obwohl es nicht *dieselbe* Art von Sehen ist wie das der Augäpfel, die unter unserer Stirn sitzen.

9 Ist das Sehen-als die *Wurzel* des metaphorischen Denkens, seine primitivste Form? Sind wir metaphorische Wesen, weil wir schon Wesen sind, die vorstellungsbezogen wahrnehmen? Gewiss erfordern beide Phänomene die Anerkennung der *Ähnlichkeit*. Ich sehe ein Wolkenmuster als ebenso einem Gesicht *ähnlich*, wie ich den Himmel als einem Ozean *ähnlich* beschreibe. Die Einbildungskraft spielt sowohl bei der Perzeption wie bei der Satzbedeutung eine Rolle, und vielleicht ist Letztere eine spätere Entwicklung der Ersteren. Lassen sich Metaphern als ein *Denken-als* konzipieren?

10 Ich denke an einen Fall, in dem man überwältigende Beweise für p hat. Es ist dann irreführend zu sagen, man glaube, dass p.

11 Man denke, dass man sich über eine gewisse Zeit fragt, ob p, mal stimmt man dem zu, mal setzt man es in Zweifel und schließlich akzeptiert man es. Lässt sich das nicht am besten als konstantes Inerwägungziehen von p, verbunden mit episodischer Zustimmung und episodischem Zweifel, begreifen? Analog dazu kann ich einen gegebenen Satz zu verschiedenen Zeiten als Behauptung oder nicht als Behauptung aussprechen, ihn aber beide Mal *aussprechen*. Behaupten ist Äußern plus; es ist keine Form des *Nicht*-Äußerns! Dasselbe sage ich über Inerwägungziehen und Glauben.

12 Eindeutig werden allgemeine Disjunktivisten mir wohl in beiden Fällen nicht zustimmen. Ich versuche hier nicht, sie von ihrem Irrtum zu heilen. Mir geht es darum, dass jeder, der eine konjunktivistische Auffassung von Perzeption und Wissen vertritt, meine konjunktivistische Auffassung des Glaubens sympathisch finden sollte. Sie wird gewiss im selben Geist vorgetragen. Ob wir konjunktivistisch auch für das Sich-Vorstellen-dass, also einen Schritt weiter abwärts, vorgehen können, ist ein Problem, das ich hier nicht aufgreife. Aber ich möchte es nicht ausschließen. (Manche Auffassungen vom propositionalen Inhalt würden, wie in den „Dual-aspect"-Theorien, einen solchen Konjunktivismus befürworten.)

13 Die Vorstellung löst ihr Objekt aus dem wahrgenommenen Raum. Ein Sich-Vorstellen-dass löst einen Sachverhalt aus dem Universum der Tatsachen. In beiden Fällen leistet die Kognition eine Art „Dezentrierung". Wenn wir die Perzeption und Gedanken über die Welt der Tatsachen als *registrierend* betrachten, dann stellt die Einbildungskraft eine Lockerung des registrierenden Modus der Vergegenwärtigung dar und mithin eine Befreiung vom Selbst als Koordinate der Vergegenwärtigung. Ich sehe Objekte als *hier*: ich denke mir einen Sachverhalt als Bestand in *dieser Welt*. Doch wenn ich mir eine Vorstellung von etwas bilde, dann lokalisiere ich es nicht registrierend als hier, dort oder irgendwo. Und wenn ich mir eine bloße Möglichkeit vorstelle, dann denke ich sie mir nicht als Bestand in *diesem* Sektor des logischen Raumes. Mit einem Wort, ein Sich-Vorstellen-dass verfährt nicht registrierend. (Diese Formulierung drückt nur auf andere Weise aus, was Sartre mit dem Wort „absence" bezeichnet.)

14 Ich lehne also einen *Empirismus* in Bezug auf modalen Glauben dann ab, wenn er auf einen Glauben an die eigenen Vorstellungsakte reduziert wird. Wie ein Glaube an die Außenwelt sich nicht auf den Glauben an die Wahrnehmungsdaten reduziert, die diesen Glauben garantieren, so reduziert sich ein Glaube an die Möglichkeit und Notwendigkeit nicht auf die Vorstellungsdaten, die Möglichkeit und Notwendigkeit garantieren. Wenn ich glaube, dass etwas möglich ist, dann kann der Inhalt dieses Glaubens nicht durch die Aussage analysiert werden, dass ich glaube, dieses Etwas sei vorstellbar, und noch weniger durch die Aussage, dass ich es mir vorgestellt habe. Modale Konzepte sind nicht an sich schon Konzepte der Einbildungskraft – obwohl die Kriterien für ihre Anwendung sehr wohl mit der Einbildungskraft zu tun haben mögen.

KAPITEL 11 **Negation**

1   Zur Behauptung, dass Perzeptionen keinen negativen Inhalt haben,
vgl. O'Shaughnessy, *Consciousness and the World*, Kap. 10, Abschnitt 4.

2   Ramsey, „General Propositions and Causality", S. 238.

3   Quines Begriff einer reflexiven Zustimmung unter der Bedingung angemes-
sener Reize liegt deshalb als Modell genuin menschlichen Glaubens weit neben
dem Ziel. Das Konzept des Glaubens ist viel eher mentalistisch aufgeladen, ein
weitaus reicherer Begriff. Quines *Ersatz* [im Original deutsch, A.d.Ü.] ist wirklich
nur eine behavioristische Verzerrung.

4   Wir sollten das Sich-Vorstellen-dass nicht als irgendeine *Alternative* zu ernsthaften Urteilen denken – also als etwas, worauf der Geist verfällt, wenn er von der
Anstrengung des Denkens ermattet ist. Es ist vielmehr *Teil* des ernsthaften Urtei-
lens, selbst der allerbrutalsten deduktiven Sorte. Die Geltung der Gesetze der Logik
anzuerkennen erfordert selbst Einbildungskraft, so beispielsweise, wenn man die
Möglichkeit ablehnt, dass etwas zugleich rot und nicht-rot sein könnte. Selbst
wenn wir eine Wahrheitstafel durchgehen, stellen wir uns die *möglichen* Wahrheits-
werte der Propositionen vor. Und das erfordert eine Anstrengung der Einbildungskraft. Ohne die Einbildungskraft würde die symbolische Logik uns nichts bedeuten
außer einer Zusammenstellung willkürlicher Regeln zur Handhabung von Zeichen.
(Ergibt sich die Tendenz zu einem formalistischen Ansatz in der Logik nicht aus
dem Verlangen, die Logik aus ihrer Liaison mit der Einbildungskraft zu befreien?)

KAPITEL 12 **Bedeutung**

1   Ich konzentriere mich hier offenkundig auf deklarative Sätze. An Imperative
beispielsweise wären Gehorsamsbedingungen geknüpft. Sie zu verstehen, würde
darauf hinauslaufen, zu wissen, welche Möglichkeit verwirklicht sein müsste,
damit ihnen gehorcht würde. Im vorliegenden Kapitel halte ich mich an die
übliche Praxis und beschränke meine Ausführungen auf Deklarativa. Meine
Argumente lassen sich *mutatis mutandis* auf Nicht-Deklarativa übertragen.

2   Vgl. Frege, Wittgenstein, Tarski, Carnap, Davidson u. a.

3   Ich spiele hier an auf Davidsons „Truth and Meaning" – einen Aufsatz, der
nicht dafür bekannt ist, eine zentrale Rolle des Konzepts der Einbildungskraft in
Bedeutungstheorien zu fordern. Davidson würde mit seinen an Quine orientierten
„Bedenken" gewiss keinen Geschmack daran finden, Bedeutung mit irgendetwas

– wie soll ich sagen? – *Matschigem* in Verbindung zu bringen. Selbstverständlich ist es mein Ziel, diese Flucht vor dem „Mentalismus" umzukehren.

4 Russell, *Probleme der Philosophie*, S. 53.

5 Russells Diktum ist formuliert als notwendige Bedingung des Verstehens, doch es ist klar, dass er auch annimmt, dass es eine hinreichende Bedingung bereitstellt.

6 Wie wir die Wörter in einem Satz von ihrer Verbindung miteinander unterscheiden müssen, so müssen wir die Objekte der Bekanntheit von ihrer Verbindung zu einem Sachverhalt unterscheiden. Und eindeutig können sich dieselben Wörter/Objekte zu unterschiedlichen Sätzen/Sachverhalten verbinden. So beispielsweise die Wörter „liebt", „Maria" und „Hans" (wobei es wohl überflüssig ist anzumerken, dass es sich hier um verschiedenartige Modi der Verbindung handelt). Die bloße Bekanntheit mit den Denotationen dieser Wörter führt nicht zu einer Summe, die eine einzigartige Wahrheitsbedingung erfasst. Mit anderen Worten: Ein Satz ist keine *Liste* – und ebenso wenig ist ein Sachverhalt ein Aggregat. Deshalb ist der zusätzliche mentale Akt des Sich-Vorstellens-dass über die verschiedenen Akte der Bekanntheit hinaus erforderlich: Sich vorzustellen, dass Hans Maria liebt, ist nicht dasselbe, wie sich vorzustellen, dass Maria Hans liebt, obwohl die einschlägigen Akte der Bekanntheit mit den an diesen beiden Sachverhalten beteiligten Einheiten identisch sind.

7 Die Struktur einer Proposition lenkt die Einbildungskraft beim Entwurf des richtigen möglichen Sachverhalts, nicht dessen bloße, als Aggregat betrachtete Bestandteile. Folglich spielt die logische Form eine entscheidende Rolle dabei, wie die Einbildungskraft bei der Interpretation eines Satzes verfährt. Was am *Tractatus* falsch war, war die Idee, dass das Sich-Vorstellen-dass, was das Verstehen eines Satzes konstituiert, etwas *Bildliches* ist – sozusagen eine *logische* mentale Vorstellung. Bei der Analyse der Macht, etwas zu vergegenwärtigen, modellierte Wittgenstein das Sich-Vorstellen-dass implizit nach dem Vorbild des sinnlichen Vorstellens. Davon abgesehen war er meiner Meinung nach auf der richtigen Fährte. Um eins klar zu sagen: Ich versuche *nicht*, die Abbildtheorie von Propositionen wiederauferstehen zu lassen. Ein Sich-Vorstellen-dass ist so wenig etwas Bildliches wie der Glaube.

8 Wittgenstein, *Philosophische Untersuchungen*, Nr. 396, S. 150.

9 Es fällt schwer, die *Attraktion* der Vorstellungstheorie zu verstehen, ohne anzunehmen, dass sie eine ärmliche Version von etwas Besserem war, da die Probleme mit dieser Theorie ziemlich offenkundig sind. Und ich nehme an, es ist leicht genug – obwohl falsch – jedes Sich-Vorstellen-dass als ein sinnliches aufzufassen.

10 Wir könnten also sagen, dass die Intentionalität zwei Modi hat, die nicht miteinander verschmolzen werden sollten: eine Intentionalität, die auf einzelne Einheiten gerichtet ist (Objekte, Eigenschaften etc.), und eine Intentionalität, die auf Sachverhalte gerichtet ist (so, wenn ich mir vorstelle, *dass* ich auf Hawaii bin). Letztere funktioniert ganz anders als Erstere und ist kein Sonderfall von ihr. Die Rede von einer „Vertrautheit" oder „Bekanntheit" mit einem Sachverhalt verführt leicht zu einer Verschmelzung beider. An einen Sachverhalt zu denken unterscheidet sich sehr davon, ein Objekt zu sehen. (Ich weiß, dies ist schmerzhaft offenkundig, doch es ist erstaunlich, wie leicht es in der Hitze des Entwerfens von Theorien übergangen wird.) Es kann beispielsweise keine kausale Theorie intentionaler Art geben, die mögliche Sachverhalte als Objekt hat (*possibilia* können nichts verursachen – wohl aber ihre Bestandteile).

11 Russell hat also auch in Bezug auf Einzelwörter Unrecht. So genügt es beispielsweise nicht, einen Namen zu verstehen, um mit seinem Träger bekannt zu sein. Man muss auch richtig einschätzen, wie sich dieser Name mit anderen Wörtern verbinden kann, um Sätze hervorzubringen. Das bedeutet, dass die Erfassung der Möglichkeiten eines Objekts wesentlich ist für ein Verstehen seines Namens; denn man muss begreifen, wie der Name sich mit anderen Ausdrücken zu einem vollständigen Satz verbinden lässt. Einbildungskraft geht mithin sogar in das Verstehen einfacher Namen oder Demonstrativa ein. Das hat eindeutig Implikationen für die Semantik von Einzelausdrücken. Doch ich werde hier nicht weiter ins Detail gehen. (Irgendwie muss die Bedeutung eines Namens seine imaginativ erfassten kombinatorischen Möglichkeiten einschließen. Keine bloße Zuweisung eines Objekts zu einem Namen kann die Bedeutung dieses Namens einfangen. Ebenso wenig ist die Bedeutung gleichzusetzen mit einem Modus der Vergegenwärtigung seiner Referenz. Es muss einen „horizontalen" Aspekt der Bedeutung eines einzelnen Ausdrucks zusätzlich zu einem „vertikalen" geben – einen Link auf andere Bedeutungen und nicht einfach nur auf das Referenzobjekt.)

12 Russell konstruiert die Satzbedeutung aufgrund seines Empirismus als einen Reflex oder Abdruck der eigenen Sinnesdaten. Wittgenstein konstruiert den Satz als eine Mutmaßung über die Wirklichkeit – als Vergegenwärtigung dessen, wie die Dinge sein *könnten*. Russells Konzeption bindet Bedeutungen an das Wirkliche und Wahrgenommene; Wittgensteins Konzeption bindet Bedeutungen an das Nicht-Wirkliche und Nicht-Wahrgenommene. Das sind große Unterschiede. Wittgensteins Auffassung lässt Russells instinktgeleiteten Empirismus hinter sich: Bedeutung steht ihrem Wesen nach *rechtwinklig* zur wahrgenommenen Wirklichkeit, weil sie mit der bloßen Möglichkeit zusammenhängt – mit dem logischen Raum. Doch der logische Raum ist die natürliche Heimat der Einbildungskraft. Daher ruft Wittgenstein diesen Begriff zu Hilfe – und Russell nicht.

13 Die kombinatorische Veränderlichkeit von Vorstellungen, ihr Hang, sich zu zerteilen und neu miteinander zu verbinden, ihre außerordentliche Freiheit und Fruchtbarkeit – all dies begründet ihre natürliche Verwandtschaft mit Bedeutungen. Vielleicht hat diese Macht ihrer Kombinierbarkeit und nicht so sehr der sinnliche Inhalt von Vorstellungen die Vorstellungstheoretiker am meisten beeindruckt. Die imponierende *Motilität* von Vorstellungen und nicht ihr phänomenaler Charakter legen ihre Affinität zu Bedeutungen nahe. Wie wir Sätze verstehen können, die wir noch nie zuvor gehört haben, so können wir Vorstellungen von Dingen entwerfen und deuten, die wir nie zuvor erlebt haben. Wir verfügen über eine potentielle Unendlichkeit von Vorstellungen, die in ihrer Kreativität aus einer endlichen Grundlage einfacher Elemente hervorgehen. So betrachtet klingt die Vorstellungstheorie von Bedeutungen, obwohl sie zweifellos falsch ist, als hätte sie etwas Brauchbares herausgefunden. Wir müssen ihr lediglich die Referenz auf ein *sinnliches* Sich-Vorstellen-dass austreiben.

14 Vgl. Dummett, „What Is a Theory of Meaning? (II)".

15 Wenn irgendetwas eine „mentalistische" Darstellung verdient, dann die *Bedeutung*. Man beachte, dass mentale Handlungen, die für Behavioristen alter Schule ein Gräuel schlechthin waren, tatsächlich eine Art Verhalten sind, eben *mentales* Verhalten. Sie sind etwas, das wir mit unserem Geist *tun*. Aus irgendeinem Grund scheinen mentale Handlungen manche Leute mehr zu beunruhigen als mentale Affekte, etwa Sinnesempfindungen – vielleicht weil sie den Willen ins Spiel bringen. Ich meine zudem, dass Glauben am besten als Neigung aufzufassen ist, bestimmte mentale Handlungen, nämlich bewusste Denkakte auszuführen – was, wie ich finde, eine Art mentalistischer „Behaviorismus" ist. Generell habe ich es mir zur Regel gemacht, nie etwas Nicht-Mentales heranzuziehen, um etwas Mentales zu erklären – also auf jeden Fall Mentales durch Mentales zu analysieren. Ich glaube, der Tag wird kommen, an dem die Leute es *erstaunlich* finden, dass man jemals Bedeutungen durch körperliches Verhalten meinte erklären zu sollen – so wie es heute erstaunlich ist, dass noch kürzlich das Vorhandensein von Bewusstsein in Abrede gestellt oder heruntergespielt worden ist.

16 Vgl. Chomsky, „Review of Verbal Behavior by B. F. Skinner".

17 Die Einbildungskraft präsentiert dem Geist alternative Handlungsverläufe – indem sie eine mögliche Zukunft ins Auge fasst. Die von den Romantikern bevorzugte Idee, sie sei der wichtigste Ort der menschlichen Freiheit, hat einiges für sich. Die Einbildungskraft verschafft unseren offenbaren Handlungen Freiheit, indem sie uns Alternativen bietet, und sie ist selbst ein Beispiel freien Handelns, wenn wir uns ihrer spontan bedienen, um wundervolle mentale Produkte aller Art hervorzubringen (wie Literatur, Musik, Wissenschaft, Philosophie etc.). Gewiss ist die Einbildungskraft die schwereloseste und ungezwungenste menschliche Fähigkeit, die flüchtigste und federleichteste. Vgl. Warnock, *Imagination*, Teil 3.

18 In welchem Ausmaß andere Komponenten der Sprachfähigkeit, wie etwa die Syntax, an die Einbildungskraft gebunden sind, ist ein weiteres Problem. Es hängt damit zusammen, wie unentwirrbar Syntax und Semantik miteinander verschränkt sind. Erwähnen möchte ich zudem, dass mir eine angeborene Grundlage des Vorstellungsvermögens ebenso wahrscheinlich erscheint, wie Chomsky an eine angeborene Grundlage der Sprache glaubt. Gewiss wird die Fähigkeit zu träumen nicht erlernt; sie muss auf angeborenen Prinzipien der Traumerzeugung beruhen. Dies verdient, näher untersucht zu werden.

19 Wittgenstein formuliert diese These in Bezug auf Objekte, aber ich denke, sie lässt sich auch auf Eigenschaften ausdehnen. So kann ich mir keine Vorstellung von Blauheit bilden, während ich eine blaue Fläche anschaue, obwohl ich mir in dieser Situation eine Vorstellung von Rotheit bilden kann. Selbstverständlich hindert mich nichts daran, den *Begriff* der Blauheit anzuwenden, während ich eine blaue Fläche anschaue. Mithin kann der Begriff nicht die Vorstellung sein. Es ist, als wäre im Geist kein *Raum* für die Vorstellung des Blauen, sobald er von dessen Wahrnehmung durchdrungen ist. Man könnte vermuten, dies habe seinen Grund darin, dass die zerebrale Maschinerie, die der sensorischen Vergegenwärtigung der Blauheit gewidmet ist, bereits zur Erzeugung der Wahrnehmung von Blauheit verwendet wird, und darum ganz einfach nicht zur Verfügung steht, um eine Vorstellung der Blauheit herbeizuführen. Das ist wohl möglich, aber dann würde die Argumentation offenbar nur eine kontingente Wahrheit zum Ausdruck bringen, da wir uns eindeutig ein Gehirn denken können, das sich verschiedener zerebraler Grundlagen für Wahrnehmungen und Vorstellungen derselben Farbe bedient. Wie ich ein Kap. 1 reumütig bemerkt habe, scheint Wittgensteins Argument sowohl intuitiv korrekt wie schwer erklärbar zu sein. Eine Konsequenz seiner Ausdehnung auf Eigenschaften besteht darin, dass ich mir beispielsweise keine Vorstellung von einem schwarzen Hund bilden kann, während ich eine schwarze Katze anschaue. Auch das erscheint mir intuitiv korrekt. Wie aber steht es mit der Vorstellung von einem Dunkelblau, während ich ein Hellblau anschaue? Wie nah können die beiden Blaus aneinander rücken? Ich überlasse dem Leser diese Scherzfrage zu weiterem Nachdenken.

20 Der Fall ist genau analog zu der Aussage, dass man etwas glaubt, wenn man es weiß. Wissen impliziert Glauben, wie Glauben Einbildungskraft impliziert – doch es ist irreführend, das Schwächere zu sagen, wenn man dazu berechtigt ist, das Stärkere zu behaupten. Wenn wir dies im Idiom der Sprache der Gedanken formulieren, dann geht es hier darum, dass Glauben einen inneren Satz erfordert, der einen Sachverhalt vergegenwärtigt, wobei dieser Satz im Modus der Zustimmung vielleicht nicht auftritt. Es gibt den Satz im Kopf, der vergegenwärtigt, dass p, *und* es gibt Zustimmung zu diesem Satz. Diese neutrale Art der Vergegenwärtigung ist am besten zu beschreiben als ein Sich-Vorstellen-dass (also als Beschreibung einer sub-personalen Geschichte von inneren Sätzen im Gehirn auf personalem Niveau). Ich sage dies zum Nutzen derer, die geneigt sind, so zu denken. Ich denke nicht, dass meine Auffassung von Glauben dem verpflichtet ist.

21 Was ist mit dem Fall, in dem mir bekannt ist, dass der Satz „Schnee ist weiß" wahr ist, und in dem ich weißen Schnee *sehe?* Dann kann ich mir nach Wittgensteins These nicht zugleich eine *Vorstellung* davon bilden, dass Schnee weiß ist. Doch daraus folgt nicht, dass ich mir unter diesen Umständen nicht vorstellen kann, *dass* Schnee weiß ist, da die kognitive Einbildungskraft keine sinnliche Einbildungskraft ist. In der Tat neige ich zu der Annahme, dass Wahrnehmung insofern wie Glauben ist, als wahrzunehmen, dass p, ein Sich-Vorstellen-dass p oder ein Inerwägungziehen -dass p nach sich zieht. Wenn ich einen Sachverhalt wahrnehme, vergegenwärtige ich ihn mir zugleich in einer Vorstellung – ich „ziehe ihn wahrnehmend in Erwägung". Diese Einstellung haben die wirklichkeitsgetreue und die nicht-wirklichkeitsgetreue Vorstellung gemein; sie entspricht einem Zu-Sehen-*Scheinen.* Von ihm würden wir natürlich dann sprechen, wenn wir nicht wissen, ob wir halluzinieren oder nicht. In all diesen Fällen liegt eine wahrnehmende Vergegenwärtigung eines möglichen Sachverhalts vor. Ich spreche hier von einem „wahrnehmenden Inerwägungziehen" und vergleiche es mit dem Inerwägungziehen, das beim Glauben vor sich geht. Nichts von dem ist jedoch erforderlich bei der Darstellung von Bedeutungen, die ich hier entwickle: Wir brauchen nur die Idee, dass ich mir vorstellen kann, wovon ich glaube, dass es wahr ist, selbst dann, wenn ich *sehe*, dass es wahr ist.

22 Vgl. Anm. 13. Wir wissen sehr wenig über die Phylogenese der Sprache, aber ich halte die Hypothese für bedenkenswert, dass vor Tausenden von Jahren bei der Sprachentstehung Vorstellungen eine wichtige Rolle gespielt haben. Die Produktivität des Systems der Vorstellungen, ihre kombinatorische Kraft, ihre Kreativität und ihre komplexe Intentionalität – all dies spiegelt analoge Eigenschaften der Sprache wider. Vor allem Träume weisen diese Merkmale in bemerkenswertem

Umfang auf. Man könnte sogar sagen, dass sie eine „Grammatik" besitzen (einen Satz spezifischer generativer Regeln, die recht distinktiv sind). Selbstverständlich sind Vorstellungen keine Sätze mit syntaktischen Merkmalen. Daher waren ganz neuartige Eigenschaften erforderlich, um die Sprache im engeren Sinn entstehen zu lassen. Doch das schließt nicht aus, dass das System der Vorstellungen *Teil* einer kognitiven Maschinerie war, die zur Sprachentstehung führte. Zumindest hätten die Reizfreiheit und die Produktivität von Vorstellungen den Geist auf die Ausarbeitung von Sprache vorbereiten können, indem sie ihm die notwendigen (wenn auch nicht hinreichenden) Eigenschaften der Sprachfertigkeit bereitstellten. Man bedenke nur die Parallelen, mit denen ich mittlerweile sowohl eine Vorstellung von einer gelben Boa constrictor mit einer Baseballmütze bilden wie die Worte „eine gelbe Boa constrictor mit einer Baseballmütze" verstehen kann. Es fällt schwer zu glauben, dass diese beiden Fähigkeiten nichts miteinander zu tun haben, und ich zweifle, dass die erste von ihnen der zweiten ihre Existenz verdankt. Ja, ich weiß, es ist zum Tabu geworden, sich Bedeutungen in Analogie zu Vorstellungen zu denken, doch es mag hier durchaus reale Affinitäten geben. Wir müssen nur subtiler vorgehen, wenn wir sie theoretisieren. Würde es etwas nützen, wenn ich sagte, dass Vorstellungen *funktionale* Eigenschaften mit Bedeutungen gemein haben? Und zwar im Sinne abstrakterer Eigenschaften, die über ihren sensorischen Charakter hinausgehen?

KAPITEL 13   **Das Spektrum der Einbildungskraft**

1   Im einfachsten Fall gibt es eine *Ähnlichkeit* zwischen der aktuellen Wahrnehmung und dem gespeicherten Erinnerungsbild, etwa wenn ein Stück Holz, das man sieht, einer erinnerten Katze ähnelt, und man das Holz *als* Katze sieht – und wenn diese Ähnlichkeit ihrerseits eine Ähnlichkeit zwischen der aktuellen Wahrnehmung und einer früheren Wahrnehmung widerspiegelt. Diese einfache Art des Sehens-als besteht darin, dass eine aktuelle Wahrnehmung das Erinnerungsbild einer ähnlichen Wahrnehmung aus der Vergangenheit heraufruft. Das führt dann zu dem Ergebnis, dass sich das Erinnerungsbild an die ihm ähnliche aktuelle Wahrnehmung bindet. Dieser Schritt erscheint voll und ganz nachvollziehbar. Es wäre merkwürdig, wenn aktuelle Wahrnehmungen uns *nicht* an ähnliche Wahrnehmungen aus der Vergangenheit erinnerten. Das Sehen-als ist mithin vorhersagbar bei einem wahrnehmenden Geschöpf mit Erinnerungsbildern und der Fähigkeit zur Entdeckung von Ähnlichkeit.

2   Und das meine ich wörtlich. Der Traum ist die *Quelle* der Fähigkeit zu Fiktionen. (Ich habe die Absicht, dies in einer weiteren Arbeit zu erörtern.)

3 Beim Aufwachen kann der Träumende die Welt, von der er soeben geträumt hat, und die Welt, der er sich nun konfrontiert sieht, miteinander vergleichen. Dies verschafft ihm die Idee eines Gegensatzes zwischen dem wirklichen Verlauf der Geschichte und alternativ möglichen Verläufen. Er kann sich denken: „So verläuft, wie ich weiß, mein Leben, und *das* war sein möglicher Verlauf." Nicht von ungefähr haben Menschen abergläubisch gedacht, Träume seien reale Abenteuer in einer anderen Welt, die im Laufe der Nacht unternommen wurden. Der Begriff einer Vielzahl von Welten ist Teil solcher Gedankengebilde.

4 Wie häufig bemerkt worden ist, entfalten Romane ihre Wirksamkeit dadurch, dass sie im Geist ihrer Leser Vorstellungen wachrufen, die gerade so angelegt sind, dass sie zum narrativen und affektiven Verlauf ihrer Geschichten passen. Ohne Vorstellungsvermögen wäre unsere Erfahrung von Fiktionen stark eingeschränkt. Und es ist erstaunlich, wie viel emotionale Kraft in einer einzigen Vorstellung zusammengedrängt sein kann (wenn beispielsweise Anna Karenina Selbstmord begeht, indem sie unter den Rädern eines Eisenbahnwaggons stirbt). Welch bedeutende Rolle das Vorstellungsvermögens in der Wissenschaft spielt, wird ebenfalls bezeugt, vgl. Hadamard, *The Psychology of Invention in the Mathematical Field*. Meiner Meinung nach zeigt dies, dass wir selbst bei unseren abstraktesten und raffiniertesten Tätigkeiten nicht ohne unser Vorstellungsvermögen auskommen. (Ich vermute, dass Vorstellungen bei der Verfertigung philosophischer Überzeugungen eine bedeutsame Rolle spielen.) Das Vorstellungsvermögen passt sehr gut zum menschlichen Geist. Verglichen mit ihm kann abstraktes Denken zuweilen wie ein schlecht sitzender Anzug erscheinen. Vorstellungen sind uns *angepasst*, mit abstrakten Begriffen dagegen haben wir zu kämpfen. Daher greifen wir bei der geringsten Provokation auf unser Vorstellungsvermögen zurück. Vorstellungen sind unsere älteste und natürlichste Weise der Kognition.

5 Ich kann an dieser Stelle nicht umhin, darauf zu verweisen, wie sehr bis in die jüngste Zeit hinein das Bewusstsein vernachlässigt geblieben ist. Wird der Einbildungskraft bald dieselbe verspätete Anerkennung zuteil?

Bibliographie

ARMSTRONG, DAVID, „What Is Consciousness?", in: *The Nature of Consciousness*, ed. Ned Block, Owen Flanagan and Güver Güzeldere, Cambridge, Mass.: MIT Press 1997.

ASTINGTON, J. W., P. L. HARRIS AND D. R. OLSON, eds., *Developing Theories of Mind*, Cambridge und New York: Cambridge University Press 1988.

BERKELEY, GEORGE, *„The Principles of Human Knowledge"* und *„Three Dialogues between Hylas and Philonous"*, ed. G. J. Warnock, 5. Aufl., London u. a.: Collins / Fontana 1972; dt.: *Eine Abhandlung über die Prinzipen der menschlichen Erkenntnis*, übers. Arend Kulenkampff, Hamburg: Felix Meiner 2004 und *Drei Dialoge zwischen Hylas und Philonous*, übers. Raoul Richter und Erwin Pracht, Hamburg: Felix Meiner 1980.

BRANN, EVA T. H., *The World of the Imagination*, Lanham: Rowman and Littlefield 1991.

BUDD, MALCOLM, *Wittgenstein's Philosophy of Psychology*, London u. a.: Routledge 1989.

CASEY, EDWARD S., „Comparative Phenomenology of Mental Activity: Memory, Hallucination, and Fantasy Contrasted with Imagination", in: *Research in Phenomenology*, 6 (1976), 1-25.

— *Imagining: A Phenomenological Study*, Bloomington u. a.: Indiana University Press 1976.

CHOMSKY, NOAM, „Review of Verbal Behavior by B. F. Skinner", in: *Language*, 35 (1959), 26-58.

CURRIE, GREGORY AND IAN RAVENSCROFT, *Recreative Minds: Imagination in Philosophy and Psychology*, Oxford u. a.: Clarendon Press 2002.

DAVIDSON, DONALD, „Truth and Meaning", in: *Inquiries into Truth and Interpretation*, 2. ed., Oxford: Clarendon Press 1984; dt.: *Wahrheit und Interpretation*, Frankfurt a. M.: Suhrkamp 1986.

DESCARTES, RENE, *Méditations métaphysiques*, hg. Florence Khodoss, 9. éd., Paris: Pr. Univ. de France 1986; lat./dt.: „Meditationen über die Grundlagen der Philosophie", in: *Philosophische Schriften in einem Band*, Hamburg: Felix Meiner

1996; *Meditations and Other Philosophical Writings*, ed. Desmond M. Clarke, London: Penguin 1998.

DRETSKE, FRED, „Conscious Experience", in: *Mind*, 102 (1993). 406, 263–283.

DUMMETT, MICHAEL, „What Is a Theory of Meaning? (II)" in: *Truth and Meaning: Essays in Semantics*, ed. Gareth Evans and John McDowell, Oxford: Clarendon Press 1976.

FLANAGAN, OWEN J., *Dreaming Souls: Sleep, Dreams, and the Evolution of the Conscious Mind*, Oxford u. a.: Oxford University Press 2000.

FREUD, SIGMUND, „Die Traumdeutung", in: *Gesammelte Werke*, Bd. II/III, 4. Aufl., Frankfurt a. M.: S. Fischer 1968; *The Interpretation of Dreams*, Oxford u. a.: Oxford University Press 1999.

HADAMARD, JACQUES, *An Essay on the Psychology of Invention in the Mathematical Field*, New York: Dover Publications 1954.

HARRIS, PAUL L., *The Work of the Imagination*, Oxford u. a.: Basil Blackwell 2000.

HUME, DAVID, *A Treatise of Human Nature*, Harmondsworth u. a.: Penguin Books 1985; dt.: *Ein Traktat über die menschliche Natur*, Buch I–III, übers. Theodor Lipps, Hamburg: Felix Meiner 1973.

JAMES, WILLIAM, *The Principles of Psychology*, Vol. 2., New York: Dover Publications 1950.

JASPERS, KARL, *Allgemeine Psychopathologie*, 5. Aufl., Berlin und Heidelberg: Springer Verlag 1948; *General Psychopathology*, 2 vols., Baltimore: Johns Hopkins University Press 1997.

KOSSLVN, STEPHEN M., *Image and Brain: The Resolution of the Imagery Debate*, Cambridge, Mass.: MIT Press 1996.

KRIPKE, SAUL, „A Puzzle about Belief", in: *Meaning and Use: Papers Presented at the 2. Jerusalem Encounter April 1976*, ed. Avashai Margalit, Dordrecht u. a.: Reidel u. a. 1979.

O'SHAUGHNESSY, BRIAN, *Consciousness and the World*, Oxford: Clarendon Press 2000.

— *The Will: A Dual Aspect Theory*, Cambridge u. a.: Cambridge University Press 1980.

PYLYSHYN, ZENON, „The Imagery Debate: Analogue Media versus Tacit Knowledge", in: *Psychological Review*, 87 (1981), 16–45.

RAMSEY, FRANK PLUMPTON, „General Propositions and Causality", in: *The Foundations of Mathematics and other Logical Essays*, London: Routledge & Kegan Paul 1931.

RUSSELL, BERTRAND, *The Problems of Philosophy*, 1912, Oxford u. a.: Oxford University Press 1967; dt.: *Probleme der Philosophie*, 3. Aufl., Frankfurt a. M.: Suhrkamp 1969.

SARTRE, JEAN-PAUL, *L'imaginaire. Psychologie phénoménologique de l'imagination*, Paris: Gallimard 1940; engl.: *The Psychology of Imagination*, London, New York: Rider 1950; dt.: *Das Imaginäre. Phänomenologische Psychologie der Einbildungskraft*, Reinbek: Rowohlt 1971.

SCRUTON, ROGER, *Art and Imagination: A Study in the Philosophy of Mind*, London: Methuen 1974.

STRAWSON, P. F., „Imagination and Perception", in: *Experience and Theory*, ed. Lawrence Foster and J. W. Swanson, London: Duckworth 1970.

— *Individuals: An Essay in Descriptive Metaphysics*, London u. a.: Methuen 1959.

TYE, MICHAEL, *The Imagery Debate*, Cambridge, Mass.: MIT Press 1991.

WALTON, KENDALL, *Mimesis as Make-Believe: On the Foundations of the Representational Arts*, Cambridge, Mass.: Harvard University Press 1990.

WARNOCK, MARY, *Imagination*, Berkeley: University of California Press 1976.

WILLIAMS, BERNARD ARTHUR OWEN, „Deciding to Believe", in: *Problems of the Self*, Cambridge: Cambridge University Press 1973.

WITTGENSTEIN, LUDWIG, *Philosophical Investigations*, Oxford: Basil Blackwell 1958; dt.: *Philosophische Untersuchungen*, Frankfurt a. M.: Suhrkamp 1967.

— *Tractatus Logico-Philosophicus. Logisch-philosophische Abhandlung*, New York: The Humanities Press, Routledge & Kegan Paul 1961.

— *Zettel*, Basil Blackwell, 1981; dt.: *Zettel*, zweispr. Ausg., hg. G. E. M. Anscombe und G. H. von Wright, Berkeley und Los Angeles: University of Calfornia Press 1970.

WOLLHEIM, RICHARD, *Art and Its Objects*, 2. ed, Cambridge u. a.: Cambridge University Press 1980.